DERECHO CIVIL CONSTITUCIONAL
(LA CONSTITUCIONALIZACIÓN DEL DERECHO CIVIL)

DERECHO CIVIL CONSTITUCIONAL
(LA CONSTITUCIONALIZACIÓN DEL DERECHO CIVIL)

María Candelaria Domínguez Guillén*

COLECCIÓN MANUALES Y OBRAS GENERALES
N° 2

Centro para la Integración y el Derecho Público

Editorial Jurídica Venezolana y
Centro para la Integración y el Derecho Público

Caracas, 2018

---

* Abogada y Doctora en Ciencias mención Derecho. Especialista en Derecho Procesal. Profesora Titular de la Escuela de Derecho de la Facultad de Ciencias Jurídicas y Políticas de la Universidad Central de Venezuela e Investigador-Docente del Instituto de Derecho Privado de la misma universidad.

COLECCIÓN MANUALES Y OBRAS GENERALES

Títulos publicados

1. *Derecho Administrativo Constitucional*, José Araujo-Juárez, Caracas 2017, 411 páginas.

2. *Derecho Civil Constitucional (La Constitucionalización del Derecho Civil)*, María Candelaria Domínguez Guillén, Caracas 2018, 197 páginas.

© María Candelaria Domínguez Guillén
   ISBN 978-980-365-421-4
   Depósito Legal DC2018000567

CENTRO PARA LA INTEGRACIÓN Y EL DERECHO PÚBLICO (CIDEP)
Avenida Santos Erminy, Urbanización Las Delicias,
Edificio Park Side, Oficina 23, Caracas, Venezuela
Teléfono: +58 212 761.7461 - Fax +58 212 761.4639
E-mail: contacto@cidep.com.ve
http://cidep.com.ve/ http://cidep.online

Editorial Jurídica Venezolana
Sabana Grande, Av. Francisco Solano, Edif. Torre Oasis, Local 4, P.B.
Apartado Postal 17.598, Caracas 1015-A, Venezuela
Teléfonos: 762.2553/762.3842 - Fax: 763.5239
E-mail: fejv@cantv.net
http://www.editorialjuridicavenezolana.com.ve

Impreso por: Lightning Source, an INGRAM Content company
para Editorial Jurídica Venezolana International Inc.
Panamá, República de Panamá.
Email: ejvinternational@gmail.com

Diagramación, composición y montaje
por: Mirna Pinto de Naranjo, en letra Book Antigua 11,
Interlineado 12, mancha 12,5 x 19,5

A Miguel Ángel, quien me ha dado la idea de escribir estas líneas
y también los momentos más felices de mi vida.

PRÓLOGO

Víctor R. Hernández-Mendible
Profesor-Director del Centro de Estudios de
Regulación Económica en la Universidad Monteávila

Es lugar común decir que uno de los mejores regalos que se pueden dar o recibir es un libro, más cuando este se encuentra bien escrito y mucho mejor, si además ha sido escrito para ser útil[1] a los lectores a quienes va dirigido y no simplemente para aumentar la producción en el currículum vitae del autor.

El presente libro *"Derecho Civil Constitucional (La constitucionalización del Derecho Civil)"* tiene el mérito de cumplir con los anteriores atributos, porque constituye una importante contribución académica y viene a acrecentar el acervo bibliográfico nacional, sobre un tema escasamente tratado de manera integral por la doctrina civilista.

No obstante, antes de efectuar algunas reflexiones sobre el tema estudiado, se procederá a presentar a la persona cuyo talento académico ha creado la obra, pues sin ella ésta no sería posible, para luego hacer algunas referencias al tema específico de la constitucionalización del derecho en general y del civil en particular.

I

La autora de este trabajo, la joven profesora María Candelaria Domínguez Guillén es abogado egresada de la Facultad de Ciencias Jurídicas y Políticas de la Universidad Central de Venezuela en 1994, casa de estudios en la que cursó la Especialización en Derecho Procesal, obte-

---

[1]   La alusión viene dada por la expresión "Ciencia Útil", pero no en el sentido que le dio Augusto Comte, sino en el contexto del calificativo que se le dio a Mauro Cappelletti, como "maestro de la Ciencia Útil". Ferrer McGregor, Eduardo, Mauro Cappelletti y el Derecho Constitucional Comparado, *Anuario Iberoamericano de Justicia Constitucional* N° 13, Centro de Estudios Políticos y Constitucionales, Madrid, 2009, pp. 267-306.

niendo Mención Honorífica en 2001 y donde luego terminó sus estudios de doctorado en 2007, alcanzando el título de Doctora en Ciencias, mención Derecho, con Mención Honorífica, al defender su tesis sobre el *"Inicio y fin de la personalidad jurídica del ser humano"*.

Su carrera académica la inició en 1995, como Investigadora-Docente en la sección de Derecho Civil, del Instituto de Derecho Privado de la Facultad de Ciencias Jurídicas y Políticas en la Universidad Central de Venezuela, habiendo desempeñado los cargos de profesora de Derecho Civil I (Personas), Derecho Civil IV (Familia y Sucesiones) y Derecho Civil III (Obligaciones), así como en la Especialización de Derecho Procesal, lugar donde 17 años después obtuvo la categoría de Profesora *Titular* de Derecho Civil, a tiempo completo, por concurso de oposición.

Se ha desempeñado exitosamente en diversas y destacadas funciones, como Jefe del Departamento de Derecho Privado, Jefe de la Cátedra de "Derecho Civil I Personas", miembro electo del Consejo de Escuela, miembro de la Subcomisión de Asesoramiento Académico y miembro del Consejo Técnico del Instituto de Derecho Privado, en permanente demostración de que se pueden combinar y cumplir tanto las responsabilidades administrativas, académicas y de investigación. Además, integra los comités editoriales de publicaciones jurídicas en Chile, Colombia y Venezuela.

La profesora Domínguez Guillén en su condición de auténtica jurista ha dedicado 23 años de su vida natural a la investigación académica y gracias a la honestidad intelectual y la generosidad académica, no se ha reservado los conocimientos adquiridos durante este tiempo, sino que ha compartido sus reflexiones abiertamente -como sucedió con su libro de Derecho de Obligaciones en 2017, que circula libremente por Internet en versión PDF, ante las dificultades para lograr su publicación y el consiguiente acceso al mismo de estudiantes y abogados-, tal como lo demuestra la publicación de 9 libros -esta es su décima obra- y 89 artículos que han sido editados nacional e internacionalmente en Argentina, Colombia y España.

En la prolífica y densa producción escrita de la profesora Domínguez Guillén ha estado permanentemente presente el análisis constitucional, de allí que el libro sobre *"Derecho Civil Constitucional (La constitucionalización del Derecho Civil)"*, no constituya una sorpresa para quienes hemos seguido su trayectoria y conocemos su enjundiosa obra, que es fuente de obligatoria y permanente consulta por los operadores jurídicos y de cita reiterada por los órganos jurisdiccionales de todas las jerarquías, al resolver los asuntos de su competencia.

Expuestos sucintamente los méritos alcanzados por la autora en su intensa vida académica, seguidamente se procederá a realizar algunas reflexiones sobre la evolución de la constitucionalización del derecho en Venezuela.

II

El fenómeno de la constitucionalización del Derecho hinca sus raíces más profundas en la fundación de la República de Venezuela. En efecto, antes de la Declaración de Independencia, Venezuela se regía por las leyes de la Corona de España que no tenía Constitución, pues cabe recordar que la primera Constitución de España es de 19 de marzo de 1812.

En tanto, la primera Constitución de Venezuela se expidió el 21 de diciembre de 1811, en la que se estableció el principio de supremacía constitucional y una especie de control "implícito"[2] de la constitucionalidad de las leyes[3] -no se le reconoce valor a las leyes que se expedían en contra de la Constitución- e incluso dicho texto dispuso las consecuencias del desconocimiento de los derechos del hombre reconocidos por la propia Constitución[4]. Con ella se siembra la semilla del control de constitucionalidad en Venezuela.

Luego que transcurrieron 28 años de la separación de Venezuela de la Gran Colombia, se dictó la Constitución de 31 de diciembre de 1858, en la que se estableció expresamente el control de la constitucionalidad de las leyes de las provincias[5].

La Guerra federal o Revolución federal, que se inició en 1859 y finalizó en 1864, dará lugar a la Constitución de 22 de abril de 1864, en la que se establece el control de la constitucionalidad de los actos del Congreso Federal y del Ejecutivo Nacional, que violen derechos o desconozcan la independencia de los Estados que integran la Federación[6].

Transcurrieron 29 años más, para que la Constitución de 5 de julio de 1893, viniese a reconocer el control general de la constitucionalidad, tanto de los actos jurídicos del Poder Federal como de los Estados, cuando ellos contraviniesen la Constitución[7].

---

[2]   La Roche, Humberto J., *Instituciones Constitucionales del Estado venezolano*, Maracaibo, 1984.

[3]   Artículo 227 de la Constitución de 1811.

[4]   Artículo 199 de la Constitución de 1811.

[5]   Artículo 113.8 de la Constitución de 1858.

[6]   Artículo 92 de la Constitución de 1864.

[7]   Artículos 17 y 110.8 de la Constitución de 1893.

Por su parte, el Código de Procedimiento Civil de 14 de mayo de 1897[8], estableció por vez primera la competencia a todos los jueces de la República, para que llegado el momento de resolver un asunto, si advertían colisión entre una norma legal vigente y una norma constitucional, procediesen a aplicar esta última con preferencia. Se trata de la regulación de lo que se conoce como el control difuso de constitucionalidad, que un siglo después adquirió reconocimiento expreso en la Constitución[9].

De la reseña histórica sucintamente efectuada se pueden extraer las siguientes ideas:

1. Venezuela fue el primer país de la antigua América española y el tercero en el mundo moderno -después de Estados Unidos de América en 1776 y de Francia en 1791[10]- en expedir una Constitución que estableciese el principio de legalidad, la separación e independencia de poderes y el reconocimiento de los derechos inalienables del hombre.

2. En la Constitución de 1811, se introdujo el principio de supremacía constitucional[11] y se produjo por primera vez la constitucionalización de la nueva organización política y de los derechos que se reconocían a los ciudadanos[12].

3. Desde los orígenes de la República en el siglo XIX, se comenzó a consolidar en la evolución constitucional de Venezuela, el denominado control de constitucionalidad, que sin duda supuso un adelanto a lo que Hans Kelsen propuso a comienzos del siglo XX y que quedó plasmado en la Constitución de Austria de 1920[13].

---

8   Artículo 10 del Código de Procedimiento Civil de 1897.

9   Artículo 334 de la Constitución de 1999.

10   Brewer-Carías, Allan, *Reflexiones sobre la Revolución Norteamericana (1776), la Revolución Francesa (1789) y la Revolución Hispanoamericana (1810-1830) y sus aportes al constitucionalismo moderno*, Editorial Jurídica Venezolana, Caracas, 1992.

11   Supreme Court of the United States, *Marbury v. Madison*, February 24, 1803, 5 US 137, 1 Cranch 137; 2 L. Ed. 60; 1803.

12   Artículos 151 y 191 de la Constitución de 1811.

13   Kelsen, Hans, "El control de constitucionalidad de las leyes. Estudio comparado de las constituciones austriacas y norteamericana", (Tr. Domingo García Belaunde), *Revista Ius et Veritas* N° 6, Lima, 1993, pp. 81-90.

4. Igualmente, aunque de origen estadounidense[14], la idea del control de constitucionalidad difuso que se encuentra presente en el discurso de Carl Schmitt[15] -polémico antagonista de Hans Kelsen[16]- y que fue explicado a través de los ordenamientos constitucionales nacionales por Mauro Cappelletti[17], se había establecido en Venezuela desde la última década del siglo XIX, en normas infraconstitucionales.

5. En fin, el primer acto de constitucionalización del derecho en Venezuela se produjo al momento de transformarse la antigua Capitanía General de Venezuela, cuyo territorio estaba colonialmente sujeto a las leyes de la Corona española, en la Confederación de Venezuela como Estado nacional, soberano e independiente, sujeto a la Constitución Federal para los Estados de Venezuela[18].

Es obvio que consecuencia de ese proceso de transformación política, algunas relaciones jurídicas reguladas por las entonces normas de Derecho Privado se vieron impactadas por la nueva Constitución. Para poner un solo ejemplo de cómo se vieron afectados la libertad de pactos, libertad de negociación y libertad de comercio, baste leer el artículo 202 que disponía: *"El comercio inicuo de negros prohibido por el decreto de la Junta Suprema de Caracas, en 14 de agosto de 1810, queda solemne y constitucionalmente abolido en el territorio de la unión, sin que puedan en modo alguno introducirse esclavos por vía de especulación mercantil"*[19].

Este tipo de ejemplos se pueden multiplicar –aunque en pro de la concisión no se hará- en los textos constitucionales del siglo XIX y efectos similares se van a producir en la primera mitad del siglo XX, con las Constituciones de 1936, 1940 o 1947, en las que se introducen reglas que

---

14   Hamilton, Alexander, James Madison y John Jay, *El Federalista*, (tr. y pról. Gustavo R. Velasco), Fondo de Cultura Económica, 2ª ed., México, 2001.

15   Schmitt, Carl, *La Defensa de la Constitución*, (Tr. Manuel Sánchez Sarto), Ed. Labor, Madrid, 1931.

16   Kelsen, Hans, *¿Quién debe ser el defensor de la Constitución?*, Ed. Tecnos, Madrid, 1995.

17   Cappelletti, Mauro, "El control judicial de la constitucionalidad de las leyes en el derecho comparado", *Revista de la Facultad de Derecho de México* N° 61, México, 1966, p. 28.

18   Sobre este proceso se recomienda, Brewer-Carías, Allan R., *Tratado de Derecho Constitucional*, T. I, Editorial Jurídica Venezolana Internacional, Caracas, 2013.

19   Dadas las vicisitudes que experimentó la construcción de la República de Venezuela en sus inicios, la abolición definitiva de la esclavitud no se concretó sino con el Decreto de 24 de marzo de 1854.

limitan la libertad de comercio e industria, la libertad de negociación o de contratación y se le imponen límites a la propiedad privada, a la libertad de empresa e incluso han conllevado la publificación de ciertos bienes jurídicos que se encontraban bajo la exclusiva regulación del Derecho Privado.

Otros ejemplos de constitucionalización fue la introducción en la Constitución de normas que regularon el *habeas corpus*, los actos administrativos y que conducirán a que en la Constitución de 1961 se introduzcan entre muchas otras, las figuras como el amparo constitucional e incluso la jurisdicción contencioso administrativa, como instancias jurisdiccionales destinadas al control del poder público y a garantizar el efectivo respeto de los derechos reconocidos en la Constitución.

Siguiendo la tradición, la reforma constitucional de 1999, procedió a reconocer al texto constitucional su condición de norma suprema y fundamento de todo el ordenamiento jurídico, así como un catálogo de derechos y de instituciones que se encontraban en la legislación ordinaria o incluso en tratados internacionales, produciéndose una mayor expansión de la constitucionalización del derecho, en sus distintas disciplinas jurídicas.

Conforme a lo anteriormente expuesto es posible sostener que la República de Venezuela desde el momento mismo de su fundación, ha experimentado un permanente y renovado proceso de constitucionalización del Derecho, hecho este que resulta incontestable, sin perjuicio de la crítica que se puede formular a lo acertado o no de tal proceso.

De allí que al lector le puede surgir la pregunta, ¿cuál es el alboroto que se ha generado en la doctrina científica con el tema de la constitucionalización?, que lleva más de 200 años de progresivo desarrollo. A ello tratará de responder la autora de este libro y por tanto no se adelantarán conclusiones, pero sí resulta pertinente efectuar algunos comentarios desde el ámbito de la disciplina del Derecho Administrativo, por el mayor grado de desarrollo que ha tenido la doctrina científica tanto internacional como nacional.

III

Tal como se ha destacado en las referencias a la doctrina científica mencionada anteriormente, en América países como los Estados Unidos de América, Venezuela y Colombia habían venido desarrollando los mecanismos de protección de la supremacía de la Constitución y de resolución de cuestiones de incompatibilidad entre ésta y los actos jurídicos de inferior jerarquía, expedidos por los órganos que ejercen el Poder Público, en los distintos ámbitos territoriales de cada uno de estos Estados.

En Europa, particularmente en Alemania triunfó tempranamente la idea de Otto Mayer quien afirmaba que *el derecho constitucional pasa y el derecho administrativo permanece*[20]. No viene al caso analizar el momento y las circunstancias que rodearon la formulación de esta expresión, pero lo que interesa destacar es la evidente relación que encuentra este autor de finales del siglo XIX e inicios del siglo XX, bajo un modelo constitucional distinto al actual, entre el Derecho Constitucional y el Derecho Administrativo.

En la primera mitad del siglo XX se experimentaba un proceso de creación doctrinal, en medio de la convulsión política que desencadenó las dos grandes guerras en un período de 30 años y que además de las fatídicas consecuencias que produjo el adolfato, una vez finalizado éste condujo al surgimiento del Estado Constitucional, en el cual la Constitución es considerada una norma jurídica, con fuerza obligatoria y cuyas disposiciones tienen carácter vinculante, para todos los órganos que ejercen el Poder Público y para las personas, quienes deben actuar orientados a garantizar el respeto de la dignidad de la persona humana y el efectivo ejercicio de los derechos fundamentales.

Es en ese contexto, que se experimentará un cambio en la concepción de la naturaleza de la Constitución, no como una mera declaración política, sino como auténtica declaración jurídico normativa de la mayor jerarquía en el sistema de fuentes, situación ésta que se va a proyectar en la investigación y estudio de todas las disciplinas jurídicas, que la han ido recibiendo a diversas velocidades.

Sin duda quienes se ubicaron en el primer vagón fueron los especialistas en el Derecho Administrativo, que asumirán el nuevo paradigma postulado por Fritz Werner, resumido en el brocárdico que considera *el derecho administrativo como derecho constitucional concretizado*.

Como no podía ser de otra manera –hasta donde llegó esta investigación- entre los pioneros en hablar del tema se encuentra un autor francés. Se trata nada menos que del decano George Vedel, quien expuso su tesis en el trabajo "Las bases constitucionales del Derecho Adminis-trativo"[21]. Los planteamientos de Vedel no fueron aceptados pacífica-mente y Charles Eisenmann, -quien tiene la influencia de su maestro Hans Kelsen-, refutará aquella tesis, en su trabajo "La teoría de las bases constituciona-

[20]   Mayer, Otto, *Derecho Administrativo Alemán*, 3ª ed., Depalma, Buenos Aires, 1951.
[21]   Vedel, George, "Les bases constitutionnelles du droit administratif", *Études et documents du Conseil d´Etat* N° 8, París, 1954.

les del Derecho Administrativo"[22]. Esta teoría será respondida por Vedel años más tarde[23] y más recientemente nos pone al tanto de su grado de desarrollo Pierre Devolvé[24].

Con motivo del restablecimiento de la democracia en España y la expedición de la Constitución de 1978 –que este año cumplirá 40 años de vigencia ininterrumpida–, el Derecho Administrativo experimentará un nuevo aire que será estudiado entre otros, por Eduardo García de Enterría[25], Fernando Garrido Falla[26] y José Luis Meilán Gil[27], quien incluso desde comienzos de la década de los ochenta ya impartía clases en la Universidad de Santiago de Compostela, haciendo referencia al Derecho Administrativo Constitucional.

Uno de los discípulos más aventajados de este último, Jaime Rodríguez-Arana Muñoz escribiría 30 años después su trabajo titulado "Aproximación al Derecho Administrativo Constitucional"[28], que ha alcanzado gran divulgación en América.

Por su parte, respecto al caso italiano se puede apreciar la obra de Riccardo Guastini, La constitucionalización del ordenamiento jurídico: el caso italiano[29] y la de Sabino Cassese, sobre los momentos de la constitucionalización del Derecho Administrativo[30].

---

[22]   Eisenmann, Charles, "La théorie des bases constitutionnelles du droit administratif", *Revue de Droit Publique*, Paris, 1972.

[23]   Vedel, George, "Les bases constitutionnelles du droit administratif", (Ed. Paul Amselek et Jean-Jacques Bienvenu), *La pensé de Charles Eisenmann*, Presses Universitaires d´Áix-Marseille, Áix-en-Provence, 1986.

[24]   Devolvé, Pierre, *La actualidad de la teoría de las bases constitucionales del Derecho Administrativo, La constitucionalización del Derecho administrativo. XV Jornadas Internacionales de Derecho Administrativo*, Universidad Externado de Colombia, Bogotá, 2014, pp. 41-60.

[25]   García de Enterría, Eduardo, *La Constitución como norma y el Tribunal Constitucional*, 1ª ed., Civitas Madrid, 1981.

[26]   Garrido Falla, Fernando, "La Constitución como norma jurídica", *Anales de la Real Academia de Ciencias Morales y Políticas* N° 68, Madrid, 1991, pp. 183-192.

[27]   Meilán Gil, José Luis, "La Administración Pública a partir de la Constitución española de 1978", *Revista Española de Derecho Constitucional* N° 46, Centro de Estudios Políticos y Constitucionales, Madrid, 1996, pp. 55-100.

[28]   Rodríguez-Arana Muñoz, Jaime, *Aproximación al Derecho Administrativo Constitucional*, Editorial Jurídica Venezolana, Caracas, 2007.

[29]   Guastini, Riccardo, "La constitucionalización del ordenamiento jurídico: el caso italiano", (Coord. Miguel Carbonell), *Neoconstitucionalismo (s)*, 4ª ed., Trotta-UNAM, Madrid, 2009, pp. 49-74.

[30]   Cassese, Sabino, "Las tres etapas de la constitucionalización del Derecho administrativo", *La constitucionalización del Derecho administrativo. XV Jornadas Inter-*

Más recientemente Eberhard Schmidt-Aßman[31] ha brindado una visión moderna de la constitucionalización en el Derecho Administrativo alemán, a partir de los derechos fundamentales y de la cláusula de Estado federal, democrático y social de Derecho[32].

Incluso fuera del derecho continental, Wade[33] en Inglaterra, ha sostenido que el Derecho Administrativo es parte del Derecho Constitucional.

Ahora bien, esta aparente novedad –se califica de aparente, pues resulta muy natural ante el grado de desarrollo alcanzado por el Derecho Constitucional–, que ha generado una intensa dedicación de la más calificada doctrina científica europea, realmente tampoco constituye novedad alguna para la doctrina nacional, como se explicará a continuación.

Con motivo de las segundas jornadas colombo-venezolanas de Derecho Administrativo, realizadas en la ciudad de Caracas en 1983, que fueron organizadas por el entonces Director del Instituto de Derecho Público de la Universidad Central de Venezuela, Allan R. Brewer-Carías, se estableció como una de las ideas a desarrollar las bases constitucionales del Derecho Administrativo.

Fueron los dos maestros del Derecho Público Iberoamericano, Jaime Vidal Perdomo[34] y Allan R. Brewer-Carías[35], -quienes han estudiado a lo largo de su vida académica tanto el Derecho Constitucional[36] como el

---

nacionales de Derecho Administrativo, Universidad Externado de Colombia, Bogotá, 2014, pp. 281-306.

[31] Schmidt-Aßman, Eberhard, "El concepto de la constitucionalización del Derecho administrativo", La constitucionalización del Derecho administrativo. XV Jornadas Internacionales de Derecho Administrativo, Universidad Externado de Colombia, Bogotá, 2014, pp. 21-38.

[32] Artículo 20.1 de la Ley Fundamental de Bonn.

[33] Wade, H. W. R., Administrative Law, 6ª ed., Oxford, 1989, p. 6.

[34] Vidal Perdomo, Jaime, "Las bases constitucionales del Derecho Administrativo en Colombia", Derecho Público en Venezuela y Colombia, Archivo de Derecho Público y Ciencias de la Administración, Instituto de Derecho Público, Facultad de Ciencias Jurídicas y Políticas de la Universidad Central de Venezuela, Caracas, 1986, pp. 203-214.

[35] Brewer-Carías, Allan R., "Las bases constitucionales del Derecho Administrativo en Venezuela", Revista de Derecho Público N° 16, Editorial Jurídica Venezolana, Caracas, 1983, pp. 5-19; Derecho Público en Venezuela y Colombia, Archivo de Derecho Público y Ciencias de la Administración, Instituto de Derecho Público, Facultad de Ciencias Jurídicas y Políticas de la Universidad Central de Venezuela, Caracas, 1986, pp. 215-231.

[36] Brewer-Carías, Allan R., Tratado de Derecho Constitucional, Tomos I al XVI, Editorial Jurídica Venezolana Internacional, Caracas, 2013-2017; Vidal Perdomo, Jai-

Derecho Administrativo[37]-, quienes abordaron el tema desde sus respectivas realidades nacionales.

Diez años más tardes, Brewer-Carías volverá sobre el tema, a propósito de proceso de reforma constitucional que había experimentado Colombia en 1991[38] y en esa misma línea de trabajo, luego de la reforma constitucional de 1999, expondrá sobre el contexto constitucional del Derecho Administrativo en Venezuela[39] e incluso en la República Dominicana con motivo de su nueva Constitución en 2010, parcialmente reformada en 2015[40].

En el orden de ideas expuesto por José Luis Meilán Gil y su discípulo Rodríguez-Arana, recientemente ha desarrollado el tema José Araujo-Juárez, en el ámbito venezolano[41], con prólogo de Allan Brewer-Carías.

De lo señalado hasta acá, se debe destacar que desde el estudio de las bases constitucionales del Derecho Administrativo, pasando por la denominada constitucionalización hasta llegar a su más reciente conceptuación como Derecho Administrativo Constitucional, lo que ha ocurrido es un permanente proceso de evolución, que la doctrina científica ha sabido leer "en y desde" el texto constitucional en armonía con el resto del ordenamiento jurídico, para producir su valoración en función de lo que también han aportado la jurisprudencia constitucional y administrativa.

---

me, *Derecho Constitucional General e Instituciones Políticas Colombianas*, (actualizado por Carlos Molina Betancur), 14ª ed., Universidad de Medellín-Legis, Bogotá, 2016.

[37]   Brewer-Carías, Allan R., *Tratado de Derecho Administrativo*, Tomos I al VI, Editorial Jurídica Venezolana Internacional, Caracas, 2014; Vidal Perdomo, Jaime, *Derecho Administrativo*, (actualizado por Carlos Molina Betancur), 14ª ed., Universidad de Medellín-Legis, Bogotá, 2016.

[38]   Brewer-Carías, Allan R., "El proceso de constitucionalización del Derecho Administrativo en Colombia", *Revista de Derecho Público* N° 55-56, Editorial Jurídica Venezolana, Caracas, 1993, pp. 47-59.

[39]   Brewer-Carías, Allan R., "Marco constitucional del Derecho Administrativo en Venezuela", (Coord. Víctor Hernández-Mendible), *Derecho Administrativo Iberoamericano*, tomo 1, Paredes Editores, Caracas, 2007, pp. 183-220.

[40]   Brewer-Carías, Allan R. y Hernández-Mendible, Víctor R., *Bases constitucionales del derecho administrativo y del proceso contencioso administrativo en República Dominicana*, Editorial Jurídica Venezolana Internacional, Santo Domingo, 2016.

[41]   Araujo-Juárez, José, *Derecho Administrativo Constitucional*, CIDEP-Editorial Jurídica Venezolana, Caracas, 2017.

Este innegable proceso de impregnación del Derecho Administrativo por la Constitución, se ha producido en vía normativa, a través de la interpretación doctrinal y de la aplicación jurisprudencial.

Lo antes expuesto que ha resultado relativamente obvio en el Derecho Administrativo, no ha sido así en otras disciplinas jurídicas, no obstante, en las próximas líneas se pretende reflexionar sobre algo de lo que ha sucedido con respecto al Derecho Civil, bajo el marco constitucional vigente.

IV

El azaroso proceso de reforma constitucional en 1999[42] le rindió un gran tributo a la Constitución democrática de 23 de enero de 1961, al copiar la esencia de sus normas y además elevar a la jerarquía constitucional, buena parte de las instituciones políticas y también de las jurídicas, que se desarrollaron en las leyes expedidas durante los 38 años de vigencia que tuvo aquel texto normativo supremo.

No obstante hay que decir que a ese proceso de constitucionalización por vía de incorporación normativa a la Constitución, se sumó la incorporación expresa de un catálogo de derechos que se enumeran directamente –muchos de los cuales tienen como fuente la legislación ordinaria– o por vía de remisión a los tratados y convenciones internacionales de derechos humanos, que han dado origen a la constitucionalización del derecho internacional y a los derechos específicos que reconocen tales instrumentos, que deben ser regulados legalmente y ser objeto de estudio en el ámbito académico por las respectivas disciplinas jurídicas del Derecho Procesal, Derecho Penal, Derecho Laboral, Derecho Mercantil o Derecho Civil, que es el que ocupa esta parte de las reflexiones.

Ello no dista mucho de lo que viene sucediendo dentro del contexto de Suramérica a partir de las reformas constitucionales de finales del siglo XX, de Brasil en 1988, Colombia en 1991, Perú en 1993, Argentina en 1994 y en el presente siglo XXI en Bolivia y Ecuador.

Se ha creado así una suerte de piñata constitucional, en la que se meten en el texto supremo todos los derechos contemplados en cada ordenamiento nacional, se suman los reconocidos en los textos internacionales y además a bienes jurídicos que tradicionalmente eran objeto de regulación legal o reglamentaria, así como de protección por las vías jurisdic-

---

42   Hernández-Mendible, Víctor R., "La contribución del Poder Judicial a la desaparición de la Constitución, la democracia y el Estado de Derecho", *El nuevo Derecho Constitucional venezolano*, Universidad Católica Andrés Bello, Caracas, 2000, pp. 81-108.

cionales ordinarias, se les cambió la calificación jurídica para pasar de ser objetos protegidos a sujetos de derechos, incluso con reconocimiento de personalidad, aunque realmente no tienen la condición de persona y menos de seres humanos.

Es así como se puede afirmar que este proceso de constitucionalización, ha generado el activismo de algunos tribunales que ejerciendo el orden jurisdiccional constitucional han brindado protección tanto a personas, como a bienes, seres vivos no humanos o recursos naturales en pretendida aplicación de la Constitución, por considerarlos sujetos titulares de derechos fundamentales, como ha sucedido con un *primate hominoide* en Argentina, un río en Colombia o la naturaleza en general en Ecuador.

Los mencionados son bienes jurídicos históricamente tutelados por los ordenamientos jurídicos, a través de los medios de protección ordinarios que establece el Derecho Civil –en las disposiciones del Código o de alguna ley especial- y que en la actualidad exigen una mayor garantía de protección al estar relacionados con los Objetivos del Desarrollo Sostenible, pero sin perder las perspectivas. Por supuesto se trata de un tema polémico como muchos otros, en los cuales se promueve la defensa de los derechos de la naturaleza o de los animales y se ataca a quienes -por ejemplo- participan de la denominada Fiesta Brava, tal como ha venido sucediendo en Colombia, Perú o Venezuela[43], mientras curiosamente se muestra absoluta indolencia hacia las personas que por distintas razones se encuentran en estado de vulnerabilidad, debido a que son personas especiales, de edad avanzada, que han experimentado pérdidas familiares, enfermedades o incluso ruina material.

En fin, los más recientes procesos de constitucionalización han generado transformaciones en los ordenamientos jurídicos y en las conductas de algunas personas que posiblemente no alcanzamos a percibir en este momento, pero en ningún caso deberían llevar a perder el norte. La Constitución tiene como uno de sus *leitmotiv* garantizar que el Estado respete y proteja efectivamente los derechos y libertades de las personas, así como su dignidad, correspondiendo a éstas ejercerlos en cumplimiento de sus obligaciones y con plena responsabilidad ante los demás.

Conforme a tales términos, la constitucionalización de los derechos de la personalidad, en particular, de los niños y adolescentes, del adulto mayor, los derechos de la familia y del régimen patrimonial, de partida

---

[43] Villegas Moreno, José Luis, "Tauromaquia y Medio Ambiente. Aproximación al acoso antitaurino en Venezuela desde el Poder Judicial", *Revista Tachirense de Derecho* N° 28, Universidad Católica del Táchira, San Cristóbal, pp. 89-100.

deben ser considerados como algo positivo, en la medida que constituyen un reconocimiento al más alto nivel normativo de los mismos, pero los operadores jurídicos deben tener mucha prudencia al derivar las consecuencias de tal reconocimiento, pues no se puede olvidar que la competencia para configurar los derechos se encuentra atribuida al legislador, que es el único que posee legitimidad democrática para hacerlo en el marco de normalidad institucional que debe existir en un Estado Constitucional.

Ello así, siendo que el legislador tiene atribuida una amplia libertad de configuración normativa conforme a las referencias dadas por la Constitución, será él quien puede limitar los derechos y las libertades, quedando a los órganos jurisdiccionales la labor de efectuar la interpretación más adecuada para asegurar el real y efectivo ejercicio pleno de los derechos e incluso de ser necesario proceder a ordenar la remoción de los obstáculos que se opongan o dificultan que ello sea posible, en aplicación de los principios pro homine y pro libertad.

Por ello, la interpretación que debe realizar el órgano jurisdiccional constitucional y en especial cuando se encuentra en la cúspide de la misma, debe hacerla con respeto a los citados estándares hermenéuticos, así como a los principios de lealtad institucional e interdicción de la arbitrariedad, a los fines de no invadir las competencias del legislador democrático y permitir que la configuración que este ha realizado de las instituciones jurídicas civiles puedan funcionar, brindando las soluciones contempladas a los conflictos sociales que se encuentran dentro del objeto de su regulación.

En conclusión, en el marco del Estado Constitucional que formalmente existe en Venezuela y con fundamento en el principio de supremacía de la Constitución, todo el funcionamiento institucional, entiéndanse los órganos que ejercen el Poder Público, deben cumplirla y hacerla cumplir, al igual que las personas, lo que impone que toda actividad e inactividad imputables a aquellos o estas sea conforme a la Constitución y de allí la necesidad de interpretarla y aplicarla según los principios que rigen en una sociedad democrática. Es justamente en este contexto donde el supraprincipio de Estado social y democrático de Derecho irradia todo su brillo sobre la integralidad del ordenamiento jurídico, generando de esta manera la necesidad de investigar, estudiar y reflexionar respecto a la constitucionalización del Derecho, tal como acertadamente se hace en la presente obra.

V

La inusual petición –es la primera vez que una de sus publicaciones tiene un prefacio- que me formulara la profesora Domínguez Guillén de prologar su obra "*Derecho Civil Constitucional (La constitucionalización del*

Derecho Civil)", ha constituido un gran compromiso, dada la talla intelectual de su autora; un honor inmerecido, considerando la presencia en el país de destacados profesores de Derecho Constitucional y Derecho Civil que también pudieron ser invitados a elaborar esta presentación; y un importante desafío, que ha implicado estudiar tanto lo escrito por la autora, como por sus homólogos académicos en el derecho comparado.

Quiero ocupar las palabras finales, no en desearle éxito a la autora con esta nueva publicación, pues sus trabajos anteriores y la calidad de esta obra auguran que ello está asegurado, sino para invitar a que los lectores valoren el gran esfuerzo realizado por la profesora Domínguez Guillén, en especial considerando las circunstancias que atraviesa el Derecho en estos tiempos atribulados, -que son las que han rodeado esta investigación- y que sin embargo reciban con entusiasmo el estudio efectuado, que sin duda debe ser un estimulante dentro de una sociedad abierta a los debates constitucionales -parafraseando a Peter Häberle[44]-, para un auténtico diálogo llamado a contribuir a la reconstrucción del Estado Constitucional, de las instituciones democráticas y por ende del Derecho Privado en Venezuela.

Caracas, marzo de 2018

---

[44]   Häberle, Peter, "Die offene Gesellschaft der Verfassungsinterpreten", *JZ* Juristenzeitung, Verlag, Tübigen, 1975, pp. 297-305; en traducción al castellano, La sociedad abierta de los intérpretes constitucionales: una contribución para la interpretación pluralista y "procesal" de la Constitución, *Revista sobre enseñanza de Derecho* N° 11, año 6, México, 2008, pp. 29-61.

INTRODUCCIÓN

Desde que nos iniciamos en nuestra actividad de investigación sobre el Derecho Civil en los distintos temas que nos correspondieron en su momento, solíamos tener presente la necesaria referencia a la Constitución. No habíamos profundizado en el estudio del Derecho Constitucional y ni si quiera teníamos conciencia de la existencia formal de un «Derecho Civil Constitucional» denominado también «constitucionalización del Derecho Civil».

Sin embargo, dentro de la sencillez de nuestros primeros trabajos de investigación, podemos apreciar en retrospectiva, que solíamos tener generalmente presente la necesaria referencia a la Carta Magna. Posteriormente, cada vez que teníamos oportunidad de participar en una invitación para escribir en un libro relacionado al Derecho Público, pudimos asociar nuestra área de interés del Derecho Civil a la Carta Fundamental. Muchas de las referencias constitucionales en el Derecho de la Persona, de Familia, de Sucesiones y de Obligaciones que aquí presentamos, están contenidas en nuestros trabajos previos. Pues, en definitiva, siempre tuvimos por norte considerar al Texto Fundamental.

Surgen así diversos artículos o ensayos que podrá ver reseñados el lector a lo largo del presente estudio, tal vez siendo los más vinculados al tema que nos ocupa los relativos a la «Primacía de la persona en el orden constitucional» y la «Proyección constitucional del Derecho de Obligaciones». Recientemente decidimos retomar el tema a nivel más general en un artículo para una colaboración extranjera titulado: «Trascendencia de la Constitución en el Derecho Civil venezolano». Cuando le pedí a mi cónyuge Miguel Ángel Torrealba Sánchez que me revisara la parte de la interconexión del Derecho Público y Privado y me suministrara material al efecto, me comentó que sería útil ampliar el tema, pues podría ser de interés incluso para los estudiosos dedicados al Derecho Público. La extensa bibliografía sobre ésta última materia aquí citada se la debo a él.

He intentado conectar la temática civil a la que nos hemos dedicado por décadas con la supremacía de la Carta fundamental y a su vez sistematizar la principal doctrina nacional y extranjera relativa al *"Derecho Civil Constitucional"* o también denominado *"constitucionalización del Derecho Civil"*. Tomamos ambas expresiones como título de nuestro trabajo pues luego de considerar cada una por separado, optamos por ambas porque son utilizadas por la doctrina como sinónimos. Pero nuestro estudio no pretende –por su obvia extensión– aproximarse a un "Manual" sino que inspirados en la magnífica obra del español Joaquín Arce, pretendemos ofrecer un enfoque sintético de la figura en el Derecho venezolano. Nos permitimos reseñar brevemente las decisiones más relevantes de la Sala Constitucional en el ámbito del Derecho Privado General.

Así mismo, dividimos el estudio en dos partes: la primera dedicada a la Constitución y al Derecho Civil y la segunda propiamente al «Derecho Civil Constitucional» o constitucionalización del Derecho Civil. En la primera ofrecemos un somero panorama de la Carta Fundamental con relación a su supremacía, interpretación y carácter imperativo de sus normas; mientras que en la segunda entramos propiamente en materia en lo atinente a su noción, antecedentes, instituciones, críticas, funciones y efectos del denominado «Derecho Civil Constitucional».

La inspiración e interés por el tema nos permitió en poco tiempo finalizar el ensayo que presentamos. A lo que unimos el estímulo que nos diera en su impulso los profesores Antonio Silva Aranguren, Víctor Hernández-Mendible y Edison Varela Cáceres. Cada uno en su perspectiva y revisión ayudó notablemente para concretar estas páginas. Igualmente agradecemos a los profesores Andrés Domínguez Luelmo por el notable auxilio bibliográfico con la doctrina española y a Carlos Pérez Fernández por su aporte en el área de Bienes y Derechos Reales.

Presentamos así el producto incipiente de nuestras reflexiones sobre una figura digna de mayor desarrollo por parte de la doctrina tanto del Derecho Privado como del Derecho Público, pues como veremos, la «Constitución» es el instrumento por medio del cual ambas esferas del Derecho se unen o se dan la mano.

CAPÍTULO I

LA CONSTITUCIÓN Y EL DERECHO CIVIL

I. ENTRE EL DERECHO PÚBLICO Y EL DERECHO PRIVADO

1. *Dificultad de demarcación*

La distinción entre las categorías de lo público y lo privado constituye en cierto sentido, un tema clásico del derecho[1]. La relación público-privado como oposición entre la organización estatal y los individuos se construyó muy lentamente y desde luego de forma imperfecta en Roma[2]. Se asoció lo público al Estado (Alemania)[3] y a la Nación (Francia)[4], entre otras teorías sectoriales del concepto[5], aunque se afirma que en su origen se vincula a lo estatal por oposición a lo particular o al individuo[6]. Tam-

---

[1] De Cabo de la Vega, A.: *Lo público como supuesto constitucional*, UNAM, México, 1997, p. 7.

[2] *Ibíd.*, p. 29.

[3] *Ibíd.*, p. 185.

[4] *Ibíd.*, p. 196.

[5] Véase: *Ibíd.*, pp. 207 y ss. Véase también: Fajardo Fernández, J.: "Derecho Público y Derecho Privado. Los cinco sentidos de una distinción", *Persona y Derecho*, N° 72, 2015, pp. 75-90; Guzmán Brito, A.: "El Derecho Público y el Derecho Privado", *Persona y Derecho*, N° 72, 2015, pp. 11-21; Schmidt-Assmann, E.: *La teoría general del Derecho Administrativo como sistema Objeto y fundamentos de la construcción sistemática*, Instituto Nacional de Administración Pública, Marcial Pons, Ediciones Jurídicas y Sociales S. A., Madrid/Barcelona, 2003, Trad. M. Bacigalupo y otros, pp. 293-302.

[6] Véase: Guzmán Brito, A.: "El Derecho", *cit.*, p. 14, debemos aclarar qué entendamos por la expresión "público" en su sentido genuino, no necesaria ni totalmente ligado a lo estatal, que tan sólo constituye una parte de lo público. *Publicus*, siendo el adjetivo que corresponde al sustantivo *populus*, es, pues, lo concerniente al populus o, como diríamos hoy, a la sociedad. La contraposición más propia de *publicus* es *privatus*, aquello que concierne al *privus*, esto es, en nuestro actual lenguaje, al particular, al individuo (partícula o pequeña parte) integrante de la sociedad. En esta contraposición, lo pertinente al poder social,

bién se relacionó al Derecho Público inicialmente a la consecución del bien común, luego se asoció con el interés público y más recientemente con el interés general, que aunque con menor protagonismo sigue jugando un papel importante en la dinámica contemporánea[7]. Aunque abundan figuras de interés general en el ámbito del Derecho Civil extrapatrimonial.

Desde un punto de vista básico entre las diferencias que distinguen entre Derecho Privado y Derecho Público, la tradicionalmente de mayor peso es la que indica que las relaciones del primero acontecen en un plano de igualdad o paridad y en las segundas el Estado actúa en posición de superioridad o *imperium*[8]. Toda vez que el poder público detenta una posición peculiar en el Derecho[9]. Criterio imperante en Alemania[10]. Si predomina la igualdad estaríamos en presencia de una relación de Derecho Privado. Se afirma sin embargo, que la pretendida igualdad entre las partes atribuida a éste último tal y como ha sido comúnmente entendida, es uno de esos conocidos mitos jurídicos faltos de un contenido real, pues no en todos los contratos privados podemos encontrar esa igualdad[11]. En otro sentido, se afirma que lo privado está asociado a las relaciones de los «particulares»[12]. Por lo que pareciera que más que crite-

---

que desde el siglo XVI llamamos "Estado", va incluido en lo público, porque dicho poder es, de manera primigenia, una organización destinada al regimiento de la sociedad y no de los particulares. Esta consideración más amplia de lo público es esclarecedora, y explica situaciones que no se explican con la acepción de "público" con un sentido integral y totalmente congruente con lo estatal.

[7]   Martínez López-Muñiz, J. L.: *Introducción al Derecho Administrativo*, Tecnos, Madrid, 1986, pp. 17 y 18.

[8]   Domínguez Guillén, M. C.: *Manual de Derecho Civil Personas*, Paredes, Caracas, 2011, p. 19.

[9]   Martínez López-Muñiz, J. L.: *Introducción al*, *cit.*, p. 20.

[10] Fajardo Fernández, J.: "Derecho público", *cit.*, pp. 86 y 87.

[11] Véase: Martín-Retortillo Baquer, S.: *El Derecho Civil en la génesis del Derecho Administrativo y de sus instituciones*, Civitas, Madrid, 1996, p. 23. Véase precisando la dificultad de la distinción: Hernández Gil, A.: *El concepto del Derecho Civil*, Revista de Derecho Privado, Madrid, 1943, p. 64, los criterios utilizados para su distinción son muchos, por lo que más que repetirlos, lo importantes elegir uno; Diez-Picazo, L. y A. Gullón: *Sistema de Derecho Civil*, Tecnos, 9ª ed., Madrid, 1997, Vol. I, p. 41, "La distinción entre Derecho Público y Derecho Privado –que es para los estudiosos del Derecho la distinción por antonomasia– es quizás una de las cuestiones más oscuras, complejas y difíciles de la teoría general del Derecho".

[12] Véase: Guzmán Brito, A.: "El Derecho", *cit.*, p. 11, hay, al menos, dos razones que justifican el uso de la expresión "Derecho Público". Una es que los ámbitos que pertenecen naturalmente al público, en donde se encuentra destacadamente lo estatal, necesita una cierta regulación, otra, es que resulta natural que tal re-

rios lógicos de distinción, cabría guiarse más bien por puras directrices metodológicas de adscripción[13].

Derecho público y Derecho privado son los dos términos del par o binomio que conforma la *summa divisio* del Derecho. Es evidente que acerca de ellos hay algunas cuestiones sobre las que existe amplia discordancia (por no decir discordancia total)[14]. Siendo para algunos una distinción especialmente importante[15] aunque es discutible la afirmación de que constituye una dicotomía perfecta de un ámbito de la realidad[16]. Lo primero que habría que preguntarse es sobre el porqué de la existencia misma de tal distinción[17]. Tal dicotomía entre lo público y lo privado, representa para algunos una distinción conceptual débil[18] y cargada de confusiones[19]. La diferencia entre ambas esferas de regulación jurídica solamente representa un valor histórico tradicional: una mera necesidad didáctica[20]. Se pretende que la distinción carece prácticamente de consecuencias jurídicas[21], sin embargo se insiste que el binomio Derecho público-Derecho privado debe conservarse[22].

Una misma institución jurídica puede ser vista tanto desde la óptica del Derecho Público como del Derecho Privado. Siendo típico ejemplo de

---

gulación sea elaborada por el público (hoy se entiende que a través de sus representantes). Correlativamente, el Derecho Privado es aquel que regula los ámbitos correspondientes a los particulares; y aquel que elaboran los particulares (a través de sus negocios privados).

[13] Diez-Picazo, L. y a. Gullón: *Sistema de, cit.*, pp. 43 y 44.

[14] Fajardo Fernández, J.: "Derecho público", *cit.*, p. 75.

[15] *Ibíd.*, p. 76, La distinción es muy importante, base de cualquier otra; La distinción tiene cierta validez universal a lo largo de épocas y países diversos, y hay amplio acuerdo acerca de en cuál de los dos términos debe encuadrarse cualquier materia o relación jurídica concreta. En cuanto al criterio determinante que distingue un concepto del otro (el *quid*), no sólo no hay consenso, sino que lo múltiple y variado de las teorías que intentan dar respuesta a esa cuestión resulta, en palabras de De Castro, "paradójico y desesperante".

[16] De Cabo de la Vega, A.: *Lo público, cit.*, p. 168, la afirmación es de Bobbio.

[17] *Ibíd.*, p. 8.

[18] Lariguet, G.: "¿Dicotomía derecho público y privado? ¿o una alfombra que cubre muchas cuestiones conceptuales distintas?", *Principia Iuris*, Vol. 22, N° 22, Universidad Santo Tomás, Colombia, 2014, p. 213.

[19] Véase: *Ibíd.*, p. 216, no resultaba claro por qué había una dualidad ni como conceptualizar de manera clara lo conducente.

[20] Quintana Adriano, E. A.: *Derecho público y Derecho Privado*, p. 426, http:// biblio.juridicas.unam.mx/libros/4/1855/26.pdf

[21] Fajardo Fernández, J.: "Derecho público", *cit.*, p. 77.

[22] *Ibíd.*, p. 90.

ello, la «persona» quién como protagonista del orden jurídico, podrá ser amparada por normas constitucionales que igualmente obligan al Estado y a los particulares, como por normas características de Derecho Privado o Civil.

En efecto, «la antigua y discutida distinción entre Derecho Público y Derecho Privado presenta un punto común: la persona. Esto porque la preeminencia que se le atribuye al Estado dentro de la esfera pública por oposición a la igualdad que caracteriza al Derecho Privado supone necesariamente la consideración de la noción de persona»[23]. Su protección no es exclusiva de determinada área o rama del Derecho, sino que contrariamente todos los ámbitos del orden legal confluyen simultáneamente en el cuidado del sujeto de derecho. Derecho Público y Derecho Privado son áreas que se complementan pues el Derecho es un sistema de normas que no pueden concebirse aisladamente, especialmente porque todo el orden jurídico gira alrededor de la persona[24].

Se afirma acertadamente que cuando la Constitución consagra la protección al honor o a la intimidad de la persona, ello se dirige o vincula tanto al poder público como a particulares[25], aunque los límites pudieran ser distintos[26]. La protección jurídica de la persona como es lógico, com-

---

[23]   Domínguez Guillén, M. C.: "Primacía de la persona en el orden constitucional", *El Estado constitucional y el Derecho Administrativo en Venezuela. Libro Homenaje a Tomas Polanco Alcántara,* Universidad Central de Venezuela, Instituto de Derecho Público, Caracas, 2005, p. 300.

[24]   Domínguez Guillén, M. C.: "Proyección constitucional del Derecho de Obligaciones", *Revista Venezolana de Legislación y Jurisprudencia N° 7 Edición Homenaje a José Peña Solís,* Caracas, 2016, T. I, p. 90, http://www.rvlj.com.ve

[25]   Véase: Beladiez Rojo, M.: "La eficacia de los derechos fundamentales entre particulares. Algunas consideraciones sobre el distinto alcance que pueden tener estos derechos cuando se ejercen en una relación jurídica de derecho privado o de derecho público", *Los derechos fundamentales en las relaciones entre particulares,* Anuario de la Facultad de Derecho de la Universidad Autónoma de Madrid N° 21, C. Izquierdo Sanz y J. M. Rodríguez de Santiago, Universidad Autónoma de Madrid con la Colaboración del Consejo Nacional de Registradores de la Propiedad y Mercantiles de España, Madrid, 2017, p. 79, la Constitución está protegiendo tales valores y bienes jurídicos frente a todo aquel, ya sea poder público o un particular que pueda menoscabar el ámbito tutelado por los mismos.

[26]   *Ibíd.,* p. 87. Véase también sobre la vinculación de los particulares a los derechos fundamentales: De Verda y Beamonte, J. R.: "Eficacia privada de los derechos fundamentales y recurso de amparo", *Revista Boliviana de Derecho* N° 13, Fundación Iuris Tantum, Santa Cruz/Bolivia, Enero 2012, pp. 40-59, www.revistabolivianadederecho.org; Bilbao Ubillos, J. M.: "La consolidación dogmática y jurisprudencial de la *drittwirkung:* una visión de conjunto", *Los derechos fundamentales en las relaciones entre particulares,* Anuario de la Facultad de Derecho de la

bina el Derecho Público y el Derecho Privado[27]. El Derecho de la Persona podrá ser visto por el Especialista en Derechos Humanos[28], Derecho Internacional, Derecho Constitucional, Derecho Administrativo, Derecho Penal, Derecho Civil o Derecho del Trabajo[29]. Pero igualmente, las otras ramas patrimoniales del Derecho Civil también pueden ser obviamente penetradas o afectadas por el Derecho Público[30].

Universidad Autónoma de Madrid N° 21, C. Izquierdo Sanz y J. M. Rodríguez de Santiago, Universidad Autónoma de Madrid con la Colaboración del Consejo Nacional de Registradores de la Propiedad y Mercantiles de España, Madrid, 2017, pp. 43-74; Herrero Oviedo, M.: "El testamento, la filiación adoptiva y la aplicación inter privatos de los derechos fundamentales", *InDret Revista para el análisis del Derecho*, Barcelona, abril 2012, pp. 2-36; Merino Acuña, R. A.: "La tutela constitucional de la autonomía contractual. El contrato entre poder público y poder privado", *El Derecho Civil patrimonial en la Constitución*, T. C. Guía 2, Gaceta Jurídica, Perú, 2009, pp. 51-61; González Dávila, R: *La constitucionalización del derecho privado y la acción de protección frente a particulares*, https://www.inredh.org/archivos/.../accion_proteccion_particulares_richard-gonzales.p... resulta evidente que los efectos de la constitucionalización del Derecho Privado mediante el efecto directo, indirecto y el deber de protección de los derechos constitucionales frente a particulares, existentes en nuestro ordenamiento jurídico, no son distintos, sino complementarios, dando como resultado en su conjunto accionar que la línea fronteriza entre el Derecho Público y el Derecho Privado desaparezca; Balaguer Callejón, M. L.: *Interpretación de la Constitución y ordenamiento jurídico*, Tecnos, Madrid, 1997, p. 45, refiere acertadamente la autora que con los derechos fundamentales no se agota la eficacia constitucional de los efectos a particulares, ni la incidencia de la Constitución en el Derecho Privado. Pasar el Derecho Civil por el tamiz de la Constitución es atravesar éste de las categorías de Derecho Público, que vierten efectos sobre parcelas del Derecho en que intervenía la autonomía de la voluntad cuyo límite estaba en la ley.

[27]   Domínguez Guillén, M. C.: "Primacía de", *cit.*, p. 303, si bien tradicionalmente, la persona ha sido estudiada básicamente dentro del Derecho Civil, al punto que una de sus ramas se denomina "Personas", no es posible pretender que el estudio de ésta se limite al ámbito del Derecho Privado.

[28]   Véase: Ayala Corao, C.: "La Jerarquía de los tratados de Derecho Humanos", *El futuro del sistema interamericano de protección de los derechos humanos*, J. E. Méndez y F. Cox Editores, San José de Costa Rica, 1998, p. 138, los Derechos Humanos han sido considerados una disciplina autónoma por su multidisciplinario método, toda vez que su enfoque no puede ser abordado exclusivamente por el Derecho Constitucional o el Derecho Internacional.

[29]   Domínguez Guillén, M. C.: "Primacía de", *cit.*, p. 304.

[30]   Mantilla Espinosa, F.: "La "constitucionalización" del Derecho Privado", *Revista Oficial del Poder Judicial*, 1/2, 2007, p. 246, la frontera entre Derecho Público y Derecho Privado ya no tiene una delimitación rigurosa ni una impermeabilidad total.

Ello es natural pues cada rama del Derecho está interconectada con otras, por lo que difícilmente el intérprete podrá mantenerse aislado al extremo de su área, ya sea pública o privada.

2. *Interrelación entre público y privado*

La necesaria interconexión entre el Derecho Público y Derecho Privado ha sido ampliamente consideradas por la doctrina[31], que ha reconocido que ambos sectores se penetran o interrelacionan frecuentemente. El Derecho Público y el Derecho Privado tienen modelos normativos diferentes para situaciones diversas, siendo ambos regímenes jurídicos que funcionan un arsenal de mecanismos de protección y acción. No obstante, los dos regímenes no dejan de tener relación o más bien están entrelazados entre ellos[32].

Se admite que el Derecho Administrativo no es el único aplicable a la Administración pública, pues también se rige por el Derecho Privado, el cual está en la génesis de tantas instituciones del Derecho Administrativo[33] como demostró hace décadas MARTÍN-RETORTILLO BAQUER[34]. El Derecho Administrativo se presenta como derecho común o normal, no obstante aceptarse el carácter supletorio del Derecho Privado[35]. Por ejemplo, respecto al contrato administrativo se reseña una interesante incidencia del Derecho Civil de carácter instrumental y subsidiario[36],

---

[31]   Véase: Brewer-Carías, A.: "La interaplicación del Derecho Público y del Derecho Privado a la Administración Pública y el proceso de huida y recuperación del Derecho Administrativo", *Las formas de la actividad administrativa, Segundas Jornadas Internacionales de Derecho Administrativo Allan Randoph Brewer- Carías*, Fundación de Estudios de Derecho Administrativo, Caracas, 1996, pp. 23-73.

[32]   Schmidt-Assmann, E.: *La teoría, cit.*, p. 298.

[33]   Brewer-Carías, A.: "La interaplicación", *cit.*, p. 25.

[34]   Véase *in totum*: Martín-Retortillo Baquer, S.: *El Derecho Civil en la génesis del Derecho Administrativo y sus instituciones, cit.*

[35]   Araujo-Juárez, J.: *La teoría de la cláusula exorbitante. El tránsito de la cláusula derogatoria a la potestad administrativa contractual en los sistemas de contratación pública*, Colección Monografías N° 7, Editorial Jurídica Venezolana y Centro para la Integración y el Derecho Público, Caracas, 2017, pp. 49-56.

[36]   Véase: Hernández, J. I: "El rapto del Derecho Civil por el Derecho Administrativo: a propósito del contrato administrativo. Un Ensayo crítico", *Revista Venezolana de Legislación y Jurisprudencia N° 10 edición homenaje a María Candelaria Domínguez Guillén*, 2018, (en prensa), con lo cual, la Administración Pública, para cumplir con el rol que le asigna el artículo 141 constitucional, puede acudir a la regulación del contrato establecida en el Código Civil. No por cuanto en tal caso está actuando "como un particular", sino por cuanto esa regulación permite la gestión eficiente de los asuntos públicos a su cargo; Hernández, J. I: *Introducción al concepto constitucional de Administración pública en Venezuela*, Cuadernos de la Cátedra Allan R. Brewer-Carías de Derecho Administrativo Universidad Católi-

aunque también se admite que el Código Civil en el marco del contrato administrativo bien pudiera tener una aplicación directa[37].

Así pues, la importancia del Derecho Civil se ha impuesto en el ámbito del Derecho Administrativo[38] que es Derecho Público. No en vano se alude en la doctrina extranjera a «Derecho Administrativo Privado»[39] para denotar un régimen que pudiera elegir la Administración. Así mis-

---

ca Andrés Bello N° 27, Editorial Jurídica Venezolana, Caracas, 2011, pp. 184-196; Hernández-Mendible, V. R.: "La formación, trayectoria, significado actual, estado de la doctrina y enseñanza del dominio público en Venezuela", El *dominio público en Europa y América Latina*, Coord. R. López-Ramón y O. Vignolo Cueva, Círculo de Derecho Administrativo, 2015, pp. 508-511, el régimen del dominio público es totalmente del Derecho Público, mal puede aplicarse ni siquiera supletoriamente el Código Civil pues regula la propiedad privada. En tanto que los bienes del dominio privado estatal se rigen por el Derecho Público, aunque de manera supletoria se aplicaría el Código Civil, salvo que existen leyes especiales.

[37]   Véase: Hernández-Mendible, V. R.: "Régimen jurídico del procedimiento de selección y del expediente administrativo de contratación", *Ley de Contrataciones Públicas*, Editorial Jurídica Venezolana, 4ª ed., Caracas, 2014, p. 61, el Código Civil desempeña una doble e importante función en su condición de fuente del derecho en el ámbito contractual. Sus normas podrían tener un carácter *supletorio* en el ámbito del Derecho Público, en los contratos que celebren los órganos que ejercen los poderes públicos para llenar los vacíos jurídicos de éste último. Ahora, en tanto que en los contratos que celebren los órganos que ejercen los poderes públicos en cuya regulación exista un predominio del Derecho Privado, las disposiciones del Código Civil constituirían fuente *directa* y primaria en la redacción y suscripción de dichos contratos. Véase también indicando que en otras ocasiones el Código Civil sólo procede excepcionalmente; Ruggeri, A. M.: *Ordenación Sistemática de la Legislación vigente sobre Bienes del Estado*, Facultad de Ciencias Jurídicas y Políticas de la Universidad Central de Venezuela, Caracas, 1981, Tomo I, pp. 42, 48-49.

[38]   Véase: Martín-Retortillo Baquer, S.: *El Derecho, cit.*, p. 21, el Derecho Civil ha estado tutelar y generosamente presente en todo lo que de más estrictamente jurídico nos ha podido ofrecer la sistematización del Derecho Administrativo.

[39]   Véase: González-Varas Ibáñez, S.: *El Derecho Administrativo Privado*, Montecorvo S. A., Madrid, 1996, p. 93, alude a la posibilidad de hacer regir la actividad administrativa por el Derecho Privado, o más precisamente, la libertad de elección de la Administración de decidir entre el régimen de Derecho Público o de Derecho Privado para el cumplimiento de sus funciones públicas. Véase también: Meilán Gil, J. L.: *Derecho Administrativo revisado*, Andavira, Santiago de Compostela, España, 2016, p. 22, el autor alude a "Derecho Administrativo Privado"; Schmidt-Assmann, E.: *La teoría, cit.*, p. 304, al Derecho privado administrativo hay que incorporarle un *Derecho Administrativo Privado*, que atienda las necesidades de protección y de delegación que aparecen allí donde las acciones de la Administración y personas privadas se relacionan recíprocamente de manera específica.

mo, se ha incorporado en forma generalizada personificaciones privadas como sociedades y fundaciones para la realización de tareas públicas[40].

En los textos de Derecho Administrativo se aprecian expresiones que denotan la interconexión entre lo público y lo privado tales como la «huida al Derecho Privado»[41], «uso y abuso del Derecho Privado por la Administración Pública»[42], «la hipertrofia del Derecho Público»[43], entre otras.

Se retoma así la interaplicación del Derecho Público y el Derecho Privado que data de la década del año 40 del pasado siglo, perfectamente a tono con la Constitución, cuando la Administración acude al Derecho Privado con subordinación a la Ley y al Derecho[44].

---

[40]　García-Andrade Gómez, J.: *Derecho administrativo en la contratación entre privados (sociedades, fundaciones, concesionarios y sectores excluidos)*, Marcial Pons, Barcelona, 2005, p. 13; Brewer-Carías, A.: "Las bases constitucionales del Derecho Administrativo en la República Dominicana", *Memorias del Congreso Internacional de Derecho Administrativo "Dr. Raimundo Amaro Guzmán"*, Rodríguez-Arana Muñoz, J.; Rodríguez Huertas, O. A.; Sendín García, M.A. y S. T. Castaños Guzmán (Editores): Asociación Dominicana de Derecho Administrativo (ADDA). Fundación Institucionalidad y Justicia (FINJUS). Editorial Jurídica Venezolana International, Panamá, 2015, p. 21, existen personas jurídicas en estricto sentido estadales con forma de derecho privado.

[41]　García-Andrade Gómez, J.: *Derecho administrativo, cit.*, p. 21; Rivero Ortega, R.: *Administraciones Públicas y Derecho Privado*, Marcial Pons, Madrid, 1998, p. 18. Véase también: González-Varas Ibáñez, S.: *El Derecho, cit.*, p. 259, el problema de la huida del contrato administrativo; Brewer-Carías, A.: "La interaplicación", *cit.*, p. 26, la aplicación del Derecho Privado a la Administración pública constituye realmente una huida de ésta al Derecho Administrativo que inclusive se ha considerado inconstitucional; Hernández, J. I: *Introducción al, cit.*, pp. 192 y 193; Troncoso Reigada, A.: "La huida de la administración pública hacia el derecho privado y la privatización de los servicios públicos: consecuencias en el régimen jurídico de los ficheros de datos personales y en la delimitación del responsable y del encargado del tratamiento", *Anuario Facultad de Derecho*, Universidad de Alcalá II, 2009, pp. 31-105.

[42]　Véase: Rivero Ortega, R.: *Administraciones Públicas, cit.*, p. 13.

[43]　Véase: *Ibíd.*, p. 15.

[44]　Hernández, J.I.: *Introducción al, cit.*, p. 195, tal interaplicación lo que denota es que la relación entre Derecho Administrativo y Derecho público no es de autonomía, sino de especialidad. Fuera de ese régimen especial aplica también el Derecho Privado, solo que interpretado conforme al artículo 141 de la Constitución. Por lo que se entiende que ese Derecho Privado es también Derecho Administrativo en sentido amplio, conforme que el ciudadano tendrá la garantía que la Administración siempre actuará conforme a los principios que emergen de dicha norma.

El Derecho Público y el Derecho Privado parecen borrarse o diluirse cuando se concibe la persona como un *prius* de la Ciencia Jurídica[45]. Y así los derechos inherentes a la personalidad son protegidos tanto por las normas del Derecho Público como por las del Derecho Privado. Más bien ocurre, como precisa ÁLVAREZ-TABÍO, con relación a su protección constitucional, que los derechos de la personalidad «se instalan en el espacio donde los principios, los valores y los fines tejen una trama en beneficio de la persona». Solo que no resulta sencillo «plasmar explícitamente en la letra de la norma constitucional este entramado y peor aún lograr la armonía entre todos los elementos que lo conforman», por lo que:

> (…) hay que valerse de lo que no está escrito, pero sí implícito, es decir lograr el equilibrio entre la letra y el espíritu de la Constitución, pues todos estos elementos han de confluir en pro de un objetivo básico: la preservación de la dignidad de la persona humana, concepto que se convierte en la piedra angular para la construcción de todo el sistema axiológico constitucional, o lo que es lo mismo decir que los fines, los valores, los principios, los derechos y los bienes jurídicos existen sólo en función del enaltecimiento de la dignidad humana[46].

En efecto, la materia relativa a la persona es evidentemente multidisciplinaria y con diversa protección jurídica especialmente constitucional, ello es predicable de otras instituciones que no pueden ser encasilladas en la estricta esfera de lo público o lo privado[47].

---

[45]   Hoyos Castañeda, I. M.: *La persona y sus derechos*, Temis S. A., Colombia, 2000, p. 16, El Derecho Público requiere de las categorías de la personalidad pero también el Derecho Privado debe considerar categorías *ius publicistas* ligadas al orden público, el interés general, el estado social de derecho y la dignidad humana; Martínez Gómez, J. A.: "Diferencia de los Derechos inherentes a la personalidad con respecto a los derechos humanos y los derechos fundamentales", *Revista Caribeña de Ciencias Sociales*, agosto 2013, http://caribeña.eumed.net/derechos-humanos/ "El Derecho de la Persona no es exclusivo ni del Derecho público ni del Derecho Privado; ya hoy no se puede ver a lo público y a lo privado como dominios totalmente independientes sino como ámbitos interrelacionados del ordenamiento jurídico que se complementan".

[46]   Martínez Gómez, J. A.: "Diferencia de", *cit.*

[47]   Así, por ejemplo, hemos sostenido que la "indexación" o corrección monetaria judicial debe proceder tanto respecto de las prestaciones sociales debidas al trabajador sometido a la legislación laboral como respecto al funcionario público, porque ambos se ven igualmente afectados por la inflación. Véase nuestro trabajo: Domínguez Guillén, M. C.: "La indexación de las prestaciones debidas a los funcionarios públicos", *Libro homenaje Universidad Central de Venezuela. Facultad de Ciencias Jurídicas y Políticas 20 años Especialización en Derecho Administrativo*, Tribunal Supremo de Justicia, F. Parra Aranguren editor, Caracas, 2001, Vol. I, pp. 361-372. Véase también: TSJ/SConst., Sent. N° 3991 del 14-5-14.

La omnipresencia del Estado ha alcanzado campo, por ejemplo, en una figura hasta ahora típica del Derecho Privado, a saber, el contrato. Y así refería MÉLICH ORSINI que la idea de la libertad de contrato, viene limitada por una serie de potestades intervencionistas del Estado como los contratos «dirigidos» u obligatorios en el caso de ciertos servicios[48], que entre otros dan lugar a la « publicización del Derecho Privado»[49]. Al punto que la Administración interviene en la relación contractual[50] y el Derecho Administrativo ha penetrado en campos tradicionales del Derecho Privado[51]. Para otros, el fenómeno inverso también da para aludir a «privatización del Derecho Público»[52], conformando más que una huida

---

[48]   Véase: Mélich Orsini, J.: *Doctrina General del Contrato*, Academia de Ciencias Políticas y Sociales, Serie Estudios 61, 5ª ed., 1ª reimp., 2012, p. 23; Correa Henao, M.: "La constitucionalización del Derecho Administrativo económico", *La constitucionalización del Derecho Administrativo XV Jornadas Internacionales de Derecho Administrativo*, A. Montaña Plata y A. F. Ospina Garzón Editores, Universidad de Externado, Colombia, 2017, p. 211, no hay que olvidar la intervención del Estado en la economía.

[49]   Véase: Brewer-Carías, A.: "La interaplicación", *cit.*, p. 60, el proceso de intervención del Estado en la economía antes que mostrar una huida del derecho administrativo, más bien lo que muestra es un proceso de publicización de campos de actividad que en su origen estaban solo regulados por el Derecho Privado; Guzmán Brito, A.: "El Derecho", *cit.*, p. 20, Esta publicización de la esfera privada proviene preferentemente del ámbito del Derecho Administrativo. En ese derecho si bien hay aspectos fundamentales similares al Derecho Constitucional, porque se refieren esos aspectos a la organización del ámbito propio de la cosa pública, existen otros, y cada vez más crecientes, que son de Derecho Público en el sentido de imponer regulaciones de carácter irrenunciable y no supletorio a la esfera privada. Gráficamente podríamos decir que el Derecho Privado se administrativiza.

[50]   Brewer-Carías, A.: "La interaplicación", *cit.*, p. 60, en materia arrendaticia, de bancos y otras instituciones financieras como en materia de seguro.

[51]   *Ibíd.*, p. 62.

[52]   Mantilla Espinosa, F.: "La constitucionalización", *cit.*, p. 247. Véase también: Bacigalupo Saggese, M.: "El derecho público ante la privatización y liberalización de los servicios de interés general: ¿repliegue o transformación?", *Boletín de la Facultad de Derecho*, N° 16, UNED, 2000, p. 160, la privatización aparece cada vez más en el debate político y social como la solución (mágica, me atrevería a decir) a todos los (supuestos) males de lo público, a saber, entre otros: la ineficiencia y el carácter deficitario de las actividades prestacionales de naturaleza o titularidad públicas; el costo, en ocasiones excesivo, así como el estancamiento en calidad y avances tecnológicos de los servicios disponibles (consecuencia en amplia medida, se afirma, de su prestación en régimen de monopolio), el creciente endeudamiento del sector público, etc. A esta tendencia de progresivo acoso y descrédito de lo público tampoco escapa, como resulta fácil de suponer, la rama pública del Derecho, esto es, el Derecho Público; y, más concretamente, el Derecho Administrativo.

al Derecho privado[53]. Pero la reducción de la esfera pública no se ha producido tan solo con las privatizaciones y desregulaciones sino también mediante externalizaciones, esto es, entregar a los particulares funciones y competencias públicas[54]. Por consiguiente, el movimiento pendular del Derecho Administrativo entre la esfera pública y privada parece no detenerse[55].

La tradicional diferencia entre Derecho Público y Derecho Privado ha ido desdibujando sus límites, pues el interés general se confunde con el interés particular y la distancia entre ello tiende a acortarse. Entonces se alude a una relación de doble vía, y puede decirse que se presenta una privatización del Derecho Público y una «publicización» del Derecho Privado[56]. Lo público literalmente arropa lo privado; por ello esa «ficticia contradicción» en que han vivido los intereses públicos y particulares[57].

Siempre ha existido una interaplicación entre el Derecho Público y el Derecho Privado, aunque el problema ha sido siempre determinar las

---

[53] Bacigalupo Saggese, M.: "El derecho", *cit.*, p. 161, A los primeros tímidos pasos en que consistió la huida del Derecho administrativo general a través de la descentralización funcional siguió al poco tiempo –en expresión tomada de la doctrina alemana– la huida, pura y simple, al Derecho Privado; una huida que, en realidad, no es sino una huida de todo Derecho. En esta segunda etapa (que, si bien se halla en buena medida superada por el actual proceso privatizador *stricto sensu*, permanece plenamente vigente al día de hoy) se produce lo que –también en Alemania– se ha dado en llamar la privatización formal (*Iformelle Privatisierung*) de las actividades prestacionales de naturaleza pública; es decir, una privatización impropia que no afecta ni a la titularidad ni al carácter materialmente públicos de aquéllos, sino sólo a sus formas de organización y/o de gestión, que –con el objeto, precisamente, de eludir la aplicación de la asfixiante legislación administrativa en materia de procedimiento, contratación, selección y gestión de personal, régimen patrimonial, presupuestario y económico-financiero, etc.– son reemplazadas por formas de personificación –y, por ende, de actuación– jurídico-privadas.

[54] Cassese, S.: *Derecho Administrativo: historia y futuro*, Instituto Nacional de Administración Pública/Editorial Derecho Global, España, 2014, p. 410.

[55] *Ibíd.*, p. 413.

[56] Arévalo Guerrero, I. H.: *Bienes Constitucionalización del Derecho Civil*, Universidad Externado de Colombia, 2ª ed., Colombia, 2017, p. 31.

[57] Silva Aranguren, A.: "La justicia administrativa socialista, según el Legislador", *Revista de Derecho Público* N° 122, 2010, p. 101, Creo útil recordar una famosa frase que se le atribuye a Lenin: "todo derecho es derecho público", con la que se pretende expresar que el Estado todo lo ocupa. Véase atribuyendo la misma frase a Kelsen en 1911: García López, D.J.: "Los antecedentes de la pureza metodológica en el pensamiento de Carl Friedrich Von Gerber", *Derecho y Libertades* N° 33, Época II, Junio 2015, p. 202, Kelsen en 1911 afirmó que "todo derecho es derecho público", pues el único que crea Derecho es el Estado.

fronteras e intensidad de la misma[58]. De lo anterior se evidencia que la trascendencia de la Carta Fundamental en el Derecho Civil, es apenas una arista de la interconexión entre el Derecho Público y el Derecho Privado. Existe una estrecha y permanente relación entre el Derecho Ordinario y el Derecho Constitucional a partir de la propia Constitución, gozando el Derecho Constitucional de una especial posición en el ordenamiento jurídico. Pero ello en ningún caso implica que la Constitución debe contener todo el Derecho cuando ni siquiera agota el Derecho Constitucional. La Constitución es norma jurídica y a la vez una norma política, pero en lo que tiene de jurídico, debe contener lo estrictamente jurídico, esto es, aquello que es justiciable. Sin embargo, en el último tiempo, es posible observar una tendencia generalizada a pensar que todo el Derecho debe estar vertido en la principal norma jurídica de un ordenamiento, esto es, en la Constitución. Así, todo se ha constitucionalizado[59]. Finalmente, la interrelación entre el Derecho Público y el Derecho Privado constituye sin duda un principio formativo del Derecho Civil contemporáneo que algunos han denominado «constitucionalización del Derecho Privado»[60]. La «constitucionalización» no constituye cualquier clase de Derecho Público sino uno de mayor profundidad y abstracción[61]. Aunque de nuestra parte adherimos a la tesis según veremos que el Derecho Civil Constitucional es en esencia en su médula «Derecho Privado» y de allí su denominación en el orden que integra su denominación. También designado para algunos según la perspectiva como «Derecho Civil Constitucional»[62] y que según veremos se perfila más bien como Derecho Civil[63]. Se alude inclusive a una "civilización" del Derecho Constitucional porque los principios constitucionales actúan en el campo del Derecho Civil[64].

Refería Sagüés que las Constituciones modernas están considerando temas típicos de otras áreas, algunos aluden a contenido «subconstitucional» de sus normas. Es decir, se aprecian normas constitucionales de

---

[58]   Brewer-Carías, A.: "La interaplicación", *cit.*, p. 62.

[59]   Garrote Campillay, E. A.: "Derecho Constitucional y Derecho ordinario. Una estrecha y permanente relación a partir de la Constitución: un análisis de la legislación comparada", *Scientia Iuris*, Londrina, Vol. 21, N° 2, Jul. 2017, p. 12.

[60]   Rioseco Enríquez, E.: *El Derecho Civil y la Constitución ante la Jurisprudencia*, Editorial Jurídica de Chile, Chile, 1996, p. 9.

[61]   Lariguet, G.: "¿Dicotomía derecho", *cit.*, p. 229.

[62]   Véase: Arce y Flórez-Valdés, J.: *El Derecho Civil Constitucional*, Civitas, Madrid, 1986, reimp. 1991.

[63]   Véase *infra* Capítulo II, noción.

[64]   Perlingieri, P.: "Por un derecho civil constitucional español", *Anuario de Derecho Civil*, Vol. 36, N° 1, 1983, p. 6.

contenido de materia comercial, laboral, civil, etc. La decisión del Constituyente de incluir en la Constitución reglas de contenido a otras ramas es legítima si es ejercida con prudencia porque equivale a «constitucionalizar» dichas áreas[65]. En tales casos, la norma fundamental de contenido es necesariamente constitucional, aunque simultáneamente su materia aluda a puntos de contenido civil. Es factible así hablar de Derecho Constitucional Civil[66], que para el autor constituye una subrama constitucional[67].

DUQUE CORREDOR comenta igualmente que, por la constitucionalización de instituciones del Derecho Privado, hoy día este derecho se ha publicitado, como ocurre, por ejemplo, con la regulación de los derechos familiares, económicos y sociales, y con las garantías del proceso. De modo que modernamente el Derecho Constitucional es fuente también del Derecho Privado, y éste debe desarrollarse legislativamente y ser interpretado conforme a los valores y principios constitucionales[68]. El Derecho Constitucional penetra en el Derecho Privado y sus principios se propagan a los diversos sectores del ordenamiento jurídico[69].

La atención a la Constitución no puede ser considerada como competencia exclusiva de los "publicistas" y de los "constitucionalistas", sino que debe ser tenida como una tarea a la que, por exigencias metodológicas y de técnicas interpretativas, no puede sustraerse el jurista y mucho menos el civilista[70].

La «constitucionalización del Derecho Privado» ha provocado una suerte de «mimetización» del Derecho Público y Privado, en donde parecería ser que nos encontramos frente a una gran «sociedad», un «acuerdo» entre estas dos áreas o disciplinas del derecho que no encuentra precedentes.

Ahora bien, debe partirse desde la base de que existen estas dos grandes áreas (o «partes»), y que una tiene incidencia sobre la otra, o por lo menos evidentes conexiones, sin que cada una de ellas pierda su iden-

---

[65]   Sagüés, N. P.: *Teoría de la Constitución*, Astrea, Buenos Aires, 2001, p. 61.

[66]   *Ibíd.*, p. 62.

[67]   *Ibíd.*, p. 71.

[68]   Duque Corredor, R.: *Temario de Derecho Constitucional y de Derecho Público, Temas Constitucionales*, Legis, Colombia, 2008, p. 10.

[69]   Boreto, M.: "La relación entre la Constitución y el Derecho Privado: sus implicancias en la interpretación y aplicación del ordenamiento jurídico argentino", *Civilistica.com*, Año 4, N° 2, Río de Janeiro, 2015, p. 4.

[70]   Perlingieri, P.: "Por un", *cit.*, p. 2.

tidad que la define e identifica[71]. Interrelación o interconexión no implica pues pérdida de la autonomía de cada área de la *summa divisio* del Derecho.

II. PRIMACÍA DE LA CONSTITUCIÓN

La Constitución contiene como una de sus características más distintivas el ser suprema[72]. Esta supremacía radica en dos vertientes esenciales: 1) la formal, y 2) la material. La Constitución es formal al ser una ley que, a diferencia de otras, fundamenta y ordena la validez de todo un sistema jurídico, estableciendo un procedimiento dificultoso para su reforma, así como los criterios para la creación de otras normas. Y en otro sentido, es material, ya que en la Constitución se concentran los valores y principios fundamentales que rigen a una organización político-social, los cuales solventan las necesidades vitales de justicia de sus integran-

---

[71] Muñoz, R (h).: "Implicancias del Código Civil y Comercial en el Derecho Público (Constitucional y Administrativo", *Microiuris.com*, 14 de junio 2016, Argentina, Primera Parte, https://aldiaargentina.microjuris.com ya no se aprecia en nuestro sistema jurídico una división de cuerpos estancos entre el Derecho Público y el Privado al haberse resistematizado el denominado "Derecho Común" poniendo a la Constitución y a los tratados de derechos humanos como eje y centro del sistema, también es verdad que ambos ámbitos jurídicos siguen existiendo. Si no fuera así, podríamos caer en peligrosas consecuencias no queridas por el legislador, a través de las cuales, por ejemplo, se aplicarán sin más -y sin reservas- al Derecho Administrativo las instituciones de Derecho Privado o, de la misma manera, en este último utilizar las potestades públicas que el primero define, con el riesgo que ello pudiera significar para el ejercicio de los derechos fundamentales.

[72] Véase respecto a la Constitución como norma suprema: Monroy cabra, M. G.: "La Constitución como fuente de derecho: sistema de fuentes", *Anuario de Derecho Constitucional Latinoamericano*, 2002, p. 20, es la norma básica o fundamental de la pirámide del ordenamiento. El concepto de Constitución se construye a partir de la jerarquía entre normas. Véase también sobre la primacía constitucional: Sagüés, N. P.: *Teoría de, cit.*, pp. 98 y ss.; Moreso, J. J.: *La indeterminación del Derecho y la interpretación de la Constitución*, Centro de Estudios Políticos y Constitucionales, Madrid, 1997, pp. 165-181; Sola, J. V.: *Control judicial de Constitucionalidad*, Abeledo-Perrot, Buenos Aires, 2001, pp. 63-70; Aragón Reyes, M.: *Estudios de Derecho Constitucional*, Centro de Estudios Políticos y Constitucionales, Madrid, 1998, pp. 85-107; Rivera morales, R.: "La defensa de la supremacía constitucional en el proceso español y venezolano", *Revista Tachirense de Derecho* N° 20, Universidad Católica del Táchira, enero-diciembre 2009, pp. 127-156; Petzold Rodríguez, M.: "Noción de supremacía constitucional, justicia y jurisdicción constitucional", *FRONESIS Revista de Filosofía jurídica, social y política* N° 13, 3, Universidad del Zulia, Facultad de Ciencias Jurídicas y Políticas, Instituto de Filosofía del Derecho Dr. J. M. Delgado Ocando, Maracaibo, 2012, pp. 372-387, especialmente pp. 378 y ss.; Duque Corredor, R.: *Temario de, cit.*, pp. 91-97.

tes[73]. La norma constitucional debe triunfar sobre la norma subconstitucional[74]. El principio de supremacía constitucional adquiere una especial incidencia en la construcción del derecho, por cuanto cumple por lo menos con cuatro funciones: ordenación, fundacional, concordancia y su función como norma constituyente[75].

La Constitución no es solo una norma jurídica, es también norma cualitativamente distinta y superior a las demás del ordenamiento, en cuanto incorpora el sistema de valores esenciales de convivencia, que ha de servir de piedra de contraste y de criterio informativo e interpretativo de todo el ordenamiento jurídico[76]. La Constitución es ciertamente el «orden jurídico fundamental» de la comunidad[77]. Es el instrumento normativo superior que orienta los valores y principios fundamentales del Estado y la sociedad.

---

[73]   Del Rosario-Rodríguez, M. F.: "La supremacía constitucional: naturaleza y alcances", *Díkaion*, Universidad de la Sabana, 2011, http://dikaion.unisabana.edu.co. Estos valores y principios dan sustento y razón de ser al sistema constitucional, pues expresan no solo los anhelos sociales más arraigados o trascendentales para una comunidad política determinada, sino también aquellos que son universales e inherentes a la persona.

[74]   Sagüés, N. P.: *Teoría de*, *cit.*, p. 99.

[75]   Guerra Rodríguez, E.: "Supremacía constitucional y control del Derecho comunitario", *Foro Revista de Derecho*, N° 22, CEN, Quito, Segundo Semestre 2014, p. 40, En el primer caso, la labor de ordenación de la Constitución se traduce en el carácter jerárquico de la carta constitucional. Esta jerarquía presupone determinar a la Constitución como la norma jurídica directriz ubicada en la cúspide del derecho interno, que fija el lugar que ocupan las disposiciones en el ordenamiento jurídico por debajo de ella. La segunda función, por su parte, implica vislumbrar la supremacía constitucional desde su carácter fundacional. En otras palabras, permite observar a la Constitución como el fundamento del ordenamiento jurídico del Estado, de los límites de actuación del poder público y de la materialización de los derechos. Respecto a la función de concordancia, la Constitución dota de validez y eficacia a una norma infraconstitucional. Bajo esta concepción, la norma suprema determina la validez y eficacia de los actos jurídicos públicos y privados en tanto cumplan con los presupuestos formales (procedimiento y órgano competente señalado en la Constitución), y materiales (frente a la cristalización de los principios, derechos y garantías dispuestas en la Constitución), y, finalmente, la cuarta función refuerza el concepto de supremacía al evidenciar a la Constitución como voluntad del pueblo soberano que, al ejercer su poder constituyente, determina la estructura del Estado constitucional, otorga atribuciones al poder público, que lo instituye como poder constituido limitado por el contenido constitucional.

[76]   Arce y Flórez-Valdés, J.: *El Derecho*, *cit.*, p. 27.

[77]   Hesse, K.: *Derecho Constitucional y Derecho Privado*, Cuadernos Civitas-Thomson Reuters, Reimpresión de la 1ª ed. de 1995, 2016, Trad. e Introducción de I. Gutiérrez Gutiérrez, p. 82.

La Constitución es la primera de las «normas de producción», la «*norma normarum*», que incorpora un condensado de principios, valores y fines esenciales; que deben ser estudiados en su operatividad con un influjo efectivo y creciente[78]. A la Constitución se le considera como el conjunto de reglas jerárquicamente más alto del sistema jurídico[79]. La idea de supremacía constitucional es un rasgo característico y común del llamado Estado de Derecho, pues se presume la existencia de una norma única fundamental que unge uniformemente a todos los demás instrumentos normativos del Estado, a través de una suerte de plenitud hermenéutica[80].

Dentro de la teoría general de las fuentes del Derecho se alude al principio de jerarquía normativa, encabezando el mismo las normas constitucionales. Incluida en el sector de la legislación, en su sentido amplio, despunta la Constitución que es calificada por ella misma como «la norma suprema» (artículo 7) y por ello determina –en la mayoría de los supuestos– la forma de producción de las demás normas jurídicas, es decir, establece los órganos y, en algunos casos, los procedimientos de creación de las demás reglas que integran el ordenamiento jurídico. Es necesario advertir que no existe un monopolio en el tema de la descripción de las fuentes del Derecho en la Constitución, y por ello se postula una «tesis de compatibilidad» con otras normas, como las del Código

---

[78]   Araujo-Juárez, J.: *Derecho Administrativo Constitucional*, EJV y CIDEP, Caracas, 2017, p. 42. Véase también: Palomino Machego, J.F.: "Constitución, supremacía constitucional y teoría de las fuentes del derecho: una visión desde el Perú", *Cuadernos Constitucionales de la Cátedra Fadrique Furió Ceriol* Nº 58-59, p. 241, La supremacía de la Constitución se evidencia, por un lado, en que la Constitución dentro del ordenamiento jurídico se desenvuelve como la fuente de las fuentes del Derecho. Es la *norma normarum*, al establecer el sistema de creación y reproducción de las normas jurídicas y además prevalecer por sobre todas las normas que existan o se creen dentro del ordenamiento jurídico. Por otro lado, tiene la peculiaridad de decretar la inconstitucionalidad de las leyes que se muestren incompatibles con ella, derogándolas y expulsándolas del ordenamiento. De tal manera, la Constitución, ya sea por el ente que lo creó o por el lugar que ocupa dentro del ordenamiento jurídico, siempre es vinculante y opera por sobre las demás normas jurídicas existentes; Peña Solís, J.: *Lecciones de Derecho Constitucional General*, Universidad Central de Venezuela, Facultad de Ciencias Jurídicas y Políticas, Caracas, 2008, Vol. I, T. I, p. 191, es la norma suprema del ordenamiento o *norma normarum*.

[79]   Wroblewski, J.: *Constitución y Teoría General de la Interpretación Jurídica*, Civitas, Madrid, 1985, 1ª reimp. 2001, Trad. Arantxa Azurza, p. 112.

[80]   Carrillo Artiles, C. L.: "La asunción jurisprudencial de la interpretación constitucional autónoma por la Sala Constitucional del Tribunal Supremo de Justicia", *El Estado constitucional y el Derecho Administrativo en Venezuela. Libro Homenaje a Tomas Polanco Alcántara*, Universidad Central de Venezuela, Instituto de Derecho Público, Caracas, 2005, p. 192.

Civil, siempre que estas últimas no contradigan el Texto Supremo[81]. La unidad del ordenamiento jurídico viene dada por la jerarquía de las fuentes normativas que sitúa en su cúspide las normas constitucionales y en un escalón inferior las normas ordinarias[82].

La supremacía constitucional es un principio que, desde la segunda mitad del siglo XX, se traduce generalmente en una eficacia directa e inmediata de la Constitución como norma jurídica aplicable por los jueces. Esta eficacia se manifiesta a través de varias formas; una de ellas es la obligación de interpretar todos los elementos normativos integrantes del ordenamiento jurídico conforme con la Constitución. La posición que la Constitución ocupa en el orden jerárquico del ordenamiento jurídico, implica la interpretación conforme con ella de todo el resto de las normas. La supremacía de la Constitución y su carácter central en la validez del ordenamiento obliga a interpretar este en cualquier momento de su aplicación en el sentido que resulta de los principios y deberes constitucionales. Este principio es una consecuencia derivada del carácter normativo de la Constitución y de su rango supremo[83]. Esta supremacía jurídica y política de la Constitución, justamente viene a traer consigo la necesidad de vigilar desde su prisma y de forma integral toda la actividad estatal[84].

La preeminencia y supremacía de la Constitución permite teñir de inconstitucionalidad la ley o norma que la contraríe. En efecto, se afirma que «afrontar el tema de la inconstitucionalidad de la ley debe partir necesariamente de la condición de supremacía jurídica de la Constitución»[85]. La Constitución es el parámetro del control de constitucionalidad de la ley. Esto es doctrina común y significa que la ley debe interpretarse a la luz de la Constitución cuando se pretende verificar si es conforme con ella o no[86]. El carácter de norma jurídica superior de la Constitución

---

[81] Véase: Varela Cáceres, E. L.: "Introducción a las fuentes del Derecho", *Revista Venezolana de Legislación y Jurisprudencia N° 7 Edición Homenaje a José Peña Solís*, 2016, T. I, p. 384, http://www.rvlj.com.ve

[82] Perlingieri, P.: "Por un", *cit.*, p. 7.

[83] Silva Irarrázaval, L. A.: "La dimensión legal de la interpretación constitucional", *Revista Chilena de Derecho* Vol. 41 N° 2, Santiago, agosto 2014, https://scielo.coni cyt.cl/scielo.php?script=sci_arttext&pid=S0718.

[84] Canova González, A.: *El modelo iberoamericano de justicia constitucional*, Serie Derecho Procesal Constitucional, Paredes, Caracas, 2012, p. 15.

[85] Canova González, A.: "La inconstitucionalidad de la ley", *Revista de la Facultad de Derecho* N° 60-61, 2005-2006, Universidad Católica Andrés Bello, Caracas, 2009, p. 11.

[86] Silva Irarrázaval, L. A.: "La dimensión", *cit.*, El control de constitucionalidad de la ley consiste en la actividad de juzgar si la ley es conforme con la Constitución.

es imprescindible para que opere un sistema jurisdiccional de control[87]. Pudiéndose dar el control difuso de la constitucionalidad que el Juzgador aplica al caso concreto (art. 20 CPC y 334 Constitución)[88], o el control abstracto o concentrado[89] que efectúa el Tribunal Constitucional (art. 336 Constitución)[90]. Ello aunque la ley o norma considerada no aplicable en un caso de control difuso o incidental como inconstitucional no pierda su vigencia *erga omnes*[91]. La eficacia directa de la Constitución supone que el Juez o el operador jurídico han de verificar si la norma a aplicar es inconstitucional[92]. En todo caso, se afirma acertadamente que en principio

Cuando la interpretación de la ley supera esta prueba (v. gr. es conforme con la Constitución), entonces es constitucional. Es obvio que la ley debe ser interpretada para determinar si es constitucional, y que el canon de interpretación es la Constitución. Sin embargo, la Constitución no es una regla cuyo significado sea claro para el que la aplica; la Constitución también necesita ser interpretada.

[87]   Canova González, A.: "La inconstitucionalidad", *cit.*, p. 11.

[88]   Véase: Haro, J. V.: "El sentido y alcance del control difuso de la constitucionalidad", *Revista de Derecho Constitucional* N° 4, enero-julio 2001, pp. 275-287; Haro García, J.V.: "El control difuso de la constitucionalidad en Venezuela: el estado actual de la cuestión", *Revista de Derecho Constitucional* N° 9, enero-diciembre 2004, p. 253, el sistema de justicia constitucional en Venezuela comprende el control difuso de la constitucionalidad, el control concentrado de la constitucionalidad y el amparo constitucional. Todo Juez de la República es intérprete de la Constitución, mientras que la Sala Constitucional del Tribunal Supremo de Justicia es el Máximo y último intérprete; Torrealba Sánchez, M. A.: "El Juez Administrativo como Juez Constitucional en la Constitución venezolana de 1999", *El Derecho Público Iberoamericano y sus interacciones con el derecho público francés, Homenaje iberoamericano a Franck Moderne,* Institut d'études ibériques et ibérico-américaines de la Université de Pau et des pays de l'Adour, 2018 (en prensa), el juez administrativo venezolano actúa en diversas ocasiones –y no de forma excepcional– como juez constitucional. Revisa la actividad administrativa tanto por razones de ilegalidad como de inconstitucionalidad; restablece situaciones jurídicas subjetivas lesionadas por la actividad administrativa contrarias a la Constitución o a la Ley; desaplica normas legales o sub-legales contrarias a la Carta Fundamental e incluso tutela directamente e inmediatamente a las personas tratándose de pretensiones de amparo frente a violaciones directas a derechos o garantías constitucionales, impartiendo órdenes a la Administración Pública con el fin de restablecer situaciones jurídicas afectadas por actuaciones inconstitucionales; "prólogo" de V.R. Hernández-Mendible.

[89]   Véase: Brewer-Carías, A.: "Bases del sistema concentrado de justicia constitucional", *Revista de Derecho Público* N° 52, octubre-diciembre 1992, pp. 25-39; Farías Rodríguez, M. G.: "Control difuso y control concentrado de la constitucionalidad de las leyes", *Revista de Derecho Constitucional* N° 9, enero-diciembre 2004, pp. 159-187.

[90]   Canova González, A.: "La inconstitucionalidad", *cit.*, p. 24.

[91]   *Ibíd.*, pp. 25, 31 y 36.

[92]   Monroy cabra, M. G.: "La Constitución", *cit.*, p. 23, su eficacia directa implica reconocerle efecto derogatorio.

los abusos que acontezcan en el ejercicio del control judicial de la constitucionalidad no erosionan la legitimidad y conveniencia de la institución[93].

De la supremacía del texto fundamental, puede extraerse: primero, la supremacía de la Constitución sobre las leyes, a la que ella misma ha dado nacimiento: segundo, la posibilidad del control de constitucionalidad de las leyes, y, tercero, la posibilidad de la declaración de inconstitucionalidad de una norma jurídico-positiva y su posterior nulidad, lo cual dependerá del modelo de justicia constitucional. Y cuando nos referimos al control de constitucionalidad, se debe hacer mención tanto al control concentrado como al control difuso de la constitucionalidad de las leyes y demás actos jurídico-normativos, y la posibilidad de un control mixto o integral, que, como ya se indicó, está presente en Venezuela[94]. Venezuela también presenta un control difuso, que se consagran en los artículos 20 del Código de Procedimiento Civil y el artículo 334 de la Constitución venezolana, que «permite a todos los tribunales de la República, cuando decidan un caso concreto el declarar la inaplicabilidad de las leyes y demás actos estatales normativos cuando estimen que son inconstitucionales, dándole por tanto preferencia a las normas constitucionales» reservándose la Sala Constitucional del Tribunal Supremo de Justicia, la facultad de revisar esos fallos[95].

La supremacía de la Carta Fundamental está consagrada expresamente en el artículo 7 de la Constitución venezolana: «La Constitución es la norma suprema y el fundamento del ordenamiento jurídico. Todas las personas y los órganos que ejercen el Poder Público están sujetos a la Constitución». Dicho principio de jerarquía normativa no se encontraba expresamente consagrado en la Constitución de 1961 pero se derivaba de una interpretación concordada de varios instrumentos normativos[96]. Cabe citar, en sentido semejante el artículo 131 de la Constitución de Venezuela: «Toda persona tiene el deber de cumplir y acatar esta Consti-

---

[93]   Escudero León, M.: *El control judicial de constitucionalidad sobre las ramas legislativa y ejecutiva del poder público*, Serie Trabajo de Grado N° 1, Universidad Central de Venezuela, Facultad de Ciencias Jurídicas y Políticas, 2005, p. 318.

[94]   Petzold Rodríguez, M.: "Noción de", *cit.*, p. 381.

[95]   *Ibíd.*, p. 382.

[96]   Peña Solís, J.: *Manual de Derecho Administrativo adaptado a la Constitución de 1999*, Colección Estudios Jurídicos, Tribunal Supremo de Justicia, Caracas, 2000, Vol. I, p. 172; Peña Solís, J.: *Lecciones de Derecho Constitucional, cit.*, p. 118, en las Constituciones anteriores se desprendía indirectamente; Petzold Rodríguez, M.: "Noción de", *cit.*, p. 380, en Venezuela, la idea de la Constitución como norma suprema y base del ordenamiento jurídico, se remonta al texto de la Constitución de 1811 (véase también: "prólogo" de V.R. Hernández-Mendible).

tución, las leyes y los demás actos que en ejercicio de sus funciones dicten los órganos del Poder Público»[97]. De lo anterior, cabe evidenciar un sistema normativo derivado del artículo 336 de la Carta Magna que establece las atribuciones de la Sala Constitucional[98]. La Constitución es «lex superior», norma suprema y fundamento de todo el orden jurídico[99]. Siendo la Constitución la ley suprema, es evidente que ante un supuesto de conflicto, ésta debe prevalecer[100]. La supremacía de la Carta Fundamental no solo es formal sino también material, que está relacionada de manera preeminente con el resto de las normas, y opera frente a los actos de los otros poderes. Quizás esa extensión de la supremacía material sobre los actos diferentes a los de carácter normativo, emanados de otros poderes públicos distintos al legislativo y a los particulares, sea lo que ha conducido a identificar, inclusive en los ambientes académicos la supremacía constitucional (género), con la supremacía material (especie), y a soslayar el aspecto formal de la supremacía (supremacía formal)[101].

Vemos así que la propia Carta Fundamental consagra su carácter de «norma suprema», a saber, su incontrovertible «primacía» respecto de los demás instrumentos normativos del correspondiente orden jurídico. Pero así como sucede respecto de la consagración que la propia Constitución hace en torno al carácter enunciativo de los derechos de la persona (art. 22)[102], su no consagración resultaría enteramente indiferente, pues la Carta Fundamental sería norma suprema y fundamental, al margen de cualquier declaración o norma expresa.

Como bien indica Parra Aranguren en la Carta Magna existen silencios e implicitudes a las que hemos de acudir para darle funcionalidad operativa. Es como si la Constitución nos dijera que sean cuidadosos en mi interpretación porque hay cosas que no están escritas y carecen de

---

[97] Abdelkarim, Y. y N. Bosignori: "Legalidad y legitimidad en el derecho venezolano como institución social", *Anuario*, Vol. 35, Año 2012, pp. 212 y 213, se refiere a la rigidez de la Constitución Venezolana que no perdería su vigencia por ningún acto de fuerza o por cualquier otro medio distinto al previsto en ella. Por su parte el artículo 334 habla de la aplicación de la Constitución por los jueces quienes están obligados a asegurar la integridad de esta, en caso de incompatibilidad o contradicción entre la Constitución y alguna ley u otra norma jurídica se aplicará siempre la Constitución. Las leyes o demás actos de los órganos del Poder Público podrán ser anulados por la Sala Constitucional del Tribunal Supremo de Justicia.

[98] Peña Solís, J.: *Manual de Derecho Administrativo, cit.*, p. 172.

[99] *Ibíd.*, p. 185.

[100] Brewer-Carías, A.: "Bases del", *cit.*, p. 25.

[101] Peña Solís, J.: *Lecciones de Derecho Constitucional, cit.*, p. 195.

[102] Véase *infra* Capítulo II, su carácter enunciativo o no taxativo.

norma textual pero que forman parte de mi contenido axiológico: hay que saber buscarlas y aplicarlas[103].

La fundamentación de la supremacía de la Constitución en el propio ordenamiento jurídico y en concreto en la propia Constitución, plantea ciertos problemas de teoría jurídica. Es claro que su carácter de norma no se podrá fundamentar invocando la Constitución misma. Su fundamento debe motivarse en el interior del derecho positivo[104]. La explicación de la primacía del sistema originario puede hallarse en las democracias constitucionales en el mecanismo de racionalidad colectiva del precompromiso[105].

La máxima validez jerárquica, como requisito para hablar de la constitucionalización del derecho, significa que no haya una norma jurídica superior a la Constitución. Es decir, ella es el máximo vértice jurídico en el ordenamiento jurídico, por lo cual, las demás disposiciones jurídicas deben subordinarse a ella. Así pues, el derecho legislado y los actos de los particulares deben respetar los límites materiales y formales de la Constitución[106].

III. INTERPRETACIÓN DE LA CONSTITUCIÓN

La interpretación[107] constituye un proceso complejo por medio del cual captamos, la esencia y las implicaciones del Derecho con relación a determinada institución[108]. Al margen de toda la rica literatura jurídica

---

[103] Parra Aranguren, F.: "Administración de justicia, interpretación de la norma fundamental y Sala Constitucional", *Revista de la Facultad de Derecho* N° 58, Universidad Católica Andrés Bello, 2003, p. 93.

[104] De Otto, I.: *Derecho Constitucional Sistema de fuentes*, Ariel, 7ª reimp., Barcelona, 1999, p. 25.

[105] Moreso, J.J.: *La indeterminación, cit.*, p. 180.

[106] Suárez-Manrique, W. Y.: "La constitucionalización del derecho en el ordenamiento jurídico colombiano", *Vniversitas* N° 129, Colombia, 2014, p. 323, La garantía de la Constitución implica, por su parte, que debe haber órganos y procedimientos que pretendan hacer valer la supremacía de la Constitución. En el ordenamiento jurídico, diferentes actores están encargados de la tarea de velar por la supremacía constitucional. Bien sea de forma directa o indirecta, mediante acciones de tutela o amparo, o acciones de inconstitucionalidad o de revisión constitucional, bien se trate de controles difusos, concentrados, especializados o generales, lo importante es que se hayan establecido procedimientos y órganos para respetar las posibles infracciones al contenido constitucional.

[107] Véase nuestro trabajo "La interpretación: atributo esencial de la sentencia", en: *Ensayos sobre capacidad y otros temas de Derecho Civil*, Tribunal Supremo de Justicia, 3ª ed., Caracas, 2010, pp. 741-794.

[108] *Ibíd.*, p. 742.

que gira en torno a este fundamental instituto, debe admitirse que presenta un elemento mágico desde el punto práctico pues nos permite ver cosas que los demás no ven[109]. Aunque ello encuentra una explicación racional en la escogencia que realice el intérprete con base en sus elementos y su sentido de justicia[110]. Esto propiciará siempre críticas en materia de resultados de la interpretación, a pesar de ser un riesgo inherente a dicho proceso. Es prácticamente imposible zanjar de una manera definitiva el problema acerca del método correcto de interpretación[111].

El civilista debe interesarse en las normas constitucionales y en el Derecho Constitucional porque su actividad es, ante todo, actividad interpretativa de las normas, y la interpretación ha de ser sistemática. La norma constitucional se halla en la cúspide de la jerarquía normativa, y todo el ordenamiento jurídico incluyendo al Derecho Civil, debe ser conforme a ella y en la misma inspirarse[112].

Es obvio que la interpretación constitucional[113] es de capital importancia. Ello deriva de la condición fundamental de la norma constitucional que la hace ser a la vez cúspide y base de todo el ordenamiento[114].

La interpretación constitucional plantea infinidad de problemas[115], pero aquella es solo una especie de la interpretación jurídica[116]. Presenta particularidades derivadas del objeto de la interpretación[117]. Curiosamente indica SAGÜES que si tuviera que sintetizar en tres calificativos las notas principales de la interpretación constitucional, diría que se trata de

---

[109] *Ibíd.*, pp. 782 y 783.

[110] *Ibíd.*, p. 766.

[111] Delgado, F.: "Interpretación metódica y no metódica", *Revista de la Facultad de Ciencias Jurídicas y Políticas* Nº 121, Universidad Central de Venezuela, 2001, p. 436.

[112] Perlingieri, P.: "Por un", *cit.*, p. 1.

[113] Véase: Sagüés, N. P.: *Teoría de, cit.*, pp. 146 y ss.; Hoyos, A.: *La interpretación constitucional*, Temis, Colombia, 1998.

[114] Aragón Reyes, M.: *Estudios de, cit.*, p. 116.

[115] Véase: Diaz Revorio, F. J.: *Valores superiores e Interpretación constitucional*, Centro de Estudios Políticos y Constitucionales, Madrid, 1997, pp. 34 y ss.

[116] *Ibíd.*, p. 40.

[117] *Ibíd.*, p. 309.

un tema *importante, polémico* y en buena medida *tramposo*[118]. Esto último, pues frecuentemente acontece a la medida de los intereses políticos[119].

La constitucionalización normativa puede ser usada de distintas maneras, siendo posible registrar tanto usos virtuosos como usos viciosos o perversos[120].

El principio de unidad del ordenamiento, su estructura jerárquica y la situación superior que en el seno de esa estructura corresponde a la Constitución, da primacía necesaria a ésta en la integración del orden jurídico entero[121]. La Constitución se concreta por la interpretación, de allí la importancia de la motivación del Tribunal Constitucional, porque la relación entre argumentación y decisión será el único instrumento que permite establecer un parámetro de control objetivable[122]. No puede el juez, ante la ley contraria a la Constitución o los derechos humanos, aplicar la misma en forma irreflexiva, con la excusa de que *dura lex, sed lex.*

---

[118]   Sagües, N.P.: *La interpretación judicial de la Constitución*, Depalma, Buenos Aires, 1998, p. 1 (destacado original).

[119]   *Ibíd.*, p. 2, las interpretaciones constitucionales inocentes no abundan. Un jurista ingenioso podrá hacerle decir a la misma cláusula de la ley suprema blanco o negro, según ese intérprete guste o el gobernante de turno prefiera.

[120]   Quinche Ramírez, M. F.: "La constitucionalización y la convencionalización del Derecho en Colombia", *Revista Jurídica*, 13 (1), 2016, pp. 53 y 53, Hay un uso virtuoso de la constitucionalización normativa cuando las leyes, los códigos o los reglamentos recogen los estándares fijados por la Corte Constitucional y la Corte Interamericana en sus sentencias, fortaleciendo los derechos y las garantías de las personas. En sentido contrario, hay un uso vicioso o negativo de la constitucionalización cuando esas mismas reglas y estándares son recogidos con el fin de domesticar o de minimizar los derechos y las garantías.

[121]   García de Enterría, E.: *La Constitución como norma y el Tribunal constitucional*, Madrid, Civitas, 1994, p. 97.

[122]   Storini, C.: "Hermenéutica y Tribunal Constitucional", *Revista de Derecho Constitucional* N° 5, Venezuela, julio-diciembre 2001, p. 246. Véase también: Storini, C.: "El alcance jurídico de la teoría de la interpretación como límite a la labor del Tribunal Constitucional", *Revista de Derecho Constitucional* N° 6, Venezuela, enero-diciembre 2002, pp. 191-212; Crazut Jiménez, C.: "Interpretación constitucional e interpretación de la Constitución", *Apuntes filosóficos*, Vol. 19, N° 37, 2010, pp. 27-63; García Belaunde, D.: "La interpretación constitucional como problema", *Revista Tachirense de Derecho* N° 4, Universidad Católica del Táchira, Julio-diciembre 1993, pp. 79-103. Véase sobre supremacía e interpretación de la Constitución, e interpretativismo: Sola, J. V.: *Control judicial, cit.*, pp. 71-94; Moreso, J. J.: *La indeterminación, cit.*, pp. 183-238.

Ello por aplicación del artículo 20 del Código de Procedimiento Civil y los principios de justicia[123], amén de la propia norma constitucional del artículo 334.

La Constitución es la norma fundamental del Estado, el centro del ordenamiento jurídico[124]. La trascendencia de la interpretación constitucional, solo se explica desde la interrelación entre la Constitución y el ordenamiento jurídico, y por ello la interpretación constitucional adquiere perfiles propios que permiten diferenciarla de la interpretación del texto de la ley. La función de la Carta Fundamental en el ordenamiento jurídico se refleja en materia de interpretación[125]. La interpretación viene a ser una combinación de principios y valores en el proceso de aplicación del Derecho. De allí que no se trate de interpretación de la Constitución sino de interpretación constitucional del ordenamiento. Solo así la Constitución puede cumplir su función de reconstrucción del ordenamiento, con la inevitable pérdida de sustantividad como norma que se deriva de la integración entre Constitución y ordenamiento[126].

La interpretación constitucional supera el texto de la misma Carta fundamental si una norma constitucional pudiera entrar en contradicción con un principio constitucional[127]. Las normas que enuncian principios son cláusulas generales con un alto nivel de abstracción que informan todo el ordenamiento jurídico incluyendo a la propia Constitución, como es el caso de la igualdad[128]. La doctrina incluye también los valores superiores de conformidad con el artículo 2, entre los que también incluye la justicia o la vida, entre otros[129]. De lo que se deduce que pudiera una norma constitucional contrariar un principio constitucional, debiendo prevalecer éste último.

La enumeración de principios constitucionales es importante en este sentido[130], a los fines de dilucidar una posible contradicción de su texto.

---

[123] Mejía Arnal, L. A.: "Creación Judicial de Derecho", *Revista de la Fundación de la Procuraduría General de la República* N° 6, Caracas, 1992, pp. 184 y 185.

[124] Balaguer Callejón, M.L.: *Interpretación de, cit.*, p. 17.

[125] *Ibíd.*, p. 24.

[126] *Ibíd.*, p. 25.

[127] Salazar Sánchez, M.: "Interpretación de la Constitución y control de la Ley interpretativa por el Tribunal Constitucional", *Revista Chilena de Derecho*, Vol. 20, 1993, p. 470, puede plantearse caso de "inconstitucionalidad" de disposiciones fundamentales.

[128] Peña Solís, J.: *Lecciones de Derecho Constitucional, cit.*, p. 128.

[129] *Ibíd.*, p. 132.

[130] Moncada Zapata, J. C.: *Principios para la interpretación de la Constitución en la Jurisprudencia de la Corte Constitucional colombiana*, p. 175, http://PrincipiosPa-

Toda vez que constituye un principio en materia de interpretación jurídica extensible a la Constitución que no se debe atribuir a una regla legal un significado contradictorio con otras normas del sistema[131].

La interpretación de la Constitución, así como la interpretación constitucional de la ley, representa uno de los problemas más complejos, pero también más acuciantes, de la teoría y la práctica constitucionales. La Constitución es la norma suprema de una comunidad[132]. Se distingue la interpretación de la Constitución de la interpretación de la ley, amén de la pregunta relativa a si todos los derechos consagrados en la Constitución han de ser interpretados de la misma manera[133].

Como el objeto es el cumplimiento de la Constitución, el juez ordinario debe cumplir su rol en el marco integrador del resto de órganos públicos y respetando la determinación de sus competencias. El juez ordinario es juez materialmente constitucional porque colabora garantizando el cumplimiento de la Constitución. Por ello, su papel en el entramado público es la aplicación directa tanto de los principios como de las reglas; tanto constitucionales como legales. La decisión final sobre si una regla

---

raLaInterpretacionDeLaConstitucionEnLa-5084985.pdf se refiere a los siguientes principios: l. De prevalencia de la Constitución o principio de constitucionalidad 2. De igualdad en constitucionalidad 3. De eficacia del texto a interpretar 4. De ponderación 5. De armonización concreta 6. De efectividad de los derechos fundamentales 7. De conservación del derecho 8. De interpretación conforme a la Constitución 9. Del efecto útil 10. De interpretación razonable 11. De interpretación sistemática 12. De interés superior del menor 13. De la unidad constitucional 14. Del menor daño constitucional 15. Pro favor libertatis 16. De proporcionalidad 17. De prevalencia de tratados internacionales 18. De la presunción de racionalidad del legislador 19. De decisión normativa de las mayorías políticas 20. De libre iniciativa legislativa 21. De mensurabilidad 22. De participación democrática 23. De universalidad 24. De racionalidad 25. De razón suficiente 26. De prevalencia de la justicia material 27. De prevalencia de la realidad, y 28. De primacía del derecho sustancial; Hoyos, A.: *La interpretación, cit.*, pp. 16-33.

[131]   Wroblewski, J.: *Constitución y, cit.*, pp. 48 y 49.

[132]   Díaz Revorio, F. J.: "Interpretación de la Constitución y Juez Constitucional", *Revista IUS* Vol. 10 N° 37, Puebla, ene.-jun. 2016, http://www.scielo.org.mx /scielo. php

[133]   Véase: Martínez Dalmau, R.: "El daño Problemas actuales sobre la interpretación constitucional de los derechos", *Revista IUS*, Vol. 10 N° 37, Puebla, ene-jun 2016, http://www.scielo.org.mx/scielo.php La primera pregunta que cabe realizar sobre la interpretación constitucional de los derechos es: ¿qué implica interpretar los derechos constitucionales? Ésta nos llevaría a establecer si realmente existe una interpretación constitucional de los derechos, no sólo formalmente, sino sustantivamente distinta a la interpretación legal. Parece obvia la respuesta, pero no lo es. En nuestro caso, hemos defendido la especificidad de la interpretación constitucional en relación con los derechos y la Constitución, partiendo del concepto de Constitución democrática.

de configuración legal está de acuerdo o no con la Constitución sólo puede corresponder al Tribunal Constitucional[134]. Pero todos los jueces están obligados a interpretar las normas la luz de la Constitución, por lo que ésta debe hacerse presente en su diario trajinar. Lo que comporta el establecimiento de esa Sala es reconocer a la misma su condición de intérprete máximo, mas no exclusivo, del texto constitucional, tal como se colige del art. 335[135].

Al tener la Constitución la consideración de norma suprema, la interpretación de las normas deberá acomodarse a ella[136]. Si partimos del valor normativo de la Constitución como la primera de las normas que integran el ordenamiento jurídico, se concluye que afecta el sistema de fuentes formales del Derecho, pues determina los criterios de validez de leyes y reglamentos. Siendo que la primacía de la Constitución sobre el resto del ordenamiento condiciona también la labor interpretativa de las leyes civiles[137]. A lo que debe añadirse la virtual eficacia directa de las normas constitucionales de alcance civil. Ello pues la Constitución ya no es solo la fuente suprema del Derecho Público, sino que sirve también como ley fundamental del Derecho Privado. De allí que el estudio del Derecho Civil exige una permanente perspectiva constitucional[138].

La interpretación constitucional tiene la responsabilidad de afirmar los principios y valores contenidos en la Constitución[139]. Desde un punto de vista doctrinario, es posible distinguir cuatro tipos de interpretación constitucional: la interpretación de la Constitución, la interpretación desde la Constitución, la interpretación abstracta y conceptual genérica y, por último, la interpretación específica y concreta. Al respecto, la interpretación de la Constitución consiste en asignar un sentido a la Constitución, a efectos de coadyuvar a su correcta aplicación a la realidad. Esta asignación requiere que previamente se precise y determine la existencia

---

[134]   Martínez Dalmau, R.: "El daño", cit.

[135]   Casal, J.M.: *Constitución y Justicia Constitucional. (Los fundamentos de la justicia constitucional en la nueva Carta Magna)*, Universidad Católica Andrés Bello, Caracas, 2000, p. 83.

[136]   Tena Piazulo, I.: "El Derecho Civil español: entre lo permanente y su constitucionalización", *Nuevo Derecho* Vol. 8, N° 10, Enero-Junio 2012, p. 71.

[137]   Llamas Pombo, E.: *Orientaciones sobre el concepto y método del Derecho Civil*, Rubinzal-Culzioni Editores, Argentina, 2002, p. 120, la Constitución representa el "contexto" necesario de todas las normas jurídicas a efectos de aplicación e interpretación, que da sentido al espíritu y finalidad de esas normas.

[138]   *Ibíd.*, p. 121.

[139]   García Toma, V.: "El tribunal constitucional, la interpretación constitucional y las sentencias manipulativas interpretativas (normativas)", *Interpretación y aplicación de la ley penal anuario de derecho penal*, 2005, p. 177.

de los valores y principios constitucionales existentes en su seno. Por su parte, la interpretación desde la Constitución es la que se efectúa sobre la legislación infraconstitucional a partir de la respuesta hermenéutica obtenida de la Constitución, para que aquella guarde coherencia y armonía con el plexo del texto fundamental[140]. Consideramos que esta última, bien puede incluirse desde un punto de vista amplio en la denominada «constitucionalización» del Derecho Civil. Pues pareciera que algunos reducen la figura a la incorporación de instituciones civiles al texto constitucional.

La Constitución está situada en la cúspide normativa y manifiesta una notable incidencia en todo el ordenamiento jurídico, incluyendo al Derecho Privado y también al Derecho Civil[141]. Hoy en día, la Constitución incorpora a su texto normativo numerosas materias de Derecho Civil. La incidencia constitucional en éste se hace más patente y universal[142].

La Constitución es ante todo una norma, porque su contenido vincula o pretende vincular jurídicamente tanto a los detentadores del poder estatal como a los destinatarios del mismo. Tiene por consiguiente, una orientación eminentemente bilateral[143]. Sobre la supremacía constitucional, el Tribunal Constitucional peruano ha señalado que la Constitución como norma jurídica, vincula a todo el poder (político o privado) y a la totalidad de la sociedad[144]. La Constitución es norma jurídica y, como tal, vincula. De ahí que, con acierto, pueda hacerse referencia a ella aludiendo al 'Derecho de la Constitución', esto es, al conjunto de valores, derechos y principios que, por pertenecer a ella, limitan y delimitan jurí-

---

[140] *Ibíd.*, pp. 189 y 190.

[141] Arce y Flórez-Valdés, J.: *El Derecho, cit.*, p. 27.

[142] *Ibíd.*, p. 37.

[143] Palomino Manchego, J.F.: "Constitución, supremacía", *cit.*, p. 230, La Constitución en sentido formal (formalizar el orden jurídico fundamental de la sociedad en un documento serio, dirá Karl Loewenstein) comprende todas las reglas dotadas de la eficacia reconocida por el ordenamiento a las disposiciones contenidas en la Constitución a las producidas por las posibles fuentes equiparadas. Mientras que la Constitución en sentido material (tal como fue la politeia en la teoría política griega) es el conjunto de principios incorporados por las fuerzas políticas y sociales en un cierto momento histórico (poder constituyente), son prevalentes en el país y sostienen el régimen político vigente.

[144] *Ibíd.*, p. 232; Delmás Aguilar, G.: "La importancia de la supremacía constitucional", *Revista Jurídica*, 2(1), 2014, p. 15, "supremacía constitucional" consiste, en que todos los órganos del Estado y entre ellos los tribunales, deban someter su acción a los preceptos de la Constitución y a las normas dictadas "conforme a ella".

dicamente los actos de los poderes públicos[145]. Las normas y principios constitucionales se constituyen así en el primer elemento de interpretación de las reglas legales[146]. Aunque la interpretación constitucional difiere de la interpretación legal[147].

Las normas constitucionales son ley en sentido material pues constituyen normas generales y abstractas[148]. Esto es, materialmente la Constitución y las normas integradas en el cuerpo normativo constitucional reúnen los caracteres y estructura de las normas jurídicas. Las normas constitucionales están dotadas del suficiente grado de abstracción y generalidad[149]. Cuando se arguye que las normas constitucionales frecuentemente omiten consecuencias jurídicas, ello suele acontecer en toda clase de normas jurídicas. Por lo que el alegato de la falta de sanción no parece justificativo de la negación del carácter jurídico de las normas constitucionales[150]. Todos y cada uno de los preceptos constitucionales tienen el carácter de norma jurídica, lo que implica que no existen normas constitucionales carentes de eficacia jurídica[151]. La eficacia directa de la Constitución significa que se aplica junto a la ley o incluso frente a ella: implica reconocer su posición jerárquica como norma suprema[152]. En otras palabras, en el sistema graduado de fuentes del Derecho diseñado en la Constitución, ésta es la fuente máxima, pero a su vez es la que crea el resto de las demás fuentes. Queda claro entonces que al menos en Ve-

---

[145] Palomino Manchego, J. F.: "Constitución, supremacía", *cit.*, p. 233.

[146] Delmás Aguilar, G.: "La importancia", *cit.*, p. 16, Las normas y principios constitucionales se constituyen así en el primer elemento de interpretación de las reglas legales. Como lo ha dicho una sentencia del Tribunal Constitucional Español, "incluso si existen varios sentidos posibles de una norma, es decir diversas interpretaciones posibles de la misma, debe prevalecer, a efectos de estimar su constitucionalidad, aquélla que resulte ajustada a la Constitución frente a otros posibles sentidos de la norma no conformes con la fundamental".

[147] Aragón, M.: *Constitución y control de poder. Introducción a una teoría constitucional del control*, Ediciones Ciudad Argentina, Buenos Aires, 1995, p. 63.

[148] Domínguez Guillén, M. C.: *Manual de Derecho Civil I, cit.*, p. 29.

[149] Arce y Flórez-Valdés, J.: *El Derecho, cit.*, p. 24.

[150] *Ibíd.*, p. 25, agrega que en cualquier caso no dejará de tener aplicación la universal previsión de nulidad que afecta a los actos contrarios a las normas imperativas o prohibitivas como también ha de valorarse el efecto derogatorio o invalidatorio que pueden producir respecto de las disposiciones que se encuentran en contradicción con la norma constitucional.

[151] Monroy Cabra, M. G.: "La Constitución", *cit.*, p. 20.

[152] *Ibíd.*, p. 22.

nezuela, vale conceptuar la Constitución como fuente del Derecho Constitucional y desde luego también como fuente del Derecho en general[153].

La obligación de interpretar el ordenamiento según la Constitución determina la armonización del ordenamiento jurídico de acuerdo con normas y principios constitucionales[154]. La interpretación de cualquier texto normativo de rango inferior a la Constitución debe realizarse tomando en cuenta el carácter preeminente de ésta[155]. Al ser la Constitución la norma fundante, se encuentra en la cúspide del sistema jurídico. De la norma fundamental emana la validez de todo acto jurídico y, por consecuencia, existe una adecuación connatural –formalmente hablando– de dichos actos hacia ella, ya que estos se encuentran vigentes como consecuencia de los principios constitucionales, de lo contrario, cualquier norma jurídica que no cumpla con las formalidades previstas a nivel constitucional para su creación será considerada como inválida[156]. La interpretación encuentra su límite más importante en el propio texto constitucional, pues donde no existe posibilidad de lecturas divergentes, no es necesario dilucidar qué quiere decir la Constitución[157]. Aunque en honor a la verdad, será excepcional que un tema o instituto no presente

---

153   Peña Solís, J.: *Lecciones de Derecho Constitucional General*, *cit.*, p. 59.

154   Calvo García, M.: *Teoría del Derecho*, Tecnos, Madrid, 1996, p. 149.

155   Delgado, F.: *La idea de derecho en la Constitución de 1999*, Serie trabajos de grado Nº 16, Universidad Central de Venezuela, Facultad de Ciencias Jurídicas y Políticas, Caracas, 2008, p. 189.

156   Del Rosario-Rodríguez, M. F., "La supremacía", *cit.*, La supremacía constitucional es un principio inherente a toda forma de vida constitucional, por tanto, es indispensable advertir su dimensión real en cuanto a su naturaleza. Hoy en día parece imposible mantener una visión formalista de la Constitución y de la supremacía, ya que existen aspectos sustanciales, como la primacía de los derechos humanos, que se anteponen como factores prioritarios por seguir. Si bien es cierto que la supremacía formal, como tal, es un concepto incompleto y casi en extinción, sobre todo con el incremento de los llamados bloques de constitucionalidad, es un hecho que el ámbito sustancial de la supremacía se ha visto fortalecido, y eso, en realidad, es lo que permite que la supremacía de la Constitución siga siendo un rasgo distintivo. La Constitución no será suprema por su carácter de norma fundante, sino que lo será en la medida que aloja elementos axiológicos que incidan en la vigencia y protección de los derechos humanos, armonizados con los criterios internacionales en dicha materia. La naturaleza dual no conlleva una negación del principio de no contradicción sino, por el contrario, implica una dimensión real y necesaria para que los contenidos sustanciales de la Constitución se vean garantizados a través del grado de primacía que solo la supremacía en su forma óptima puede propiciar.

157   Salazar Sánchez, M.: "Interpretación de la Constitución y control de la Ley interpretativa por el Tribunal Constitucional", *Revista Chilena de Derecho*, Vol. 20, 1993, p. 471.

«lecturas» diversas, porque se admite como superado que «lo claro no requiere interpretación»[158].

Mal se puede interpretar el Derecho Privado sin contrastarlo con la norma superior o fundamental. La trascendencia de la Carta Magna en el Derecho Civil solo es un reflejo de la primacía de la Constitución en la interpretación de cualquier norma en todos los ámbitos, dada la supremacía de la Constitución como principio axiológico y norma suprema[159]. Constituye una regla básica en materia de orden de preferencia de las fuentes del Derecho que la ley superior priva sobre la ley inferior[160].

En la interpretación de una norma del Derecho Civil, como cualquier área del ordenamiento, son varios los elementos que han de tomarse en cuenta, siendo uno de ellos el sistemático, pues cualquier disposición forma parte de un sistema jurídico integrado por normas, de la que jamás se puede perder de vista la Constitución[161]. Toda vez que ésta es la norma suprema o superior que ha de orientar cualquier interpretación, incluyendo la relativa al Derecho privado general. Como es natural, el Derecho Civil no se agota en el respectivo Código Sustantivo, de allí que existen múltiples leyes especiales, precedidas por la Constitución[162].

Debe sostenerse la relevancia y presencia de la Constitución en la regulación del Derecho Civil, toda vez que las normas constitucionales en materia civil no pueden verse como algo separado ni concebirse de modo aparte del Derecho Civil, sino como infraestructura del mismo, que esto vendrá a ser el Derecho Civil constitucionalizado.

---

[158] Véase nuestro trabajo: *Ensayos sobre, cit.*, pp. 491 y 746 "No hay ley por muy bien redactada que esté que no necesite interpretación". Las anteriores palabras citadas por Von Thur desechan la equívoca creencia que "lo claro no requiere interpretación". Se ha dicho con razón que no se debe confundir la falta de interpretación con la dificultad en la misma; una ley que se presenta sencilla, también ha sido interpretada, pues tal conclusión supone una tarea previa, aunque rápida de parte del intérprete.

[159] Terapués Sandino, D. F.: *El principio de la supremacía constitucional como fórmula de exigibilidad jurídica en la justicia constitucional colombiana*, pp. 248-251, http://www.academia.edu/6524551/El_principio_de_la_supremac%...

[160] Aarnio, A.: *Lo racional como razonable Un tratado sobre la justificación jurídica*, Centro de Estudios Constitucionales, Madrid, 1991, pp. 143 y 144.

[161] Domínguez Guillén, M. C.: *Manual de Derecho Civil I, cit.*, p. 34, el elemento *sistemático* resalta que el Derecho es un sistema de normas y principios en interconexión por lo que no cabe atarse a un sólo texto legal, sino conectarlo con otras normas del sistema, especialmente la Constitución.

[162] *Ibíd.*, pp. 26 y 27.

Supone así analizar la eficacia directa, derogatoria, invalidatoria, interpretativa e informadora de la Constitución[163].

Por ello, el significado del Derecho Constitucional para el Derecho Privado consiste en singulares funciones de garantía, orientación e impulso[164].

Se puede concluir que incluso en las relaciones enteramente particulares como la relativa al acreedor y deudor, propietario y vecino, titular del derecho de propiedad y usufructuario, esto es en todas las relaciones típicas del Derecho Civil, la norma constitucional tiene una presencia y funciona como criterio de valoración de los comportamientos. Ella expresa los valores fundamentales de tipo jurídico a los que el intérprete debe referirse para decidir si la conducta es diligente o no, si es de buena fe o no, si es vejatoria o no, porque este es el deseo del Constituyente. Y ello es lo que se deduce de los principios generales de la teoría de la interpretación. Así la norma constitucional asume una función promotora de la transformación de las instituciones tradicionales del Derecho Civil. Es preciso por tanto interpretar las instituciones civiles a la luz de los principios fundamentales[165]. Se requiere elaborar una teoría de las fuentes del Derecho Civil, respetuosa de las particularidades y de los principios fundamentales del ordenamiento jurídico, que son los principios constitucionales: las viejas instituciones seguirán nominalmente siendo las mismas pero funcional y teleológicamente serán diferentes. Esto porque se debe repensar el Derecho Civil íntegramente a la luz de los principios constitucionales[166]. De allí que PERLINGIERI concluya magistralmente que deben evitarse distancias entre el Derecho Público y Privado, pues ambos están orientados por la Constitución[167].

La Constitución ha obligado al Derecho Civil a salir de una especie de letargo dogmático e ideológico, que bien pudiera calificarse de autocomplacencia en la herencia de siglos de nuestra disciplina y en los aciertos técnicos del fenómeno codificador, para hacerlo realmente servidor de la realidad social en que ha de ser aplicado. Así, la Constitución ha

---

[163]   Arce y Flórez-Valdés, J.: *El Derecho, cit.,* p. 19.

[164]   Hesse, K.: *Derecho Constitucional, cit.,* p. 83.

[165]   Perlingieri, P.: "Por un", *cit.,* p. 14.

[166]   *Ibíd.,* pp. 14 y 15.

[167]   *Ibíd.,* p. 15, el ordenamiento jurídico constituye un todo unitario, debiéndose evitar particiones que son más académicas y didácticas que científicas. Razonar sobre Derecho Privado y Público, sobre Derecho Constitucional o Derecho Administrativo, puede resultar una clasificación interesante, pero ello no debe hacer olvidar que el ordenamiento es unitario y que en su base existen principios unitarios de la Constitución.

significado la modernización del Derecho Civil, sobre todo en aquellos de sus sectores más eminentemente personalistas, como son el llamado Derecho de la Persona y el de Familia y Sucesiones, en los que con mayor urgencia y profundidad hubo de acometer el legislador las reformas exigidas por los nuevos postulados constitucionales[168]. Veremos sin embargo, que la supremacía constitucional también se ha hecho presente en el ordenamiento venezolano en la esfera del Derecho Civil Patrimonial[169].

IV. CARÁCTER IMPERATIVO DE LAS NORMAS CONSTITUCIONALES

La Constitución representa el instrumento fundamental del ordenamiento jurídico, permitiendo orientar cualquier interpretación de normas inferiores a la luz de los principios que orientan su concepción. Constituye según el citado artículo 7 del texto Fundamental: «la norma suprema y el fundamento del orden jurídico». Representa el escrito normativo más importante de un sistema de Derecho. Su correcta interpretación permite la máxima garantía de la protección de los derechos de la persona[170]. De allí que hablemos de la «primacía de la persona» en la Constitución[171].

La distinción entre normas constitucionales programáticas y normas constitucionales operativas para algunos sigue siendo útil[172]. Para SAGÜÉS, los principios constitucionales anidan normas declarativas, en las programáticas y en el Preámbulo; mientras que las normas o reglas se insertan en las cláusulas autoejecutivas o autoaplicativas de la Constitución[173]. Sin embargo, todavía se pretende asignarle a algunos derechos como sería el caso de la «salud» el carácter de «programático» porque presuntamente supone una suerte de obligación de hacer de parte del Estado[174]. En la Constitución venezolana el derecho a la salud está con-

---

168   Barber Cárcamo, R.: "La Constitución y el Derecho Civil", *Revista Electrónica de Derecho de la Universidad de La Rioja* N° 2, La Rioja, 2004, p. 41.

169   Véase *infra* Capítulo 2, las relaciones patrimoniales, la sucesión y presencia constitucional (referencia a "Contratos").

170   Domínguez Guillén, M. C.: "Primacía de", *cit.*, p. 305.

171   *Ibíd.*, p. 306.

172   Sagüés, N. P.: *Teoría de, cit.*, p. 261, la programática es aquella norma no auto operativa o no autoaplicativa, también llamada de efecto diferido. Las operativas no precisan de norma complementaria porque son autoaplicativas.

173   *Ibíd.*, p. 273.

174   Quijano Caballero, O.I: "La salud: derecho constitucional programático y operativo", *Revista Derecho y Sociedad* N° 47, 2016, p. 313, un derecho programático es un derecho de los ciudadanos que constituye un deber de hacer por parte del Estado, un mandato de optimización, una obligación de conferirlo en la medida de sus posibilidades, maximizando sus escasos recursos; en otras palabras, se

sagrado en el artículo 83[175], no obstante que los artículos 84[176] y 85[177] refieren normas complementarias sobre las medidas operativas que ha de tomar el Estado en tal sentido. Pero no creemos que, si éstas últimas no se hacen materialmente efectivas, no pueda el individuo reclamar dicho derecho con base al propio texto constitucional. Se afirma que la Constitución bien podría contener prescripciones de tipo finalista que imponen a los poderes públicos la obligación de perseguir determinados fines[178].

De allí que la doctrina acertadamente indica que inclusive respecto de normas calificadas de programáticas, no conlleva ausencia de eficacia jurídica, por lo que el problema no está en la denominación sino en lo

---

tataría de disposiciones de carácter organizativo del Estado, instrucciones para la construcción de políticas públicas, el compromiso de crear condiciones favorables. En consecuencia, los derechos programáticos no facultarían a los ciudadanos a exigir judicialmente su ejecución inmediata, en principio. El problema salta a la vista, si se concibe el derecho a la salud sólo en su concepción programática ¿cómo se podría defender una persona cuando su derecho a la salud se ve afectado?

[175]   La salud es un derecho social fundamental, obligación del Estado, que lo garantizará como parte del derecho a la vida. El Estado promoverá y desarrollará políticas orientadas a elevar la calidad de vida, el bienestar colectivo y el acceso a los servicios. Todas las personas tienen derecho a la protección de la salud, así como el deber de participar activamente en su promoción y defensa, y el de cumplir con las medidas sanitarias y de saneamiento que establezca la ley, de conformidad con los tratados y convenios internacionales suscritos y ratificados por la República.

[176]   Para garantizar el derecho a la salud, el Estado creará, ejercerá la rectoría y gestionará un sistema público nacional de salud, de carácter intersectorial, descentralizado y participativo, integrado al sistema de seguridad social, regido por los principios de gratuidad, universalidad, integralidad, equidad, integración social y solidaridad. El sistema público de salud dará prioridad a la promoción de la salud y a la prevención de las enfermedades, garantizando tratamiento oportuno y rehabilitación de calidad. Los bienes y servicios públicos de salud son propiedad del Estado y no podrán ser privatizados. La comunidad organizada tiene el derecho y el deber de participar en la toma de decisiones sobre la planificación, ejecución y control de la política específica en las instituciones públicas de salud.

[177]   El financiamiento del sistema público de salud es obligación del Estado, que integrará los recursos fiscales, las cotizaciones obligatorias de la seguridad social y cualquier otra fuente de financiamiento que determine la ley. El Estado garantizará un presupuesto para la salud que permita cumplir con los objetivos de la política sanitaria. En coordinación con las universidades y los centros de investigación, se promoverá y desarrollará una política nacional de formación de profesionales, técnicos y técnicas y una industria nacional de producción de insumos para la salud. El Estado regulará las instituciones públicas y privadas de salud.

[178]   De Otto, I.: *Derecho Constitucional, cit.*, p. 31.

que se quiera expresar con la misma[179]. CRISAFULLI señala que los principios tienen el mismo carácter normativo que el resto de la Constitución, por lo que las pretendidas disposiciones programáticas también tienen carácter vinculante[180]. El Tribunal Constitucional español igualmente rechaza el carácter programático de la Carta Fundamental y sostiene su aplicación inmediata[181].

Querer definir como "políticas" las normas constitucionales, en el sentido de sustraerlas de toda relevancia jurídica, luce arbitrario. Pues las normas constitucionales son normas jurídicas y son principios fundamentales del ordenamiento jurídico a los que es posible recurrir para resolver problemas concretos entre sujetos privados. No por casualidad la Constitución dispone que los ciudadanos y los poderes públicos están sujetos a ella[182]. La eficacia directa de la norma constitucional supone que aunque no haya disposición legal que reglamente el derecho reconocido en la Constitución el derecho es operativo y la persona puede solicitar la tutela judicial[183].

A partir de la concepción de Constitución en su aspecto normativo, esto es como una norma justiciable o directamente aplicable, sumado a la existencia de un órgano encargado de su interpretación y aplicación, la relación entre ella y el Derecho ordinario es cada vez más estrecha. Cualquier asunto, incluso de naturaleza privada -por ejemplo, la propiedad sobre un determinado bien-, puede constitucionalizarse. Así las cosas, quienes lo tendrán que resolver, ya sea de manera directa o indirecta, dependiendo del sistema de control constitucional que exista, serán los jueces constitucionales[184].

Modernamente también se alude al «control de la convencionalidad» por imperativo del artículo 23 constitucional, respecto de la aplicación inmediata de las Convenciones internacionales protectoras de los dere-

---

[179] Díaz Revorio, F. J.: *Valores superiores, cit.*, p. 182.

[180] *Ibíd.*, p. 183.

[181] *Ibíd.*, p. 185; López Aguilar, J. F.: *Lo constitucional en el Derecho: sobre la idea e ideas de Constitución y orden jurídico*, Centro de Estudios Políticos y Constitucionales, Serie Minor, Madrid, 1998, p. 36.

[182] Perlingieri, P.: "Por un", *cit.*, p. 12, los tribunales ordinarios han utilizado de modo bastante usual la aplicación directa de normas constitucionales.

[183] Boreto, M.: "La relación", *cit.*, p. 7.

[184] Garrote Campillay, E.A.: "Derecho Constitucional y Derecho ordinario. Una estrecha y permanente relación a partir de la Constitución: un análisis de la legislación comparada", *Scientia Iuris*, Londrina, Vol. 21, N° 2, Jul. 2017, p. 34.

chos de la persona y que bien podrían derivar, amén de una «constitu-cionalización», en una «convencionalización del Derecho Privado»[185].

Diversos fueron los argumentos que otrora pretendieron avalar el carácter meramente programático de las normas constitucionales, tales como el alto grado de abstracción de ellas, el concepto restringido de Constitución, el poder legislativo como destinatario de las normas constitucionales y la Constitución como meta norma[186]. Frente a dicha tesis se erige fuertemente la eficacia de las normas jurídicas constitucionales integrada por su posibilidad de aplicación directa, toda vez que la Constitución es una norma jurídica de contenido real e integral que no tiene por único destinatario al poder público[187], al punto que se aprecian normas constitucionales dotadas de un alto grado de concreción[188], así como principios generales del Derecho[189] y preceptos en blanco que remiten a una ley[190]. No obstante, no resulta arriesgado afirmar que la Constitución es una norma jurídica cuyos preceptos gozan de eficacia, teniendo caracteres de vinculatoriedad y aplicación inmediata[191]. Todas las normas y

---

[185]   Véase: Muñoz, R.: "Implicancias del", *cit.*, algunos autores discurren sobre lo que han llamado "Derecho Privado Constitucional" (Rivera, 2011:27) o "Derecho Civil Constitucional" (Gil Domínguez, Andrés; Famá, María V. y Herrera, 2006; Mosset Iturraspe, 2011) cuando se refieren a la absorción de contenidos constitucionales y convencionales en el texto del Código Civil. Por ejemplo, Mosset Iturraspe (2011:137) menciona entre los aspectos sobresalientes del "Derecho Civil Constitucional", su tarea en orden a precisar los derechos fundamentales, su función promotora de la transformación de las instituciones tradicionales del Código Civil, y su lucha por la eficacia directa, derogativa, invalidatoria, interpretativa e informadora de la norma constitucional. Pero, es más, para Adelina Loianno (2015:36), si tenemos presente que quienes han integrado la Comisión de Reformas del Código no dudan en destacar el sustento convencional de muchas de las instituciones novedosas, así como en la reformulación de varias que ya existían en el antiguo Código, no parece desmedido hablar de un Código Civil "convencionalizado". Para la autora, el Código Civil y Comercial argentino vigente permite afirmar con fundamento suficiente que nos encontramos ante la "convencionalizción del Derecho Civil". Véase también: Quinche-Ramírez, M. F.: "La constitucionalización", *cit.*, pp. 43-63; Garzón Buenaventura, E. F.: "De la supremacía de la Constitución a la Supremacía de la Convención", *Verba Iuris* 31, Enero-Junio 2014, pp. 189-204.

[186]   Arce y Flórez-Valdés, J.: *El Derecho, cit.*, pp. 89-98.

[187]   *Ibíd.*, p. 99-118.

[188]   *Ibíd.*, p. 118, como la relativa a la mayoría de edad a 18 en España.

[189]   *Ibíd.*, pp. 119 y 120.

[190]   *Ibíd.*, p. 120.

[191]   *Ibíd.*, p. 122 y 123. Véase siguiendo las ideas del autor: Llamas Pombo, E.: *Orientaciones sobre, cit.*, p. 121, compartimos con Arce la aplicación inmediata de la Constitución, salvo que por la propia naturaleza de la norma no pueda ser aplicada directamente o la propia Constitución así lo imponga o límite.

principios constitucionales son susceptibles en mayor o menor medida de generar eficacia informadora en la legislación[192].

La Constitución no es solo un mandato de normas sino también tiene una existencia misma que se permea en el Estado bajo dos dimensiones una a) Cuantitativa y otra b) Cualitativa[193]. Las Constituciones modernas se erigen, más que en unos mandatos programáticos formales, a establecer los actos de poder que se marcan en las funciones del Estado, bajo cuatro criterios: I) La Constitución como norma jurídica de aplicación y de exigibilidad directa, II) La Constitución que somete y determina la vigencia de otras normas, III) La supremacía de la Constitución como constitucionalización del derecho, IV) La supremacía de la Constitución en el plano de la interpretación constitucional[194]. La Constitución determina el sistema jerárquico de producción normativa, se basa en un criterio de validez jurídica, que no es más que esfuerzo del positivismo jurídico, donde fue necesario un mandato de jerarquía normativa que fungiera de prisma dogmático y formal del Estado[195].

La Constitución deja de ser así un mero catálogo de derechos públicos sin trascendencia real y efectiva, es decir práctica, para las personas, así como una mera descripción de los órganos y funciones del poder público, para constituirse en la norma que estructura el resto del ordenamiento jurídico, sea éste de Derecho Público o Privado, le somete a la observancia de aquellos derechos y principios esenciales a la persona y proporciona los medios eficaces para sancionar todo atentado a los mismos. De allí resultarán consecuencias importantes para el funcionamiento del ordenamiento jurídico, en su interpretación, en la vigencia del resto de sus normas, en la aparición de nuevas instituciones. Todo lo cual implica superar, en buena medida, las ideas tradicionalmente aceptadas de una división tajante entre Derecho Público y Privado, o de la creencia que el principio de legalidad es sólo propio de aquél y no de éste, regido, según se nos enseñó, por la sola autonomía privada[196].

Corresponde a otro momento histórico cuando las Constituciones carecían de eficacia vinculante y aplicación directa y cuyo contenido no trascendía del ámbito político; una época ya periclitada, en que los Códigos Civiles ocupaban el lugar central del ordenamiento jurídico. Pero evidentemente la preeminencia de la Constitución no se limita a ostentar

---

[192]   Arce y Flórez-Valdés, J.: *El Derecho, cit.,* p. 168.
[193]   Garzón Buenaventura, E.F.: "De la", *cit.,* p. 194.
[194]   *Ibíd.,* p. 191.
[195]   *Ibíd.,* pp. 191 y 192.
[196]   Delmás Aguilar, G.: "La importancia", *cit.,* p. 18.

un rango formal pues influye en el propio contenido y valor del Código Civil[197] y demás leyes especiales que han quitado protagonismo progresivamente al Código sustantivo[198].

En la actualidad las Constituciones han superado su antiguo carácter programático y gozan de un contenido más amplio que la mera configuración de los poderes del Estado[199]. Así pues, modernamente ha quedado atrás la idea del sentido programático y meramente declarativo de las normas Constitucionales[200], pues mal puede reducirse la Carta Magna a una simple declaración de principio[201]. La Constitución debe ser norma y no solo programa a cumplir[202]. La Constitución constituye un cuerpo normativo o una norma compleja[203], cuya aplicación inmediata en el ámbito del Derecho Civil supone hacernos partícipes de su efectividad, al margen de que la legislación desarrolle algunos institutos. Las normas de la Constitución son operativas, la influencia de sus normas alcanza a toda la normativa inferior y, entre ellas, en forma directa al Código Civil[204] y demás leyes del Derecho Privado General.

---

[197]   Tena Piazulo, I.: "El Derecho", *cit.*, p. 69.

[198]   Véase: *Ibíd.*, p. 70.

[199]   Arce y Flórez-Valdés, J.: "Incidencia de la Constitución española en el Derecho Civil", *Homenaje a la Constitución Española XXV Aniversario*, Universidad de Oviedo, Facultad de Derecho, Asturias, 2005, p. 75.

[200]   Véase: García de Enterría, E.: *La constitución como norma y el tribunal constitucional*, Civitas, 3ª ed., Madrid, 2001, *in totum*; Varela Cáceres, E. L: "El principio de unidad de filiación", *Revista Venezolana de Legislación y Jurisprudencia* N° 2, Caracas, 2013, pp. 180 y ss.; Domínguez Guillén, M. C.: "Las uniones concubinarias en la Constitución de 1999", *Revista de Derecho* N° 17, Caracas, Tribunal Supremo de Justicia, 2005, p. 226.

[201]   Rodríguez Piñero, M.: "Las Bases Constitucionales del Derecho Privado", *Derecho Civil Patrimonial*, Editores A. Bullard González y G, Fernández Cruz, Pontificia Universidad Católica de Perú, 1997, p. 25, se requiere superar la mera contraposición entre las normas de los Códigos y las declaraciones de principios contenidas en la Constitución. Pues no solo los poderes públicos están sometidos a la Constitución sino también el ciudadano.

[202]   De Dienheim Barriguete, C. M.: "La protección constitucional de los derechos fundamentales en México", *IUS Revista Jurídica*, Universidad Latina de América, http://www.unla.mx

[203]   Arce y Flórez-Valdés, J.: "Incidencia de", *cit.*, p. 78.

[204]   Alferillo, P. E.: *La Constitución Nacional y el Derecho Civil*, Astrea, Buenos Aires, 2011, p. 31, el punto crucial está focalizado, en el cambio del eje que pasó de la preeminencia del patrimonio a la preferencia del ser humano. La transformación acaecida es muy profunda y, aún no es comprendida en su real dimensión, particularmente por aquellos que se resisten a aceptar la influencia reformadora de la Constitución nacional sobre todo el plexo normativo inferior y, en particular, respecto del Código Civil.

A propósito del carácter imperativo de las normas constitucionales en el Derecho de Familia, afirma acertadamente la doctrina:

El establecimiento de las denominadas normas programáticas o normas fin, puede poseer un contexto real en la Carta Magna, en el sentido que la Constitución de la República Bolivariana de Venezuela regula conductas en las cuales se evidencia un reenvió expreso a disposiciones legales que deben dictarse para el correcto ejercicio de los mandatos establecidos[205]; ahora bien, ello no puede conducirse al extremo de afirmar que existen normas constitucionales no vinculantes hasta tanto se cumpla el respectivo desarrollo legislativo, con dicho argumento, sería difícil de sustentar que una disposición sea jurídica y al mismo tiempo carezca de carácter coactivo, ya que este último es precisamente uno de sus elementos inherente, negándose con tal razonamiento el atributo jurídico por excelencia en las normas programáticas o al menos así lo afirma Sánchez Agesta. Por otra parte, el constituyente parece zanjar cualquier interpretación a favor de las normas programáticas cuando indica en su artículo 22 *ejusdem*, refiriéndose a los derechos implícitos que «La falta de ley reglamentaria de estos derechos no menoscaba el ejercicio de los mismos», extrayéndose del texto preinserto la ineludible conclusión que si en aquellos derechos no establecidos expresamente por la Norma Suprema, esta falta de regulación no disminuye su ejercicio efectivo, en menor medida puede ocurrir cuando es el propio constituyente quien por medio de letra taxativa determina la facultad[206].

Como bien señala VARELA CÁCERES a propósito del artículo 56 constitucional al estudiar el atributo del nombre civil: las normas constitucionales son de aplicación inmediata, o como lo indican los constitucionalistas, tienen carácter «normativo» y no programático, lo que genera que no sea necesario para su aplicación una regulación ulterior legislativa; esto da al traste con la atávica posición de negar la ejecución de derechos constitucionales por falta de desarrollo legal, ya que dichas carencias son imputables al Estado y no al ciudadano, al cual se le debe salvaguardar

---

[205] Verbigracia los artículos 76 y 77 relacionados a las instituciones familiares, igualmente pueden verse los artículos 13, 28, 46 No. 3, 50, 52, 67, 68, 70, 76, 77, 83, 89 No. 2, 91, 94, 96, 98, 99, 100, 101, 104, 105, 106, 108, 109, 110, 111, 112, 115, 117. Como se observa existe una marcada tendencia de ordenar al legislador el desarrollo de los derechos fundamentales ya que en el ejercicio de los mismo debe siempre ponderarse, para su efectividad, los limites racionales que establezca la ley, en todo caso se recuerda que no hay libertades absolutas, lo cual para determinar las limitaciones racionales, se tomará en cuenta los derechos de las demás personas y el "orden público y social", según como lo hace entrever el artículo 20 de la Constitución de la República Bolivariana de Venezuela.

[206] Varela Cáceres, E. L.: "El derecho de familia en el siglo XXI: Aspectos constitucionales y nuevas tendencias", *Revista de Derecho* Nº 31, Tribunal Supremo de Justicia, Caracas, 2009, p. 52.

sus derechos fundamentales[207]. En fin, lo descrito ha producido que la tendencia moderna se dirija a eliminar la vetusta distinción aquí comentada, ya que la posición vigente –y así lo hemos sustentado– es la de reafirmar que todas «las normas constitucionales son de aplicación directa e inmediata, o como lo indican los constitucionalistas, tienen «carácter normativo» y no programático»[208].

La Constitución es la norma fundamental y que garantiza la unidad de todo el sistema. No cabe duda que en esta labor todo operador jurídico, especialmente los jueces, tendrán como premisa de sus decisiones lo dispuesto en la norma suprema. A su vez, al momento de interpretar las normas que integran el ordenamiento jurídico deberán darle el sentido y alcance que más conforme parezca con la Carta fundamental[209]. Debe procurarse evitar la aplicación de una norma inferior que suponga una infracción de cualquiera de los valores superiores del ordenamiento como sería la dignidad de la persona. Se precisa la conformidad con la Constitución de la norma a aplicar[210].

Se alude así al principio de interpretación conforme a la Constitución, siendo que el carácter normativo de la Carta Fundamental produce, entre otros efectos prácticos, una nueva regla o principio de interpretación de las normas jurídicas, que viene a integrar los métodos que tradicionalmente se han formulado sobre la materia. En tanto, si se acepta que un precepto puede tener más de un alcance o sentido en su interpretación, el operador jurídico debe preferir aquél que se adecúe o reconozca una mayor conformidad con lo prescrito en la Carta fundamental. En buenas cuentas, la Constitución proyecta su fuerza normativa desde que la norma entra en vigencia hasta el sentido que va a tener al momento de ser aplicada[211]. La norma superior es de aplicación inmediata y obligatoria[212].

La Constitución es considerada cada vez más como una regla de derecho: la normatividad de la Carta Magna está siendo admitida, aun si

---

[207]   Varela Cáceres, E. L.: *La modificación del nombre propio en los niños y adolescentes*, Serie Trabajos de Grado Nº 17, Universidad Central de Venezuela, Facultad de Ciencias Jurídicas y Políticas, Caracas, 2008, p. 38.

[208]   Varela Cáceres, E. L.: "El derecho de familia", *cit.*, pp. 52 y 53.

[209]   Cordero Quinzacara, E.: "Los principios y reglas que estructuran el ordenamiento jurídico chileno", *Ius et Praxism* Vol. 15, Nº 2, Talca 2009, http://www.scielo.cl

[210]   González Pérez, J.: *La dignidad de la persona*, Civitas, Madrid, 1986, p. 186. Véase también reseñando la dignidad de la persona como principio fundamental de la Constitución colombiana: Hoyos Castañeda, I. M.: *La persona, cit.*, pp. 75 y 76.

[211]   Cordero Quinzacara, E.: "Los principios", *cit.*

[212]   Arévalo guerrero, I.H.: *Bienes Constitucionalización, cit.*, p. 33.

parece todavía difícil de considerar por generaciones de juristas formados con otro espíritu. Las nuevas generaciones conciben mucho más fácilmente que, como en Alemania, Italia o España, «La Constitución, es
derecho»; las reglas constitucionales son directamente aplicables tanto
por el juez ordinario como por las autoridades administrativas o los particulares. Todas las normas constitucionales son de aplicación directa y
no necesitan de la ley para hacerse «operacionales». Las fórmulas consideradas, hace todavía quince años, como demasiado vagas para «ser
determinantes sin prolongación legislativa» (por ejemplo: «La nación
asegura al individuo y a la familia las condiciones necesarias a su desarrollo»), son hoy en día directamente aplicadas por el juez ordinario[213].

Sin duda, constituye un deber del intérprete tener siempre en cuenta
el impacto de la Constitución en el instituto que se analiza, sin perjuicio
que excepcionalmente pueda proceder la aplicación directa de una norma constitucional, si se admite superado el carácter meramente programático de sus normas. Si una disposición legal pudiera ser considerada
inconstitucional a la luz del texto fundamental, mal pudiera quedarse a
la espera de la labor legislativa para la aplicación directa de la Carta fundamental. Si la autarquía supone crear una norma, no existe tal creación
cuando se aplica directamente una norma constitucional. Si fuere apro-
bada una ley que la contraríe sería inconstitucional por lo que la espera
legislativa no tendría sentido útil.

Es posible encontrar «situaciones de mixtura» entre el Derecho Constitucional y el Derecho Privado, cuando ha de realizarse una interpretación en las que se relacionan normas de ambos Derechos. El efecto de
irradiación de la norma constitucional en el Derecho ordinario, configura
a éste constitucionalmente[214]. Si bien no puede negarse que en ocasiones
ha sido el Código Civil el precursor de principios que posteriormente se
han incorporado a los textos constitucionales[215], ha de admitirse que se
ha producido una cierta «constitucionalización del Derecho Civil»[216], y se
trata de un proceso que aún no termina[217].

---

[213]   Favoreu, L. J.: "La constitucionalización del Derecho", *Revista de Derecho (Valdi-
      via)*, Vol. XII, Agosto 2001, http://mingaonline.uach.cl/scielo.php así en el fallo
      Dame Montcho del 11 de julio de 1980, el Consejo de Estado ha admitido el dere-
      cho de las familias extranjeras a reconstituirse.

[214]   Balaguer Callejón, M. L.: *Interpretación de, cit.*, p. 44.

[215]   *Ibíd.*, p. 70.

[216]   *Ibíd.*, p. 69.

[217]   Landa Arroyo, C.: "La constitucionalización del Derecho Civil: El derecho fun-
      damental a la libertad contractual, sus alcances y sus límites", *Themis 66 Revista
      de Derecho*, PUCP, 2014, p. 327.

CAPÍTULO II

EL DERECHO CIVIL CONSTITUCIONAL
(CONSTITUCIONALIZACIÓN DEL DERECHO CIVIL)

I. NOCIÓN

La Constitución como es natural ha penetrado en todas las áreas del Derecho, pues en la interpretación de éste último debe siempre tenerse por norte el carácter superior de sus normas y principios. De allí que muchas materias del Derecho Público y Privado estén adicionando a su título la temática «constitucional», y se alude así por ejemplo a «Derecho Administrativo Constitucional»[218] o «Constitucionalización del Derecho

---

[218] Véase: Araujo-Juárez, J.: *Derecho Administrativo Constitucional, cit.*; Araujo-Juárez, J.: "Derecho Administrativo Constitucional, Sistemas de Relaciones, Interferencias y Complementariedad", *Revista Tachirense de Derecho*, Universidad Católica del Táchira, 3/2017, ed. digital, pp. 75 y 76, el punto de partida sobre el denominado Derecho administrativo constitucional ha de ser necesariamente la Constitución. En efecto, un hecho importantísimo en el Ordenamiento jurídico de Venezuela lo constituye la aprobación de la Constitución del año 1999, fruto de un arduo proceso constituyente, que influye en la sistemática y contenido del Derecho administrativo venezolano. Ahora, si partimos del hecho que en el concepto normativo moderno la Constitución es a la vez: (i) El cuerpo normativo de más alta jerarquía dentro del Ordenamiento jurídico o el "conjunto de normas de rango superior a cualquier otra"; y (ii) la "fuente de las fuentes del Derecho", ya que todas las demás se deben adaptar a ella, tanto en su proceso de formación, como en cuanto a su contenido, de tales premisas resulta un fenómeno o proceso de constitucionalización del Derecho, es decir, una irrigación de todo el Ordenamiento jurídico por la Constitución. Por tanto, la Constitución constituye la fuente primera, fundamental de todas las disciplinas del Derecho. Es por ello que se puede y debe afirmar, según E. García de Enterría, que hoy la Constitución domina la totalidad de la vida jurídica de la sociedad con un influjo efectivo y creciente. En este orden de ideas, la doctrina remarca una tendencia amplia de la constitucionalización del Derecho generada en virtud del reconocimiento de la Constitución, ya no sólo como valor político de creación y organización del Estado sino, también, como norma jurídica de aplicación directa e inmediata sin necesidad de desarrollo legal y prevaleciente sobre la propia ley. De ahí que no podemos desconocer, la existencia de un zócalo, de bases consti-

Administrativo»[219], que supone utilizar la fuerza caracterizadora del sistema y potencial de innovación de la Constitución[220], toda vez que siempre será posible estudiar las bases constitucionales de dicha materia[221] y cualquier otra, dada la antigua importancia del Derecho Constitucional[222]. En la misma línea se alude a «Derecho Civil Constitucional»[223] o «Constitucionalización del Derecho Civil»[224]. La obvia amplitud del tema

tucionales o de fundamentos constitucionales de todas las disciplinas del Derecho, incluso ajenas al Derecho público: civil, laboral, penal, procesal, social; Meilán Gil, J. L.: "El Derecho Administrativo Constitucional", *Memorias del Congreso Internacional de Derecho Administrativo "Dr. Raimundo Amaro Guzmán"*, Rodríguez-Arana Muñoz, J.; Rodríguez Huertas, O.A.; Sendín García, M.A. y S.T. Castaños Guzmán (Editores): Asociación Dominicana de Derecho Administrativo (ADDA), Fundación Institucionalidad y Justicia (FINJUS). Editorial Jurídica Venezolana International, Panamá, 2015, pp. 55-83; Rodríguez-Arana, J.: *Derecho Administrativo Español. Introducción al Derecho Administrativo Constitucional*, Netbibio, España, 2008, T. I. Véase también *prólogo* de esta obra por V.R. Hernández-Mendible.

[219]   Véase: Schmidt-Assmann, E.: "El concepto de la constitucionalización del Derecho Administrativo", *La constitucionalización del Derecho Administrativo XV Jornadas Internacionales de Derecho Administrativo*, A. Montaña Plata y A. F. Ospina Garzón Editores, Universidad de Externado, Colombia, 2017, pp. 21-38, Trad. M. L. Ibagón Ibagón. Véase también: Correa Henao, M.: "La constitucionalización", *cit.*, pp. 203-229; Brewer-Carías, A.: "El proceso de constitucionalización del Derecho Administrativo en Colombia", *Revista de Derecho Público* N° 55-56, Julio-Diciembre 1993, pp. 47-59.

[220]   Schmidt-Assmann, E.: "El concepto", *cit.*, p. 38. Véase también: Rodríguez García, N.: "La interpretación del Derecho Administrativo conforme a la Constitución", *Libro Homenaje al profesor Alfredo Arismendi A.*, Paredes/ Universidad Central de Venezuela, Caracas, 2008, pp. 693-735; Rodríguez-Arana, J.: *Derecho Administrativo*, *cit.*, p. 39, la caracterización del Derecho Administrativo desde la perspectiva constitucional trae consigo necesarios replanteamientos de dogmas y criterios.

[221]   Véase: Brewer-Carías, A.: "Las bases", *cit.*, pp. 9-54; Brewer-Carías, A.: *Sobre la constitucionalización del Derecho Administrativo en la República Dominicana*, Texto de base preparado para la conferencia sobre el mismo tema en las I Jornada Jurídica, Postgrado, Pontificia Universidad Católica Madre y Maestra, Santo Domingo, 13 al 18 de junio de 2016.

[222]   Véase respecto de los antecedentes en el Derecho Romano: Delgado, M. A.: "La Constitución y la Ley en Roma", *Libro Homenaje al profesor Alfredo Arismendi A.*, Paredes-Universidad Central de Venezuela, Caracas, 2008, pp. 287-316, especialmente las "conclusiones", y p. 296, hay que mencionar la existencia de voces en la ciencia romanística que van más allá y configuran un Derecho "constitucional" Romano.

[223]   Véase: Arce y Flórez-Valdés, J.: *El Derecho, cit.*

[224]   Véase entre otros: Corral Talciani, H.: "Constitucionalización del Derecho Civil. Reflexiones desde el sistema jurídico chileno", *Derecho Civil Constitucional*, Coord. C. Villabela Armengol, L. B. Pérez Gallardo y G. Molina Carrillo, Institu-

y la multiplicidad de sus posibles contenidos[225], supone reducir el panorama a sus aspectos fundamentales.

Señalaba RODNER[226] siguiendo las ideas del brasilero RUI ROSADO DE AGUIAR que los principios de derecho contenidos en el Código Civil pueden ser usados para la realización de los valores constitucionales[227]. Esto ha llevado al estudio de los principios constitucionales en el Derecho Civil, o lo que se ha denominado la «constitucionalización del Derecho Civil». De aquí se desarrollan «principios y cláusulas generales que atienden a las exigencias de una sociedad que requiere ser justa y solidaria»[228].

Se ha hecho realidad el Derecho Civil Constitucional, esto es el Derecho Civil que está contenido en la Constitución. El Derecho Civil Constitucional parte de la base de que el contenido y los principios axiales los aporta el Derecho Constitucional, y el Derecho Civil opera como complementador[229]. Se traduce en un conjunto de normas conformadas por ambos derechos[230]. La idea es, pues, que el Derecho Civil Constitucional

---

to de Ciencias Jurídicas de Puebla-Grupo Editorial Mariel S. C., Universidad de la Sabana, México, 2014, pp. 1-16; Landa Arroyo, C.: "La constitucionalización", *cit.*, pp. 309-327; Saghy, P.: "Reflexiones sobre la constitucionalización del Derecho Civil", *Boletín de la Academia de Ciencias Políticas y Sociales* N° 146, Caracas, 2008, pp. 497-514; Suárez-Manrique, W. Y.: "La constitucionalización", *cit.*, pp. 317-351; Gutiérrez Santiago, P.: "La Constitucionalización del Derecho Civil", *Estudios de Derecho* N° 151, Universidad de Antioquia, 2011, pp. 51-86. Véase cuestionando la terminología: Mantilla Espinosa, F.: "La "constitucionalización", *cit.*, pp. 245-262.

225   Gutiérrez Santiago, P.: "La Constitucionalización", *cit.*, p. 55.

226   Rodner, J. O.: "Presentación del Libro de María Candelaria Domínguez Guillén Curso de Derecho Civil III Obligaciones", *Revista Venezolana de Legislación y Jurisprudencia* N° 10 edición homenaje a María Candelaria Domínguez Guillén, 2018, (en prensa).

227   Rui Rosado de Aguiar, *O direto das obrigaçoes na contemporaneidad*, en *Estudos em homenagem ao ministro Rui Rosado de Aguiar Junior*, Porto Alegre (2014), p. 16, (cita original y trad. libre de Rodner, J. O.).

228   Rodner, J. O.: "Presentación del", *cit.*, Tema ya tratado por Domínguez en *Proyección constitucional de derecho de obligaciones*, en *Revista Venezolana de Legislación y Jurisprudencia* N° 7 homenaje a Peña Solís, Caracas, 2016, pp. 87-123.

229   Perrino, J. O: *El derecho a la vida en el Derecho Civil Constitucional*, 1er Congreso Provincial de Ciencias Jurídicas La Plata, 13 y 14 de septiembre de 2007, http://www.uca.edu.ar

230   Cruz, E.: "El Derecho Civil Constitucional en el Perú", *Revista Res Pública,* Universidad César Vallejo, Trujillo, N° 1, 1999, https://www.enfoquederecho.com/2013/06/18. El Derecho Civil Constitucional constituye un conjunto de normas y principios que forma parte de una constelación normativa del sistema jurídico y en el cual su *contenido* normativo, básicamente, se identifica con temas

es simplemente el Derecho Civil, pero que se nutre de los valores superiores y supremos de la Constitución[231].

En la génesis del Derecho Civil Constitucional subyace la idea de la incidencia de la Constitución en el Derecho Civil, cuestión que ya preocupó antaño a ilustres civilistas[232]. Ello comporta el examen de la Carta Fundamental como norma jurídica que superando su mero carácter programático tiene también eficacia directa e inmediata con verdadera supremacía en el ordenamiento jurídico, en el que se encuentra integrada como norma primera o norma fundamental o norma superior según expresiones reiteradas[233]. Las normas constitucionales en materia civil no pueden verse como algo separado ni concebirse aparte del Derecho Civil, sino como infraestructura del mismo[234].

---

e instituciones que recíprocamente están ubicadas tanto en el ámbito normativo propio del Derecho Civil como también del Derecho Constitucional. Sin embargo, el Derecho Civil Constitucional está conformado por aquellas normas formalmente integradas en el Comando Mayor de la Constitución y que aluden a diversos temas, como son las complejas relaciones e imputaciones jurídicas en torno a la *persona,* en sus múltiples dimensiones; lo propio con la *familia y el matrimonio,* con todos los elementos y contenidos propios de este sector; así como las relaciones jurídicas que surgen de las *cosas y propiedades.* El contenido tampoco se agota con estos temas, aunque son los más *predominantes,* pues existen otros temas, como la herencia, las obligaciones, la capacidad, etc. Es decir, a estos diversos contenidos temáticos, el Derecho Civil Constitucional les asigna o los identifica como aquellas materias *residualmente considerables* de *contenido civil* y que obviamente se ubican en el sector normativo de la *Lex Legum.*

[231] Cruz, E.: "El Derecho", *cit.,* un juez que empiece a razonar en frecuencia constitucional, debe asumir la idea de que la Constitución no sólo es un *concepto político,* sino que es una *norma jurídica;* y, como tal, debe ser tomada en cuenta en cada momento en que en la impartición de justicia se encuentren con aspectos vinculados a los valores constitucionales. Todavía resulta asombroso ver cómo los jueces, en sus fallos y sentencias, les resulta sumamente difícil invocar –ya sea en su parte considerativa, expositiva y, básicamente, resolutiva– preceptos constitucionales, limitándose tan sólo a invocar las normas *infraconstitucionales.* Criterios como estos, por ejemplo, con la presencia de un razonamiento acorde a la presencia de un Derecho Civil Constitucional, deben empezar ya a superarse en la mentalidad de nuestros magistrados; o, en el mejor de los casos, esperar a la nueva formación académica de quienes deben ser magistrados, con conocimientos de un razonamiento constitucional. En rigor, la presencia del Derecho Civil Constitucional en el Perú, en puridad, está subyacente. Lo que pasa es que es necesario que la judicatura asuma una mayor audacia en su razonamiento jurídico, acorde a las modernas tendencias que vienen imperando en el pensamiento jurídico contemporáneo.

[232] Arce y Flórez-Valdés, J.: *El Derecho, cit.,* p. 13.

[233] *Ibíd.,* p. 18.

[234] *Ibíd.,* p. 19.

La Constitución constituye el instrumento normativo de mayor jerarquía en el sistema de normas que integran un orden jurídico. De lo que es sencillo concluir que el Derecho Civil o Derecho Privado general, ha de orientar la interpretación de sus normas por la senda que guíe la Carta fundamental.

Se afirma que el Código Civil ha perdido la capacidad de seguir siendo la base común del Derecho Civil. La aparición de este fenómeno es casi inaprensible en el tiempo, siendo el resultado de un conjunto de eventos que poco a poco han ido desapercibidamente perdiendo al Código Civil como centro de gravedad jurídico del Derecho Civil[235]. Ello acontece por la aparición de infinidad de leyes especiales sobre la materia[236], amén de la Constitución[237], que como norma rectora y superior debe ser guía en la interpretación de normas de rango inferior[238] en materia de Derecho Privado general.

El Derecho Civil ha debido asumir la incidencia directa que, como norma jurídica, la Constitución proyecta sobre todo el ordenamiento jurídico, lo cual ha conllevado importantes cambios de rumbo en la jurisprudencia civil para adaptar la interpretación de sus instituciones a los postulados constitucionales[239]. El Derecho Civil no cabe desligarlo de la jurisprudencia que afecta a buena parte de su articulado[240].

Dada la incidencia de la Constitución en el Derecho Privado, no existe contradicción terminológica al afirmar la constitucionalización del

---

[235]   Saghy, P.: "Reflexiones sobre", *cit.*, p. 499.

[236]   Véase: Arce y Flórez-Valdés, J.: *El Derecho, cit.*, p. 52, la multiplicidad de normativas especiales, se podría calificar como "descodificación" del Derecho Civil pero cabe reconducirla a un fenómeno externo de especialización, sin que necesariamente lleve a una situación disgregatoria de la unidad interna del Derecho Civil. Véase también: Barber Cárcamo, R.: "La Constitución", *cit.*, pp. 39-52.

[237]   Véase: Domínguez Guillén, M. C.: "Sobre la noción de Derecho Civil", *Revista de la Facultad de Derecho Universidad Católica Andrés Bello* N° 62-63 2007-2008, 2010, pp. 96 y 97, "Ciertamente, la existencia de leyes especiales mal podría desvirtuar el sentido primario y general del Derecho privado por excelencia. La Constitución como norma fundamental igualmente orientará en buena medida la interpretación de sus instituciones, como se ha apreciado en temas relativos a la persona, tales como el concubinato (art. 77), el nombre, filiación y registro (art. 56), el *nasciturus*, la patria potestad y alimentos (art. 76), la familia (art. 75), los derechos de la personalidad (art. 60 entre otros), la infancia y la adolescencia (art. 78), el carácter enunciativo de los derechos (art. 22), etc.".

[238]   Rodríguez Piñero, M.: "Las Bases", *cit.*, p. 35, la Constitución debe ser guía de interpretación de las normas a ellas subordinadas.

[239]   Barber Cárcamo, R.: "La Constitución", *cit.*, p. 40.

[240]   Tena Piazulo, I.: "El Derecho", *cit.*, p. 69.

Derecho Privado[241]. El Derecho Civil Constitucional ha de delimitarse a través del examen del contenido jurídico-civil presente en la Constitución[242], el cual es ante todo Derecho Civil y no Derecho Constitucional y de allí la adopción de tal denominación en dicho orden terminológico[243]. Pues se admite que el Derecho Civil Constitucional es un Derecho Civil puro[244]. De allí que adoptemos el término *"Derecho Civil Constitucional"* y no Derecho Constitucional Civil, aunque la discusión pareciera estéril[245], pues es bien sabido que el "nombre no hace al concepto"[246]. Tal expre-

---

[241]   Arce y Flórez-Valdés, J.: *El Derecho, cit.*, p. 33.

[242]   *Ibíd.*, p. 39.

[243]   *Ibíd.*, p. 185.

[244]   Véase: Rodríguez Piñero, M.: "Las Bases", *cit.*, p. 30.

[245]   Véase: Cruz, E.: "El Derecho Civil", *cit.*, Nuestro particular punto de vista es que entre el Derecho Civil y el Derecho Constitucional hoy existe una retroalimentación recíproca y lo planteamos de la siguiente manera: diversas normas que siempre han sido *hábitat* natural de los textos constitucionales hoy forman parte de sendos articulados del Código Civil y así podríamos advertir que probablemente nos estaríamos encontrando frente a la presencia de un *"Derecho Constitucional Civil"* que serían para aquellas normas que, perteneciendo a los predios tradicionales de los textos constitucionales, hoy se proyectan en las normativas civiles; a su vez, y en correspondencia recíproca, existen infinidad de normas civiles que son o han sido un coto de caza del ámbito del Código Civil, hoy, dichas normas, sin embargo, se proyectan en diversos territorios de los textos constitucionales. En consecuencia, sostenemos pues que en la actualidad hay una correspondencia o retroalimentación recíproca: muchas normas que están en la Constitución, pertenecen materialmente al Derecho Civil *(Derecho Civil Constitucional)* y otras tantas normas que están en los códigos civiles pertenecen por tradición en las constituciones, sean los derechos fundamentales de la primera, segunda o tercera "generación" *(Derecho Constitucional Civil)*. Por supuesto que no nos interesa aquí acuñar una supuesta o aparentemente confusa locución de *"Derecho Civil Constitucional"* y *"Derecho Constitucional Civil"*, lo importante es ver que, por encima de las nomenclaturas, se conozcan las esencias de las cosas. Y el hecho es que históricamente hubo una *relación de exclusión* entre el Derecho Civil y el Derecho Constitucional, conforme ya se ha constatado; y ello hoy se expresa en una *relación de intersección;* lo que por ahora no está claro es si esa relación de intersección pueda convertirse, a la postre, en una *relación de inclusión,* es decir: que el Código Civil esté dentro de la Constitución, aspecto éste que probablemente podría no ser problema, bajo el entendido de que el Código Civil, como cualquier ley, debe afirmar el *principio de constitucionalidad* y en los marcos de la jerarquía, el Código Civil sería una norma *infraconstitucional.* Sin embargo, creemos que esta aparente inocua situación se decantaría si vemos que, frente al Código Civil y la Constitución, en el sistema jurídico, la fuente de aplicación sólo opera en el Código Civil y no con la Constitución; planteamiento que por ahora impera en el Perú.

[246]   Coriolano, F.L: "El hábito no hace al monje ni el nombre al concepto", *Notario del siglo XXI,* Revista on line del Colegio Notarial de Madrid, N° 26, julio-agosto 2009, http://www.elnotario.es

sión, así como su equivalente "constitucionalización del Derecho Civil" luce apropiada pues denota que su esencia es el Derecho Civil no obstante su necesario impacto "Constitucional". Ello quisimos reflejarlo en el título de las presentes líneas.

Si admitimos que todo el contenido del Derecho Civil bien puede resumirse descriptivamente a través de las instituciones de la persona, la familia y las relaciones patrimoniales[247], diremos que este último será el contenido del Derecho Civil Constitucional. De allí que el Derecho Civil Constitucional se enmarca por su propia especificidad en el sistema de normas constitucionales relativas a la protección de la persona en sí misma, y en sus dimensiones fundamentalmente familiar y patrimonial[248].

Ello sin perjuicio de que, con base en la incidencia de este último elemento, se pretenda aludir a la «patrimonialización» del Derecho Civil[249], no obstante que inclusive el patrimonio encuentra sentido en función de la «persona», que será por siempre la protagonista y el centro de gravedad del orden jurídico[250]. La persona, la familia y el patrimonio no son los mismos hoy que fueron ayer[251], aunque pareciera que no rige la idea en nuestra materia de que todo tiempo pasado fue mejor[252].

Surge así una nueva meta que algunos denominan «elaboración del Derecho Privado con enfoque constitucional» en el que la elaboración

---

[247]   Véase: Domínguez Guillén, M. C.: "Sobre la", *cit.*, pp. 81-97; Arce y Flórez-Valdés, J.: *El Derecho, cit.*, pp. 44-51.

[248]   Arce y Flórez-Valdés, J.: *El Derecho, cit.*, pp. 176 y 180, el autor alude a un Derecho Civil Constitucional de la Persona, un Derecho Civil Constitucional de la Familia y otro Derecho Civil Constitucional del Patrimonio.

[249]   Véase: *Ibíd.*, pp. 54-56. Véase: Tena Piazulo, I.: "El Derecho", *cit.*, p. 67, contrariamente aludiendo a "despatrimonialización" para colocar a la persona humana por delante o encima del interés económico; Llamas Pombo, E.: *Orientaciones sobre, cit.*, pp. 106-110. Véase también: Perlingieri, P.: "Por un", *cit.*, p. 2, para los Códigos Europeos del siglo XIX la propiedad representaba la institución cardinal del Derecho Civil y del Derecho Privado en general. La concepción del Derecho Privado era preferentemente patrimonialista. A ella se contraponen las Constituciones del Occidente europeo, entre ellas la española, que considera la propiedad y la libertad de empresa no como digno de protección en sí mismo, sino en cuanto a la realización de la justicia social. Se trasladó el centro de atención a la persona humana.

[250]   Arce y Flórez-Valdés, J.: *El Derecho, cit.*, pp. 56 y 71, se precisa reforzar el contenido del Derecho Civil al situar a la persona en su centro de gravedad. La persona física es la base y el centro del Derecho Civil.

[251]   *Ibíd.*, p. 64.

[252]   *Ibíd.*, p. 65.

científica del Derecho Privado encuentra un complemento adecuado en la perspectiva constitucional que permitirá incorporar nuevos fundamentos de las instituciones[253]. Ha sido el Derecho Civil quien ha debido ceder frente a la reciente y notable extensión del Derecho Constitucional[254]. Y ello en modo alguno justifica el temor exagerado de algunos civilistas de que el Derecho Constitucional utilizando categorías del Derecho Público pueda introducirse en los dominios del Derecho Privado[255], pues es inevitable la interconexión entre ambos ámbitos del Derecho[256].

Precisamente, se afirma que, a la luz de la Constitución, el Derecho Civil se ve obligado a moldear muchos rígidos paradigmas de una vieja dogmática. Y así la Constitución ha empujado al Derecho Civil a superar en algunos casos su carácter marcadamente patrimonialista para redescubrir su vocación personalista. Las autoridades sin excepción alguna, deben preservar los Derechos Constitucionales[257].

Surge así la «constitucionalización» del Derecho Civil[258] o del Derecho Privado[259], aludiéndose a las bases constitucionales del mismo[260] o la eficacia normativa material de la Constitución en el Derecho Privado[261]. La expresión «constitucionalización del Derecho Privado» supone la posibilidad de aplicar las normas de carácter constitucional sin necesidad

---

[253]   Ariza, A.: "Aspectos constitucionales del Derecho Civil", *Trabajos del Centro*, Centro de Investigaciones en Derecho Civil, Rosario, 1995, p. 61, agrega que Karl Larenz dedica un capítulo especial a la influencia de la Ley Fundamental en la interpretación de la ley y, en su obra, la recurrencia a los principios que constituyen la base del orden constitucional es constante.

[254]   Merino Acuña, R. A.: "La tutela", *cit.*, p. 44.

[255]   *Ibíd.*, pp. 55 y 56.

[256]   Véase *supra* Capítulo I, I. Entre el Derecho Público y el Derecho Privado, 2. Interrelación entre público y privado.

[257]   De Dienheim Barriguete, C. M.: "La protección", *cit.*, agrega "La Constitución debe ser norma y no sólo un programa a cumplir".

[258]   Rodríguez Piñero, M.: "Las Bases", *cit.*, p. 25; Merino Acuña, R. A.: "La tutela", *cit.*, pp. 47-51; Alferillo, P. E.: *La Constitución, cit.*, p. 10, indica a propósito de la constitucionalización del Derecho Civil que la influencia reformadora de la Constitución sobre el Derecho Civil, evidentemente, no se da del modo tradicional con la derogación total o parcial de su normativa por una nueva ley. El conflicto interpretativo se da no de un modo genérico, sino que las disputas interpretativas se presentan de modo puntual, cuando las normas reglamentarias de algunas instituciones entran en colisión con las directivas consagradas en la Carta Fundamental.

[259]   Ariza, A.: "Aspectos constitucionales", *cit.*, p. 59.

[260]   Véase: Rodríguez Piñero, M.: "Las Bases", *cit.*, pp. 23-37.

[261]   Merino Acuña, R. A.: "La tutela", *cit.*, p. 47.

de realizar una reglamentación de ellas[262]. Pues según veremos a lo largo de las siguientes líneas, es indudable la penetración del Derecho Constitucional en el Derecho Civil y viceversa. Y aunque se sostenga sin lugar a dudas, la preeminencia de la Carta Fundamental en el ámbito del Derecho Civil, debe admitirse también que algunas de sus instituciones fundamentales se han incorporado por peso propio al texto constitucional. Lo que denota la importancia de ambos sectores jurídicos, proyectándose más bien hacia una complementariedad.

Con base en ello, la elaboración científica del Derecho Privado encuentra un complemento adecuado en la perspectiva constitucional que permitirá incorporar nuevos fundamentos de las instituciones. Esta interrelación resultará provechosa no solo para el Derecho Privado, sino que puede enfrentar al Derecho Constitucional con una nueva fisonomía[263].

Indica CORRAL TALCIANI que la constitucionalización del Derecho Civil o de sus leyes puede tener lugar por tres vías: por reforma legal, por la interpretación conforme con la Constitución y por la aplicación directa de la norma constitucional a un caso de conflicto entre particulares a falta de ley sobre esta[264]. Por su parte, SUÁREZ-MANRIQUE, señala acertadamente que la figura se traduce en un proceso que se proyecta en el tiempo y que puede tener lugar a través del legislador, de los jueces o de la Academia[265]. Obviamente que su impacto, dependerá del valor de

---

[262]   Arévalo Guerrero, I. H.: *Bienes Constitucionalización, cit.*, p. 31.

[263]   Ariza, A.: "Aspectos constitucionales", *cit.*, p. 60.

[264]   Corral Talciani, H.: "Constitucionalización del", *cit.*, pp. 1, 8-11. Véase también: Schmidt-Assmann, E.: "El concepto", *cit.*, pp. 28 y 29, diferencia tres tipos de constitucionalización según pueda irradiar reformas al Derecho ordinario, inferir consecuencias imperativas mediante la interpretación jurídica o mediante la concretización del Derecho que supera la interpretación en sentido estricto o tradicional; Arrubia paucar, J. A.: "La constitucionalización del Derecho Privado", *Nuevo Derecho*, Vol. 5, N° 7, julio-diciembre de 2010, pp. 47-73, ante la presencia de una nueva Constitución, la legislación de Derecho Privado que le es precedente, debe experimentar cambios que la pongan a tono con aquella. Esos cambios se deberán producir en dos grandes ámbitos, de un lado, en los nuevos desarrollos legislativos que, sobre las diferentes materias, se presenten, estaríamos en lo que puede llamarse la constitucionalización legislativa del Derecho Privado y por la interpretación que por los jueces se realice de los textos legales contenidos en los códigos imperantes, sería lo que llamaremos la constitucionalización judicial del Derecho Privado. Ese proceso de adaptación es lo que se conoce, en términos generales, como la constitucionalización del Derecho Privado. Este camino tiene diversos cauces; Arévalo guerrero, I. H.: *Bienes Constitucionalización, cit.*, p. 32, este proceso puede presentar diversas formas, a saber, por el control de la constitucionalidad por parte del Juez o mediante la jurisprudencia constitucional.

[265]   Suárez-Manrique, W. Y.: "La constitucionalización", *cit.*, p. 343.

las fuentes del Derecho, según sea directa u obligatoria (ley) o simplemente interpretativa o indirecta como es el caso de la doctrina y la jurisprudencia, salvando el supuesto en principio vinculante de las decisiones de la Sala Constitucional del Tribunal Supremo de Justicia del artículo 335 constitucional[266].

De nuestra parte y visto lo indicado podríamos distinguir en principio dos modalidades de constitucionalización. La *constitucionalización propiamente* dicha que consiste en elevar o incorporar al texto constitucional instituciones características o típicas del Derecho Civil, confiriéndoles con ello carácter imperativo, lo que implica que su supresión no será posible por vía legislativa so pena de inconstitucionalidad. De tal suerte que solo sería factible la modificación del instituto mediante los mecanismos de reforma o enmienda constitucional y siendo el caso que si se trata de derechos de la persona su supresión sería discutible dado el carácter progresivo e irreversible de los derechos de la persona, según lo cual los derechos concedidos no admiten retroceso o disminución. Por otra parte, pudiera considerarse una suerte de *constitucionalización impropia o interpretativa* que según hemos señalado está siempre presente en el proceso interpretativo porque consiste en precisar el sentido de un instituto del ordenamiento jurídico civil, bajo la óptica sistemática y jerárquica del Texto Fundamental. Esta última no supone la incorporación expresa de instituciones al texto constitucional sino la adecuación de sus institutos bajo los lineamientos de la interpretación con visión o proyección constitucional.

También se asocia el tema de la constitucionalización al ejercicio de la acción de amparo que supone violación de derechos constitucionales[267]. Sin embargo, es importante precisar que una mayor constitucionalización está directamente relacionada con la concepción evolutiva de la interpretación constitucional, por una parte, y con la aceptación de que la Constitución además de las normas específicas consagra principios constitucionales[268]. Para MANTILLA, los principios constitucionales sólo podrían aplicarse al Derecho Privado de forma mediata, es decir, a través de los principios del Derecho Privado positivo y no de manera directa, lo cual implicaría un altísimo grado de incertidumbre que terminaría por socavar completamente la seguridad jurídica en las relaciones entre particulares[269]. De nuestra parte, la verdad no vemos óbice en que los principios constitucionales como principios generales del Derecho, no pue-

---

266   Véase: Domínguez Guillén, M. C..: *Manual de Derecho Civil I, cit.*, pp. 28-33.
267   Véase: Mantilla Espinosa, F.: "La constitucionalización", *cit.*, p. 250.
268   *Ibíd.*, p. 251.
269   *Ibíd.*, p. 254.

dan encontrar aplicación directa en la esfera del Derecho Privado. Como en efecto afirma PERLINGIERI: el aspecto más interesante de la aplicación de normas constitucionales y la utilización por parte de los civilistas de principios constitucionales, se manifiesta en que, a falta de una norma ordinaria expresa, el intérprete está obligado a remitirse a los principios generales del ordenamiento. En otros términos, el intérprete civilista no hace más que utilizar las normas constitucionales en las relaciones entre particulares[270].

En la doctrina venezolana no ha sido del todo vista favorablemente la denominada «constitucionalización del Derecho Civil». Al efecto señala SAGHY que la figura constituye «una intromisión, sin límites, del juez a los asuntos reservados a la autonomía de la voluntad de las partes»[271]. Sin embargo, si bien es obvia la cantidad de decisiones de la Sala Constitucional del Tribunal Supremo con incidencia civil[272], esto es solo una consecuencia del fenómeno, mas no su causa. La realidad necesariamente apunta a que en la interpretación del Derecho Civil se debe tener por norte y con carácter superior las normas constitucionales. Que las decisiones de la Sala Constitucional del Máximo Tribunal o de los tribunales en general sean objeto de crítica e incurran en impropiedades, no es un problema relativo al Derecho Civil Constitucional, sino un riesgo latente en cualquier área del Derecho[273].

Ciertamente, la doctrina patria aboga por la prudencia del Juzgador a la hora de penetrar en el análisis de la validez del contrato, dada la intangibilidad de éste[274]. Pero la intervención del Juzgador en los límites de la autonomía de la voluntad es un tema recurrente del Derecho Civil

---

[270]   Perlingieri, P.: "Por un", *cit.*, p. 11.

[271]   Saghy, P.: "Reflexiones sobre", *cit.*, p. 513.

[272]   Véase *infra* Capítulo II, Instituciones fundamentales.

[273]   Vale recordar que la interpretación nos permite ver cosas que los demás no ven. Por lo que las críticas siempre estarán presentes en materia de interpretación, inclusive con proyección a la Carta fundamental.

[274]   Véase: Madrid Martínez, C.: "Las limitaciones a la autonomía de la voluntad, el Estado social de derecho y la sentencia sobre los créditos indexados", *Temas de Derecho Civil. Libro Homenaje a Andrés Aguilar Mawdsley*, Colección de Libros Homenaje, N° 14, F. Parra Aranguren editor, Tribunal Supremo de Justicia, 2004, Caracas, T. I, pp. 757- 814; Madrid Martínez, C.: "La libertad contractual: su lugar en el Derecho venezolano de nuestro tiempo", *Derecho de las Obligaciones Homenaje a José Mélich Orsini*, Serie Eventos 29, Academia de Ciencias Políticas y Sociales, Caracas, 2012, pp. 105-140.

Patrimonial[275], que no atañe propiamente al dominio del Derecho Civil Constitucional. Este denota la necesaria primacía y trascendencia de la Constitución en la esfera del Derecho Civil. Por lo que, para nosotros, el tema supera la mera consagración constitucional de algunas instituciones típicas del Derecho Civil: supone también tener presente la Carta Fundamental a la hora de la interpretación. De allí que el asunto pueda presentar varias aristas interesantes[276].

II. ANTECEDENTES

El Derecho Civil en su largo trance histórico más que evolucionar, se ha revolucionado. Ello entre otros factores, es imputable a las transformaciones sociales, científicas –la clonación, la reproducción asistida, los trasplantes de órganos, la identidad sexual, la manipulación del genoma humano, etc.– y a la influencia del constitucionalismo moderno[277].

La Carta Fundamental típica del constitucionalismo decimonónico carece de vínculos materiales con el Derecho Privado[278]. Se afirma que la constitucionalización del Derecho Privado es un fenómeno que comienza a conceptualizarse por primera vez en Alemania en la década de los setenta del siglo pasado. Aunque la cuestión también fue planteada con fuerza en el derecho italiano, bajo la idea de que el Código Civil podría seguir siendo útil, si se hacía a la luz de una relectura de los nuevos valo-

---

[275]   Véase en múltiples instituciones referencia en: Domínguez Guillén, M. C.: *Curso de Derecho Civil III Obligaciones*, Revista Venezolana de Legislación y Jurisprudencia, Caracas, 2017.

[276]   Véase: Cruz, E.: "El Derecho", *cit.*, Pero aparte de la indiscutible existencia de aquellas normas civiles constitucionales que regulan fórmulas normativas *materialmente civiles* encerradas formalmente en la Constitución, la problemática que impera en este campo es no sólo analizar la existencia misma del Derecho Civil constitucional, sino otros territorios mucho más conflictivos como es el relacionado a la *eficacia jurídica* de las normas civiles constitucionales. El planteamiento es, en grandes rasgos, el siguiente: se trata de ver si la Constitución que, como se sabe, prevé un *stock* de normas civiles, tienen en rigor el carácter de simples *normas programáticas* que sólo se tornan obligatorias cuando éstas se proyectan en la legislación ordinaria y cuya operatividad del Derecho Civil Constitucional estaría expresado no en la norma constitucional, sino en el Código Civil; o si, por el contrario, nos encontraríamos con que la Constitución misma es una verdadera *norma jurídica* inmediatamente aplicable y que debe ser tenida en cuenta. He aquí en grandes líneas, algunos de los temas que nos trae esta singular problemática del Derecho Civil Constitucional.

[277]   Tena Piazulo, I.: "El Derecho", *cit.*, p. 65.

[278]   Introducción de I. Gutiérrez Gutiérrez en: Hesse, K.: *Derecho Constitucional, cit.*, p. 10.

res[279]. El doctrinario alemán HESSE en su libro que recoge una conferencia dictada en junio de 1988[280], señalaba que llamaba la atención cómo hasta tal fecha había recibido un escaso tratamiento el tema de la relación entre el Derecho Constitucional con el Derecho Privado[281].

Históricamente la relación y la integración entre Derecho Civil y Derecho Constitucional, tal como hoy la conocemos, comienza a manifestarse en la época moderna. Si bien desde tiempo antiguo era posible considerar relaciones entre lo público y lo privado, ello se torna más evidente cuando los Estados se organizan y se dan las Constituciones, y las Cartas Magnas pasan a ocupar la cúspide de la pirámide jurídica. La organización constitucional del Estado fija el marco al cual han de ajustarse las manifestaciones de la vida jurídica que se encuentran debajo suyo como es el caso del Derecho Civil. Desde la Constitución del Estado se determinan ciertos principios que deben ser recogidos por las relaciones jurídicos privadas[282].

Y así por ejemplo, refiere el citado autor alemán que en su país la Constitución que surgió en el siglo XIX es de las primeras Constituciones modernas inspiradas en la libertad y la igualdad, pero para la misma época tuvo lugar el trascendente desarrollo del Derecho Privado perfilado por las importantes codificaciones modernas que también descansan en tales principios[283]. Tal relación puede ponerse de relieve con singular claridad en dos direcciones: una función de guía del Derecho Constitucional o una función preservadora[284]. Mientras no existían Constituciones, al Derecho Privado no le quedaba sino seguir su propio camino[285]. Así, tuvo inicialmente el Derecho Constitucional para el Derecho Privado una importancia secundaria[286]. En aquel tiempo, a diferencia de la actualidad en que existe una notable influencia del Derecho Constitucional

---

[279]   Corral Talciani, H.: "Constitucionalización del", *cit.*, p. 5. Véase también ubicando el fenómeno hacia el fin de la II guerra mundial: Chaumet, M. y A.A. Meroi: *Constitucionalización del Derecho y recodificación del Derecho Privado: ¿será en definitiva el derecho solo el juego de los jueces?*, http://www.justiciasantafe.gov.ar finalizada la II Guerra Mundial, comenzó la constitucionalización del Derecho; Suárez-Manrique, W. Y.: "La constitucionalización", *cit.*, p. 320.

[280]   Introducción de I. Gutiérrez Gutiérrez en: Hesse, K.: *Derecho Constitucional, cit.*, p. 10.

[281]   Hesse, K.: *Derecho Constitucional, cit.*, p. 31.

[282]   Ariza, A.: "Aspectos constitucionales", *cit.*, p. 58.

[283]   Hesse, K.: *Derecho Constitucional, cit.*, p. 33.

[284]   *Ibíd.*, p. 34.

[285]   *Ibíd.*, p. 35.

[286]   *Ibíd.*, p. 38.

sobre el Derecho Privado, la situación se apreciaba especialmente en el pensamiento de juristas como SAVIGNY[287].

Posteriormente, surge la primacía de la Constitución, en un principio como una función de guía, y luego mediante una función preservadora y protectora. Al punto de que los fundamentos del Derecho Privado ya no resultaban indiscutibles[288]. De seguida, la primacía de la Constitución es regulada o consagrada por la misma Carta Fundamental[289]. Así la jurisprudencia alemana del Tribunal Constitucional ha abierto ampliamente el Derecho Privado a la influencia del Derecho Constitucional[290]. El Tribunal Constitucional Federal alemán cae así en el peligro de convertirse en el supremo Tribunal de los conflictos jurídico-civiles y de asumir de este modo un papel que la ley fundamental no le ha conferido[291]. Aunque inspirado en motivaciones muy distintas, curiosamente el papel de la Sala Constitucional también suele ser objeto de crítica, a propósito de Venezuela.

Concluye HESSE señalando que, si se resume el desarrollo de las relaciones entre ambos derechos, muchos podrían entender que el Derecho Constitucional ha de concebirse como un lastre para el Derecho Privado en su avance. Pero sería un hallazgo completamente superficial, que además apenas podría explicar satisfactoriamente el cambio histórico de sus relaciones. De allí que el autor sostenga, dada la cualidad y funciones de ambos sectores jurídicos, que se ha propiciado la necesidad interna de ambos ámbitos a una relación de recíproca complementariedad y dependencia[292], aspecto que en forma similar ha reseñado la doctrina venezolana como la necesaria interrelación entre el Derecho Público y el Derecho Privado[293]. Ambos sectores aparecen como partes necesarias de un orden jurídico unitario que recíprocamente se complementan, se apoyan y se condicionan. En tal ordenamiento integrado, el Derecho Constitucional resulta de importancia decisiva para el Derecho Privado, y el De-

---

[287]   *Ibíd.*, p. 40.

[288]   *Ibíd.*, pp. 47-49.

[289]   *Ibíd.*, p. 55.

[290]   *Ibíd.*, p. 59, Al Derecho Privado, que hasta ahora determinaba en solitario la configuración de las relaciones jurídicas y la decisión de los conflictos jurídicos, se le sobrepone otro orden jurídico, éste tiene incluso primacía sobre él, si bien consiste sólo en principios jurídicos. Véase adjudicando su origen a la doctrina alemana: Arévalo guerrero, I. H.: *Bienes Constitucionalización, cit.*, p. 34.

[291]   Hesse, K.: *Derecho Constitucional, cit.*, pp. 61 y 62.

[292]   *Ibíd.*, pp. 69 y 70.

[293]   Véase *supra* Capítulo I, I. Entre el Derecho Público y el Derecho Privado, 2. Interrelación entre público y privado.

recho Privado de capital trascendencia para el Derecho Constitucional[294]. La interrelación entre el Derecho Civil y el Derecho Constitucional no supone en modo alguno una pérdida de autonomía entre los dos sectores[295].

A la par que el Código Civil perdía parte de su consideración tradicional ha sucedido que algunos de los principios que actuaban a modo de claves del sistema jurídico y que estaban depositados en los Códigos Civiles, han sido asumidos por la Constitución y el Derecho Civil ha tenido que ordenarse en sintonía con los valores y principios constitucionales. En suma, se trata del fenómeno denominado «constitucionalización del Derecho Civil». Y de allí la terminología "Derecho Civil Constitucional"[296], según hemos indicado a lo largo de nuestras líneas.

De Alemania e Italia, la idea de la constitucionalización del Derecho Privado se ha extendido a toda Europa[297] con mayor o menor fuerza, siendo ejemplo España[298], e inclusive se aprecia un proceso análogo en el «common law»[299]. En el caso venezolano, el Código Civil ha sido modificado 10 veces desde el primer texto de 1862, siendo el último de 1982[300]. La actualidad de nuestro Código Civil, producto de intervenciones periódicas de las cuales ha sido objeto, no está cuestionada. Sin embargo, su desplazamiento en beneficio de la Constitución es un hecho. A partir de la Constitución venezolana de 1961 (artículos 49 y 50), la evolución del uso de la Constitución como norma aplicable directamente a la resolu-

---

[294]   *Ibíd.*, p. 81.

[295]   Ariza, A.: "Aspectos constitucionales", *cit.*, p. 60.

[296]   Tena Piazulo, I.: "El Derecho", *cit.*, p. 71. Véase también: Llamas Pombo, E.: *Orientaciones sobre*, *cit.*, p. 117, en ocasiones la Constitución eleva principios e instituciones ya contemplados en el Código Civil y leyes especiales.

[297]   Véase Arrieta Flórez, V.: "La constitucionalización del Derecho y su incidencia en Colombia", *Revista Pensamiento Americano*, Vol. 2 N° 2, enero-junio 2009, p. 66, encontramos las fuentes más mediatas: En primer lugar, lo constituye la Ley Fundamental de Bonn (Constitución de Alemania de 1949), y en especial el surgimiento del Tribunal Constitucional federal en 1951; en segundo lugar, la Constitución Política italiana de 1947 y la creación de la Corte Constitucional en 1956; en tercer lugar, la creación de la Corte Constitucional en Portugal (1982); en cuarto lugar, el Tribunal Constitucional español del año 1978 y en quinto lugar, la Constitución Política de Bélgica en el año 1984 que dieron un paso fundamental al dotar a sus constituciones de fuerza vinculante, de obligatoria observancia, con plena eficacia y de cumplimiento forzoso.

[298]   Véase a raíz de la Constitución de 1978: Perlingieri, P.: "Por un", *cit.*, pp. 1-16.

[299]   Corral Talciani, H.: "Constitucionalización del", *cit.*, p. 6.

[300]   Véase en cuanto a la evolución del Código Civil: Domínguez Guillén, M. C.: *Manual de Derecho Civil I, cit.*, pp. 24-27, los textos son de 1862, 1867, 1873, 1880, 1896, 1904, 1916, 1922, 1942 y 1982.

ción de conflictos civiles ha sido extraordinaria[301]. Refiere SAGHY que, hoy en día aun habiendo cambiado la Constitución, la situación continúa en el mismo sentido. El fenómeno que el autor califica de «explotación» del Texto constitucional constituye el punto neurálgico de la pérdida del Código Civil como la norma fundamental del ordenamiento privado venezolano y del estancamiento de las instituciones allí previstas[302]. La Constitución ha desplazado al Código Civil del lugar que ocupaba en otro tiempo[303]. El Derecho Civil está conformado por una multiplicidad de instrumentos normativos entre los que se incluye la Carta Fundamental pues esta constituye ley en sentido material.

Se afirma que las Constituciones con carácter normativo aparecen posteriormente a los Códigos Civiles, por lo que el fenómeno no aplica en ordenamientos como el peruano en que la situación es inversa[304]. El arte jurídico del Derecho Privado es antiguo, el del Derecho Constitucional es relativamente nuevo y joven[305]. La constitucionalización como poder normativo material inmanente y extensivo de la Constitución es un fenómeno relativamente reciente. Antiguamente estaban lejos de provocar modificaciones en el Derecho Privado porque no les correspondía una eficacia vinculante[306].

Bajo el efecto del fenómeno de la constitucionalización, el centro de gravedad del orden jurídico se ha desplazado. Desde el siglo XIX, ese orden tuvo a la ley como eje esencial. A partir de mediados del siglo XX (con la aparición de la Ley Fundamental de Bonn en 1949 en Alemania), el eje es la Carta Fundamental. Hoy debe, en consecuencia, hablarse de principio de constitucionalidad, porque la Constitución no es ya más un Derecho de preámbulo ni otro de índole política, sino que verdadero Derecho[307].

---

301   Saghy, P.: "Reflexiones sobre", *cit.*, p. 505.

302   *Ibíd.*, pp. 505 y 506.

303   Tena Piazulo, I.: "El Derecho", *cit.*, p. 69.

304   Merino Acuña, R. A.: "La tutela", *cit.*, p. 49.

305   Häberle, P.: *Métodos y principios de la interpretación constitucional. Un catálogo de problemas*, Trad. F. Ballager Callejón, http://www.ugr.es/~redce/REDCE13/articulos/Haeberle.htm

306   Merino Acuña, R. A.: "La tutela", *cit.*, p. 50.

307   Favoreu, L. J.: "La constitucionalización", *cit.*, En Francia, el proceso de constitucionalización sólo se pudo desarrollar, aún si estaba parcialmente iniciado desde antes, a partir del momento en que las disposiciones constitucionales aplicables fueron sacadas de la Declaración de los derechos humanos y del ciudadano de 1789, del Preámbulo de la Constitución de 1946 y de las normas fundamentales reconocidas por las leyes de la República. Las normas constitucio-

En Venezuela admite la doctrina el fenómeno es de vieja data[308], aunque la Constitución de 1999 en su artículo 335 concede a la Sala Constitucional un papel fundamental y vinculante en la interpretación del texto fundamental[309], muchas han sido las decisiones que por tal vía han afectado el orden jurídico venezolano. De ello, según veremos de seguidas ciertamente no escapa el Derecho Civil. Vale aclarar que no todo lo que indica la Sala Constitucional en sus decisiones presenta carácter vinculante; ha de tratarse de la interpretación del texto constitucional[310]. Ello por más que se tenga la percepción, con base en la citada norma, de que se trata de una Sala Superior[311]. Se precisa distinguir de la interpretación

---

nales sólo estuvieron en condiciones de irrigar las distintas ramas del derecho cuando se empezaron a explorar los yacimientos de reglas susceptibles de ser aplicadas a los individuos o usadas por ellos. Es entonces a partir de 1970 o 71 – y por ejemplo de la decisión fundadora del 16 de julio de 1971– que existe una de las condiciones existenciales del desarrollo de la constitucionalización, considerada en todas sus dimensiones.

[308]   Véase *prólogo* de esta obra por V.R. Hernández-Mendible.

[309]   Indica la norma: "El Tribunal Supremo de Justicia garantizará la supremacía y efectividad de las normas y principios constitucionales; será el máximo y último intérprete de esta Constitución y velará por su uniforme interpretación y aplicación. Las interpretaciones que establezca la Sala Constitucional sobre el contenido o alcance de las normas y principios constitucionales son vinculantes para las otras Salas del Tribunal Supremo de Justicia y demás tribunales de la República".

[310]   Véase: Laguna Navas, R.: "El carácter vinculante de las sentencias de la Sala Constitucional", *Ensayos de Derecho Administrativo, Libro Homenaje a Nectario Andrade Labarca*, Colección Libros Homenaje Nº 1, Tribunal Supremo de Justicia, F. Parra Aranguren editor, Caracas, 2004, Vol. I, pp. 917-938; Escovar León, R.: "Interpretación y revisión a la manera constitucional venezolana", *Revista de Derecho Constitucional* N° 9, enero-diciembre 2004, p. 118, indica el autor a propósito de la interpretación que realizó la Sala Constitucional sobre el sentido del significado de "profesor titular", que la misma no es vinculante porque amén de violar la dignidad académica, *no se plantea un tema de interpretación constitucional*; y porque de ser vinculante anularía la carrera académica pues no habría obligación de realizar estudios para ascender sino que bastaría con quince años de docencia para llegar a la categoría de "titular" (la cual requiere de cinco niveles en el escalafón universitario) lo cual sería una conclusión absurda. (Destacado nuestro). Podríamos agregar que la regulación del escalafón universitario es un tema legal, pero con base en méritos académicos, que mal puede suprimirse bajo el alegato de la "igualdad" so pena de violar la misma, pues la realización de una carrera académica por concurso de oposición supone una diferencia sustancial con quien no la ha realizado. Recordemos que se viola la igualdad cuando se da un trato distinto en condiciones iguales, mas no desiguales.

[311]   Véase: Escovar León, R.: "Interpretación y", *cit.*, p. 106, En el foro venezolano se ha creado o impuesto una estructura jurídica que ha convertido a la Sala Constitucional en una "Súper Sala", con atribuciones por encima de las restantes y con un recurso extraordinario de revisión.

constitucional que hace dicha Sala de menciones incidentales que escapan propiamente de una interpretación constitucional, las cuales ciertamente no son obligatorias. Hay casos en que la propia Sala Constitucional indica expresamente su carácter vinculante e inclusive ordena publicar en Gaceta Oficial.

Señala la doctrina que la Sala Constitucional con base en dicha norma actúa como un legislador positivo en virtud de que se llega inclusive a obvias funciones legislativas[312] o anulatorias[313], más allá de sus funciones autónomas interpretativas[314]. Se admite que en algunos supuestos el Tribunal Constitucional puede verse más o menos forzado a sustituir la inactividad del legislador y mantenerse dentro de sus competencias[315], pues hace tiempo que los Tribunales Constitucionales han abandonado su función de legislador negativo asumiendo claramente funciones de creación de normas[316], sin perjuicio de fijar límites en tal sentido[317], más allá de estar justificado por el principio de interpretación conforme a la Constitución[318]. Sin embargo, el éxito de un Tribunal Constitucional depende de diversos elementos[319], que escapan al presente análisis. En todo

---

[312] Véase: Urosa Maggi, D.: *La Sala Constitucional del Tribunal Supremo de Justicia como legislador positivo*, Academia de Ciencias Políticas y Sociales, Serie Estudios N° 96, Caracas, 2011. Véase también: Escovar León, R.: "Interpretación y", *cit.*, pp. 105-158

[313] Véase: Silva Aranguren, A.: "La anulación disimulada de normas por la Sala Constitucional", *Revista de Derecho Público* N° 142, abril-junio 2015, pp. 197-201.

[314] Véase: Carrillo Artiles, C. L.: "La asunción", *cit.*, pp. 191-223. Véase también: Herrera Orellana, L. A.: "El "recurso" de interpretación de la Constitución: reflexiones críticas de la argumentación jurídica", *Revista de Derecho Público* N° 113, enero-marzo 2008, pp. 7-29; Haro G., J. V.: "La interpretación de la Constitución y la sentencia 1077 de la Sala Constitucional (Un comentario sobre los límites del juez constitucional)", *Revista de Derecho Constitucional* N° 2, enero-junio 2000, pp. 453-476, el autor crítica la sentencia que crea el recurso autónomo de interpretación constitucional; Escovar León, R.: "Interpretación y", *cit.*, p. 135. Véase igualmente resumen sobre la polémica en torno al recurso de interpretación constitucional: Torrealba Sánchez, M. A.: *Manual de Contencioso Administrativo (Parte General)*, Texto, 2ª ed., Caracas, 2007, pp. 537-544.

[315] Diaz Revorio, F.J.: *Valores superiores, cit.*, p. 355.

[316] Aja, E. y M. González Beilfuss: "Conclusiones generales", *Las tensiones entre el Tribunal Constitucional y el Legislador en la Europa actual*, Editor E. Aja, Ariel, Barcelona, 1998, p. 259.

[317] *Ibíd.*, p. 274.

[318] *Ibíd.*, p. 276.

[319] Véase: Sagues, N.P.: "Reflexiones sobre las variables de éxito y fracaso de un Tribunal Constitucional", *Revista de Derecho Constitucional* N° 4, enero-julio 2001, pp. 349-357, p. 356, "un tribunal constitucional parecer ser lo mejor para lograr un verdadero y profundo régimen de control de constitucionalidad; pero no

caso, cuando amén de tales decisiones judiciales dictadas por la Sala Constitucional, se interpreta la ley civil a tono con la Constitución, proyectamos de alguna manera la idea que ampara el Derecho Civil Constitucional o la constitucionalización del Derecho Civil.

Para algunos el fenómeno de la "constitucionalización" es de vieja data, esto es, en sí mismo es antiguo, pues ya en las primeras declaraciones de derechos (las de las colonias inglesas de América del Norte una vez independizadas de su metrópolis en 1776, y francesa de 1789) contenían declaraciones sobre diversas ramas del derecho, como la garantía de la propiedad o de la libertad personal, etcétera. Por lo mismo, la idea de una «constitucionalización del derecho» tiene algo de pretenciosa, porque, dada la existencia de una «parte dogmática» en la Constitución, y atendido que muchos de los enunciados de esa parte atañen a diversas ramas del derecho, no es que haya una «constitucionalización» donde antes no la había, sino que la Constitución no pudo dejar de contener tales enunciados; al menos la Constitución tal cual se la entiende ahora (pero desde hace muchos decenios) en el Occidente y aun en el resto del mundo, que han imitado sus estilos jurídico-políticos[320].

III. INSTITUCIONES FUNDAMENTALES

1. *Generalidades*

El Derecho Civil regula la persona, la familia y las relaciones patrimoniales, y tales institutos están presentes en la Carta Fundamental venezolana. Se admite que la persona, la familia y el patrimonio son las instituciones más trascendentes del Derecho Civil; no son una invención jurídica pues existen antes que el propio Derecho. Aunque su principal objeto es la «persona» como ser de fines[321].

Son muchas las normas constitucionales que tienen incidencia en instituciones de Derecho Civil tales como la persona, familia, sucesiones, contratos, bienes y derechos reales, responsabilidad civil, etcétera[322]. El constitucionalismo refleja nuevas metas y derechos entre los que descan-

---

siempre se dan los recaudos políticos y sociológicos necesarios para su lanzamiento".

[320] Guzmán Brito, A.: "El contrato y los derechos fundamentales", *Revista Actualidad Jurídica* N° 32, Universidad del Desarrollo, Julio 2015, p. 72.

[321] Tena Piazulo, I.: "El Derecho", *cit.*, p. 66, hay diferencias de criterio marcados por una fuerte carga ideológica que discute la preeminencia de la persona sobre la familia o el patrimonio, destacando su mayor importancia dentro de la construcción del Derecho Civil contemporáneo.

[322] Corral Talciani, H.: "Constitucionalización del", *cit.*, pp. 6 y 7.

sa la organización de la sociedad, algunos de tales son típicos del Derecho Privado como la libertad, el consumo, la competencia, los derechos económicos, entre otros[323]. Cabe recordar sin embargo, que no es tarea del Constituyente realizar una regulación detallada de las materias que aborde, pues el texto fundamental ha de ser realista y modesto[324].

La Ley fundamental contiene condiciones para la efectividad real de importantes institutos jurídicos privados, protegiéndolos de una supresión o vaciamiento de la Ley, amén de su importante función interpretativa. Entre tales vale citar la tutela al matrimonio, la propiedad y el libre desarrollo de la personalidad[325]. Esto por citar solo algunos, pues de la definición del propio Derecho Civil, podemos pasearnos por sus tres principales institutos, a saber, la persona, la familia y las relaciones patrimoniales.

La normativa constitucional incidiría directamente en las relaciones privadas entre particulares, sean éstas de índole patrimonial, tales como contratos (autonomía privada y límites a la libre iniciativa económica), bienes (modos de adquirir el dominio y de protegerlo), responsabilidad civil (garantía de protección de la integridad psíquica y reparación integral) y sucesiones (libertad de testar y función social de la propiedad). En especial, los preceptos constitucionales han repercutido directamente en cuestiones de carácter extrapatrimonial, como el Derecho de la Persona (protección de la vida y derecho a la honra, intimidad e imagen, entre otros) y el Derecho de Familia[326].

Señala la doctrina española que la influencia constitucional de mayor calado y trascendencia se ha producido en sede de los Tratados de Derecho civil más radicalmente personalistas, según se ha expuesto (Derecho de la Persona, Familia y Sucesiones), lo que no obsta a que también el Derecho patrimonial haya resultado afectado por la aplicación de las prescripciones de aquélla[327]. Veremos de seguidas que, en el ordenamiento venezolano, la Carta Fundamental también se ha hecho sentir en

---

[323]   Ariza, A.: "Aspectos constitucionales", *cit.* p. 60.

[324]   Casal, J. M.: *Constitución y, cit.*, p. 33.

[325]   Hesse, K.: *Derecho Constitucional, cit.*, p. 83.

[326]   Lathro, F.: "Constitucionalización y jurisprudencia constitucional en el Derecho de Familia chileno", *Estudios constitucionales*, Vol. 15 N° 1, Santiago 2017, https://scielo.conicyt.cl/scielo.php, En cierta medida, resulta razonable cuestionarse si la Carta Fundamental, a través de la constitucionalización de las relaciones privadas, ha 'robado' espacio a la norma civil, de modo que ésta haya perdido su importancia. Es la razón de fondo que subyace a algunas críticas a dicho proceso por parte de la doctrina privatista.

[327]   Barber Cárcamo, R.: "La Constitución", *cit.*, p. 40.

materia de Derecho Civil patrimonial, especialmente a través de las decisiones dictadas por la Sala Constitucional del Tribunal Supremo de Justicia. Enumeraremos brevemente cada una de las instituciones más relevantes del Derecho Privado General en su referencia constitucional.

2. *La persona*

A. *Protección general*

La persona es en perfecta expresión de HATTENAHUER «el concepto superior de todo el Derecho»[328] y por tal, la noción más trascendente de la esfera jurídica[329]. El sujeto de derecho, según sabemos es el centro de gravedad de todo el ordenamiento jurídico. El Derecho existe por y para la persona. Poco importarían los bienes, las obligaciones y los contratos, sin el sujeto de derecho. Esto es el sujeto, activo o pasivo que conforma la relación jurídica y le da sentido al orden legal[330].

La persona es lo más importante o transcendente que puede regular cualquier texto constitucional, siendo su primacía indudable en la Carta Fundamental[331]. La persona es la reina o protagonista del orden jurídico, particularmente la persona natural o ser humano. El ordenamiento constitucional que se ubica en la cima del sistema de normas, no escapa de dicho principio y en consecuencia su interpretación siempre debe estar precedida y orientada por la primacía de la persona[332]. El Derecho Civil aparece como ordenación jurídica referida a la persona y sus derechos[333]. Fue la persona y en particular el ser humano quien creó el orden jurídico para prevenir y resolver conflictos. De allí que se reconozca que ella es

---

[328]   Hattenhauer, H.: *Conceptos Fundamentales del Derecho Civil*, Ariel, Barcelona, 1987, p. 19.

[329]   Véase nuestro trabajo: *Inicio y extinción de la personalidad jurídica del ser humano (nacimiento y muerte)*, Tribunal Supremo de Justicia, Caracas, 2007 (1ª, reimp. 2010), p. 24.

[330]   Véanse nuestros trabajos: "La persona: ideas sobre su noción jurídica", *Revista de Derecho* N° 4, Caracas, Tribunal Supremo de Justicia, 2002, pp. 317-355; *Manual de Derecho Civil I, cit.*, pp. 39-59.

[331]   Véase nuestro trabajo: "Primacía de", *cit.*, pp. 299-320; Barber Cárcamo, R.: "La Constitución", *cit.*, p. 52, la Constitución española de 1978 ha empujado a éste a revitalizar y fortalecer su raíz, que es la consideración de la persona en sí misma antes que en sus relaciones patrimoniales. A partir de esa idea nuclear, sólo he pretendido llamar la atención sobre algunos puntos que considero preocupantes, donde una interpretación que excede de los postulados constitucionales puede representar una verdadera amenaza para el papel del Derecho civil como referente último de las relaciones inter privados.

[332]   Domínguez Guillén, M.C.: "Primacía de", *cit.*, p. 316.

[333]   Llamas Pombo, E.: *Orientaciones sobre, cit.*, p. 89.

un «*prius*» respecto del Derecho[334], por lo que mal puede éste obrar en contra de su propio creador. De allí el carácter «declarativo» de la ley respecto de la persona humana[335].

Múltiples han sido las materias del Derecho de la Persona que han encontrado expresa protección constitucional en el texto de 1999 como los niños (art. 78[336]), jóvenes (art. 79[337]), ancianos (art. 80[338]), personas con discapacidad (art. 81[339]), pueblos indígenas (119-126[340]). En la Constitu-

---

[334]   Domínguez Guillén, M. C.: *Manual de Derecho Civil I, cit.*, pp. 51 y 51; Vallet De Goytisolo, J.: *Panorama de Derecho Civil*, Bosch, Barcelona, 1963, p. 88; Carpizo, J.: "Los derechos humanos: naturaleza, denominación y características", *Cuestiones Constitucionales, Revista Mexicana de Derecho Constitucional* N° 25, julio-diciembre 2011, p. 4, en las concepciones de derecho natural el ser humano, por el solo hecho de existir, es persona y posee derechos y obligaciones; el Estado no puede desconocer esta situación, lo único que realiza es el reconocimiento de este hecho, y a partir de él se garantizan diversas series de derechos, a los cuales en la actualidad se les denomina derechos humanos.

[335]   Véase: Declaración Universal de Derechos Humanos, art. 6: "Todo ser humano tiene derecho, en todas partes, al reconocimiento de su personalidad jurídica"; Convención Americana de Derechos Humanos o Pacto de San José dispone, art. 3: "Toda persona tiene derecho al reconocimiento de su personalidad jurídica". Ciertamente este último artículo hace referencia a la persona natural o humana pues la ley tiene carácter creativo o constitutivo respecto de la persona incorporal, la cual se define por esencia como un ente distinto al ser humano al que el ordenamiento le ha "concedido" personalidad.

[336]   Véase norma citada *infra* en interés superior del niño: Varela Cáceres, E. L: "Introducción al Derecho de la Niñez y de la Adolescencia", *Revista Venezolana de Legislación y Jurisprudencia*, Caracas, N° 4, 2014, pp. 129-169; Domínguez Guillén, M. C.: "Consideraciones sobre los principios de la Niñez y la Adolescencia", *Lex Nova* N° 242, Colegio de Abogados del Estado Zulia, Maracaibo, 2003, pp. 179-228.

[337]   Los jóvenes y las jóvenes tienen el derecho y el deber de ser sujetos activos del proceso de desarrollo. El Estado, con la participación solidaria de las familias y la sociedad, creará oportunidades para estimular su tránsito productivo hacia la vida adulta y en particular la capacitación y el acceso al primer empleo, de conformidad con la ley.

[338]   El Estado garantizará a los ancianos y ancianas el pleno ejercicio de sus derechos y garantías. El Estado, con la participación solidaria de las familias y la sociedad, está obligado a respetar su dignidad humana, su autonomía y les garantiza atención integral y los beneficios de la seguridad social que eleven y aseguren su calidad de vida. Las pensiones y jubilaciones otorgadas mediante el sistema de Seguridad Social no podrán ser inferiores al salario mínimo urbano. A los ancianos y ancianas se les garantizará el derecho a un trabajo acorde a aquellos y aquellas que manifiesten su deseo y estén en capacidad para ello.

[339]   Toda persona con discapacidad o necesidades especiales tiene derecho al ejercicio pleno y autónomo de sus capacidades y a su integración familiar y comunitaria. El Estado, con la participación solidaria de las familias y la sociedad, les garantizará el respeto a su dignidad humana, la equiparación de oportunida-

ción venezolana se aprecia la protección de los derechos sociales y de las familias en los artículos 75 al 97 así como la consagración de los derechos culturales y educativos de los artículos 98 al 111. También incluye la Constitución de 1999, algunos aspectos relativos a la temática de la biotecnología[341].

De allí que es amplio el conjunto de derechos que prevé la Constitución a favor de la persona[342]. De otra parte, debe sostenerse siempre la

---

des, condiciones laborales satisfactorias, y promueve su formación, capacitación y acceso al empleo acorde con sus condiciones, de conformidad con la ley. Se les reconoce a las personas sordas o mudas el derecho a expresarse y comunicarse a través de la lengua de señas. Véanse nuestros trabajos: "Algunos aspectos de la personalidad jurídica del ser humano en la Constitución de 1999", *El Derecho Constitucional y Público en Venezuela. Homenaje a Gustavo Planchart Manrique*, Universidad Católica Andrés Bello y Tinoco, Travieso, Planchart & Núñez, Abogados, Caracas, 2003, T. I, pp. 215-265; "La protección constitucional de los incapaces", *Temas de Derecho Administrativo. Libro homenaje a Gonzalo Pérez Luciani*, Tribunal Supremo de Justicia, F. Parra Aranguren editor, Caracas, 2002, Vol. I, pp. 609-658; "La protección jurídica de los impedidos", *Revista de la Facultad de Ciencias Jurídicas y Políticas* N° 121, Universidad Central de Venezuela, Caracas, 2001, pp. 13-68. Véase también: Torrealba Sánchez, M. A. y M. C. Domínguez Guillén: "Aspectos generales del régimen legal de la discapacidad (especial referencia al autismo)", *Revista de Derecho* N° 34, Tribunal Supremo de Justicia, Caracas, 2012, pp. 157-186; Torrealba Sánchez, M. A. y M. C. Domínguez Guillén: "Régimen legal de la discapacidad en Venezuela (especial referencia al autismo)", *Personas con discapacidad: miradas jurídicas en clave convencional*, L. Pérez Gallardo (Director), C. A. Agurto Gonzáles, S. L. Quequejan Mamani y B. Choque Cuenca, (Coord), Biblioteca de Derecho Privado en América Latina, Ediciones Olejnik, Argentina, 2018, pp. 13-43.

340   Véase: Aparicio Wilhelmi, M.: "Los derechos constitucionales de los pueblos indígenas Contexto latinoamericano", *El Estado ante la sociedad multiétnica y policultura, Políticas Públicas y Derechos de los Pueblos Indígenas en Venezuela (1999-2010)*, L. J. Bello editor, IWGIA–Serie Derechos Indígenas, Caracas, 2011, pp. 14-21; Bello, L. J.: "El reconocimiento constitucional de la existencia de los pueblos y comunidades indígenas y de los derechos originarios sobre las tierras que ocupan Proceso de demarcación de hábitat y tierras indígenas y garantía del derecho a la propiedad colectiva", *El Estado ante la sociedad multiétnica y policultura, Políticas Públicas y Derechos de los Pueblos Indígenas en Venezuela (1999-2010)*, L. J. Bello editor, IWGIA–Serie Derechos Indígenas, Caracas, 2011, pp. 35-86.

341   Véase: Bernad Mainar, R.: "Biotecnología y Derecho en la Constitución venezolana", *Libro Homenaje al profesor Alfredo Arismendi A.*, Paredes-Universidad Central de Venezuela, Caracas, 2008, pp. 31-86; Bernad Mainar, R.: "La Constitución Venezolana frente a algunos retos de la biotecnología", *Revista de la Facultad de Derecho* N° 62-63, Universidad Católica Andrés Bello 2007-2008, 2010, pp. 11-53.

342   Ariza, A.: "Aspectos constitucionales", *cit.*, p. 62, "La noción de persona del Derecho Civil e inclusive el estudio de los derechos personalísimos tiene que ser forzosamente emplazada en la perspectiva constitucional que le confiere una eminente protección".

interpretación favorable a la persona, porque el Derecho existe por y para ella[343]. La decisión constitucional de priorizar al ser humano en sí mismo, por encima de sus derechos patrimoniales, tiene influencia al momento de adoptar una decisión frente a una hipótesis de conflicto entre estos valores. Pues, sin la menor hesitación, la hermenéutica debe ser *in dubio pro homini*, siempre en favor del ser humano[344].

Se afirma que la noción civilista de «persona» marcadamente abstracta, está siendo sometida a profundos embates que reclaman una apertura a todos los despliegues del sujeto. Por lo tanto, al Derecho Privado actual no puede pasarle desapercibida la situación socio cultural de los sujetos, las desigualdades en el poder de actuación del tráfico jurídico y el eminente contenido ético que adquiere la noción de personalidad a partir del afianzamiento de los derechos humanos[345]. Seguirá siendo sin duda la persona la noción más importante del Derecho inclusive desde la perspectiva constitucional, pues es presupuesto necesario de las demás instituciones.

---

[343]   Véase: Domínguez Guillén, M. C.: "Primacía de", *cit.*, pp. 299-320; Spósito Contreras, E.: *"Homines*, personas, sujetos de derecho, personas jurídicas. El problema del quién en el Derecho", *Revista de Derecho*, N° 35, Tribunal Supremo de Justicia, Caracas 2014, T. I, p. 14; Pachano O., F.: "Apuntes sobre la interpretación constitucional", *Iuris Dictio Revista de Derecho*, 2002, p. 77, según el principio de eficacia o efectividad, la interpretación constitucional debe ser tal que se maximice la eficacia y plena vigencia de las normas constitucionales, sobre todo aquellas referidas a los derechos y garantías fundamentales de la persona.

[344]   Alferillo, P. E.: *La Constitución, cit.*, p. 9; Hakansson-Nieto, C.: "Los principios de interpretación y precedentes vinculantes en la jurisprudencia del tribunal constitucional peruano. Una aproximación", *Díkaion*, Universidad de la Sabana, 2009, http://dikaion.unisabana.edu.co El centro del derecho es la persona humana y, por eso, si desea formularse para su promoción debe convertirse en el medio por el cual el ser humano pueda alcanzar mayores grados de perfección con el fin de realizar un conjunto de bienes (humanos) que lo ayuden a solventar sus necesidades, tanto en su dimensión individual como social. Por todo lo anterior, de lo que se trata es de poner a la persona humana, y su dignidad, como el fin supremo de la sociedad y de cualquier comunidad política, lo que significa que toda su actividad debe estar orientada a realizarla y promoverla. De este modo, el principio *pro homine* busca interpretar extensivamente los derechos constitucionales para darles una mayor protección. La regla principal es que, en el caso de diversas interpretaciones posibles, siempre se debe elegir la más favorable a la persona para promover sus derechos y libertades. Véase también aludiendo a la interpretación constitucional *"pro ciudadano"*: Duque Corredor, R.: *Temario de, cit.*, pp. 120-122.

[345]   Ariza, A.: "Aspectos constitucionales", *cit.*, p. 60, por lo que puede advertirse que la unicidad del sujeto de Derecho Privado está siendo reelaborada por los estudiosos quizás sin la adecuada organicidad que el problema requeriría.

Vale citar en primer término el artículo 76 constitucional que presenta protección a instituciones relacionadas con el Derecho de la Persona y con el Derecho de Familia:

La maternidad y la paternidad son protegidas integralmente, sea cual fuere el estado civil de la madre o del padre. Las parejas tienen derecho a decidir libre y responsablemente el número de hijos e hijas que deseen concebir y a disponer de la información y de los medios que les aseguren el ejercicio de este derecho. El Estado garantizará asistencia y protección integral a la maternidad, en general a partir del momento de la concepción, durante el embarazo, el parto y el puerperio, y asegurará servicios de planificación familiar integral basados en valores éticos y científicos. El padre y la madre tienen el deber compartido e irrenunciable de criar, formar, educar, mantener y asistir a sus hijos e hijas, y éstos tienen el deber de asistirlos cuando aquellos o aquellas no puedan hacerlo por sí mismos. La ley establecerá las medidas necesarias y adecuadas para garantizar la efectividad de la obligación alimentaria.

Dicha norma constitucional se refiere a la protección a la maternidad y a la paternidad, a la protección al concebido, contiene una referencia al por concebir o «concepturus», al deber de los progenitores de formar y educar a los hijos, al deber de los hijos de asistir a sus progenitores y a la obligación alimentaria[346]. Esta última pertenece al Derecho de Familia.

La protección al «concebido» en reconocimiento y homenaje a la vida se hizo presente a través del artículo 76 de la Carta Fundamental. Pues la referencia a la protección a la maternidad desde la concepción en esencia equivale a la norma de la Constitución previa (art. 74[347]) relativa a la protección de la vida a partir de la concepción. La protección de la madre, sólo se justifica en atención al *nasciturus*[348]. El cambio de redacción es

---

[346] Véase: Domínguez Guillén, M. C.: "Acerca del artículo 76 de la Constitución de la República Bolivariana de Venezuela", *Libro Homenaje al profesor Alfredo Arismendi A.*, Ediciones Paredes-Universidad Central de Venezuela, Caracas, 2008, pp. 317-344.

[347] "La maternidad será protegida, sea cual fuere el estado civil de la madre. Se dictarán las medidas necesarias para asegurar a todo niño, sin discriminación alguna, protección integral, desde su concepción hasta su completo desarrollo, para que éste se realice en condiciones materiales y morales favorables".

[348] Véase sobre la situación del *nasciturus*: Domínguez Guillén, M. C.: "Situación del *nasciturus* en la Constitución de 1999", *Libro Homenaje a Enrique Tejera París*, Universidad Central de Venezuela, Caracas, 2008, pp. 133-156; Domínguez Guillén, M. C.: "Acerca del", *cit.*, pp. 318 y 319, 324 y 326; Domínguez Guillén, M. C.: *Inicio y*, *cit.*, pp. 102-149; Spósito Contreras, E.: "Las cláusulas in dubio pro...y la fórmula "el concebido se tendrá como nacido cuando se trate de su bien"", *Revista Venezolana de Legislación y Jurisprudencia* N° 2, 2013, pp. 153-171.

indiferente dado el carácter progresivo de los derechos[349]. Dicha norma protege la maternidad y la paternidad en términos tan claramente amplios que incluye expresamente la asistencia del Estado en los métodos científicos para el ejercicio de ese derecho, lo que supone el auxilio de la fertilización artificial[350], según previó posteriormente la Ley de Protección a las Familias, la maternidad y la paternidad en su artículo 20[351] dada la considerable incidencia de la infertilidad[352]. Indicó al respecto la Sala Constitucional del Máximo Tribunal: «El derecho a procrear no es más que el derecho natural de concebir un ser; derecho este que al igual que los derechos a la maternidad y paternidad suponen obligaciones en los sujetos que los encabezan, y el ejercicio de estos derechos supone el

---

[349] Véase: Ribeiro Sousa, D. M.: "Situación Jurídica del concebido ante los avances de la ciencia (Especial referencia al tratamiento del concebido en la Constitución de la República Bolivariana de Venezuela, y sus diferencias con la Constitución de 1961)", *Revista de la Facultad de Ciencias Jurídicas y Políticas* N° 118, Universidad Central de Venezuela, Caracas, 2000, p. 290, que la desmejora a la protección del concebido en la nueva Constitución es solo aparente pues nuestro ordenamiento jurídico protege la vida humana desde el momento de la concepción; Domínguez Guillén, M. C.: *Ensayos sobre*, cit., p. 468; Domínguez Guillén, M. C.: *Inicio y*, cit., p. 108. Véase indicando que el cambio de redacción ha sido regresivo: Brewer-Carías, A.: *Debate Constituyente (Aportes a la Asamblea Constituyente)*, Editorial Jurídica Venezolana, Caracas, 1999, T. III, p. 165.

[350] Véase: Domínguez Guillén, M. C.: "Acerca del", cit., pp. 317-344; Varela Cáceres: "El Derecho", cit., pp. 61-67; Combellas, R.: *Derecho Constitucional. Una introducción al estudio de la Constitución de la República Bolivariana de Venezuela*, McGraw-Hill, Caracas, 2001, p. 100, ubica la protección de la maternidad y la paternidad consagrada en el artículo 76 de la Constitución entre los derechos de la persona a una protección especial derivada de su específica condición; Brewer-Carías, A. R.: *La Constitución de 1999*, edit. Arte, 2ª ed., Caracas, 2000, pp. 177 y 178.

[351] G.O 38773 del 20-9-07. Qué indica: "El ministerio del poder popular con competencia en materia de salud, incluirá dentro de sus unidades asistenciales el servicio de reproducción asistida, dotado del personal especializado, laboratorios y equipos de alta tecnología, dirigidos a mujeres y hombres que presenten limitaciones en su fertilidad, con el objeto de garantizarles el derecho a la maternidad y a la paternidad". Su artículo 18 prevé "El Estado desarrollará programas dirigidos a garantizar la asistencia y protección integral de la maternidad y paternidad, de conformidad con la Constitución de la República Bolivariana y la ley". Obsérvese que el Estado debe ofrecer los servicios médicos y sociales necesarios para que las parejas de escasos medios económicos puedan hacer efectivo este derecho inclusive en casos de infertilidad.

[352] Véase: Sommer, S. E.: *Genética, Clonación y Bioética ¿Cómo afecta la ciencia nuestras vidas?*, Biblos, Argentina, 1998, pp. 72 y 73, señala que la infertilidad afecta entre un 10 y 20 % de las parejas en algún momento de su vida. Las que no pueden tener hijos dedican tiempo a reflexionar acerca de las razones por las que los desean y esto los lleva a soportar tratamientos e investigaciones médicas en pos del logro de este deseo.

libre desenvolvimiento de la personalidad»[353]. El citado artículo 76 constitucional, permite extender la protección del concebido al derivado de la fecundación artificial, no obstante la problemática que de él se deriva[354]. La temática del aborto no es un tópico constitucional sino un asunto de política legislativa[355], como en efecto lo previó el Proyecto de Código Penal[356]. En el seno de la Asamblea Constituyente se presentó confusión al pretender entremezclar el derecho a la vida de la persona con la protección al concebido[357].

El artículo 76 en comentarios presenta una tenue alusión al *conceptu- rus* o por concebir, dada la referencia al derecho de la pareja a decidir el número de hijos que deseen concebir[358].

---

[353] Véase a propósito de caso de inseminación artificial *post mortem*: TSJ/SConst, Sent. 1456 de 27-7-06.

[354] Véase: Ribeiro Sousa, D. M.: "La protección", *cit.*, pp. 271-295; Domínguez Guillén, M. C.: *Inicio y, cit.*, pp. 112-118.

[355] Véase: Faúndez Ledesma, H.: *Administración de Justicia y Derecho Internacional de los Derechos Humanos (El derecho a un juicio justo)*, Universidad Central de Venezuela, Caracas, 1992, p. 46; la Comisión Interamericana de Derechos Humanos ha indicado al comentar la norma que puede haber excepciones legítimas contempladas en la legislación interna de los Estados y que en los hechos permiten el aborto.

[356] Véase al efecto: *Proyecto Código Penal*, Tribunal Supremo de Justicia, Caracas, 2004, pp. 189-191. Los artículos 240 al 245 del Proyecto de Código Penal dan cabida a distintos tipos de aborto, a saber, el artículo 240 permite el aborto ético (en caso de violación o inseminación artificial no autorizada); el artículo 241 permite el aborto eugenésico cuando se diagnostique médicamente que el hijo nacería con graves taras físicas o psíquicas; el artículo 242 permite el aborto por angustiosa necesidad social cuando la mujer se hallare en una situación de apremio por la pobreza y dificultades económicas consiguientes siempre que desde la concepción no hayan transcurrido doce semanas; el artículo 243 consagra el aborto libre cuando se practique a solicitud de la mujer siempre que la gestación no pase de tres meses. Véase también a propósito de dicho Proyecto: Angulo Fontiveros, A.: "El aborto", *Revista de Derecho de la Defensa Pública* N° 2, Caracas, 2016, pp. 127-182, www.ulpiano.org.ve/revistas/bases/artic/texto /.../2/rdefpub_2016_2_127-182.pdf

[357] Véase: Arismendi A., A.: *Derecho Constitucional. Guía y materiales para su estudio*, Universidad Central de Venezuela, 2ª ed., Caracas, 2002, T. II, p. 549, señala que en su redacción inicial en el artículo 43 que consagra el derecho a la vida pretendía incluir en la norma la protección a la vida "desde el momento mismo de la concepción". Sin embargo, agrega que los asambleístas advirtieron que el agregado era anticientífico y respondía a intereses particulares. Los Constituyentes resistieron así las presiones de la sociedad civil y la Iglesia Católica en torno al tema del aborto.

[358] Véase nuestro trabajo: "Acerca del", *cit.*, pp. 328 y 329.

Y ello supone según indicamos deber del Estado en facilitar las técnicas artificiales para hacer ello posible.

El citado artículo 76 constitucional contiene igualmente una referencia sumamente general a la temática del Derecho de la Persona de la «patria potestad», según se evidencia de la frase: «El padre y la madre tienen el deber compartido e irrenunciable de criar, formar, educar, mantener y asistir a sus hijos e hijas». En dicho régimen de protección primario de menores no emancipados, el cuidado del niño o adolescente está a cargo de sus protectores primigenios, y contiene los atributos de la «responsabilidad de crianza», representación y administración, amén de la posibilidad de asignar la «custodia» a uno solo de los progenitores en caso de separación de los progenitores[359]. La Sala Constitucional se ha pronunciado sobre el instituto de la patria potestad[360], que constituye un régimen primario y natural que ampara al menor de edad no emancipado al cuidado de sus progenitores, integrado por los atributos de responsabilidad de crianza (en lo atinente al cuidado personal) y la representación y administración (cuidado patrimonial). La responsabilidad de crianza (antigua «guarda»[361]) comparte con la patria potestad el carácter de «irrenun-

---

[359] Domínguez Guillén, M. C.: "Innovaciones de la Reforma de la LOPNA en materia de patria potestad", *Revista de Derecho* N° 28, Tribunal Supremo de Justicia, Caracas, 2008, pp. 131-182; Domínguez Guillén, M. C.: "Acerca del", *cit.*, pp. 330-333; Domínguez Guillén, M. C.: *Ensayos sobre, cit.*, pp. 131-224; Domínguez Guillén, M. C.: *Manual de Derecho Civil I, cit.*, pp. 349-386 (véase también decisiones de la Sala Constitucional allí citadas). Véase también incluyendo amplia referencia a la educación como parte de la responsabilidad de crianza: Spósito Contreras, E.: *Nuestras primeras necesidades La moral y las luces de Simón Bolívar en la Constitución Vigente*, Tribunal Supremo de Justicia, Fundación Gaceta Forense, Caracas, 2013, pp. 169-236.

[360] Véase entre otras: TSJ/SConst., Sent. N° 1763 de 14-8-07; TSJ/SConst., Sent. N° 284 de 30-4-14, las solicitudes efectuadas para el ejercicio unilateral de la patria potestad, conforme al artículo 262 del Código Civil, deben tramitarse conforme a lo establecido en el artículo 517, que forma parte del Capítulo VI que regula el procedimiento de jurisdicción voluntaria de la LOPNNA; TSJ/SConst., Sent. N° 284 de 30-4-14, la patria potestad constituye una institución particular en cuya vigencia el Estado se encuentra especialmente interesado, siendo la regla generalizada el que todos los niños, niñas y adolescentes estén sometidos a ella y sólo de manera excepcional se encuentren sujetos a un régimen distinto. Véase también: TSJ/SConst., Sent. 1953 de 25-7-05, en cuanto a las autorizaciones para viajar; TSJ/SConst., Sent. N° 1763 de 14-8-07; TSJ/SConst., Sent. 242 de 16-4-10.

[361] TSJ/SConst., Sent. 2320 de 18-12-07, Es lamentable que al haber conocido el *a quo* del caso de marras (…) haya modificado el *status quo* (…) en lo relativo a la modificación del ejercicio de la guarda en la niña, con ocasión de lo cual se modifica la situación de la madre a quien le había sido acordada por la Sala de juicio y la tenía consigo, para tener que entregársela al padre, y la de la niña quien fue separada de su entorno doméstico, de su escuela y de lo que en definitiva constituye su ámbito de vida.

ciable» a partir de la Reforma de la LOPNNA de 2007, sin perjuicio que la «*custodia*» se le asigne a uno de ellos en caso de separación. Siendo ésta última conjuntamente con la convivencia familiar (antiguo derecho de visitas)[362] y la *obligación de manutención* las tres instituciones claves[363], todas con soporte constitucional en el artículo en comentarios.

En cuanto al atributo de la personalidad del *nombre civil*, presenta expresa referencia en el artículo 56 constitucional, a la par de la primacía de la filiación e identidad biológica y el derecho a investigar ésta:

> Toda persona tiene derecho a un nombre propio, al apellido del padre y el de la madre, y a conocer la identidad de los mismos. El Estado garantizará el derecho a investigar la maternidad y la paternidad. Todas las personas tienen derecho a ser inscritas gratuitamente en el registro civil después de su nacimiento y a obtener documentos públicos que comprueben su identidad biológica, de conformidad con la ley. Éstos no contendrán mención alguna que califique la filiación.

El *nombre* es un atributo de la personalidad[364], toda vez que lo que constituye propiamente un derecho personalísimo es la «identidad» o derecho a ser único e irrepetible del cual forma parte integrante de su parte estática el nombre sin perder su condición de atributo[365]. Prenombre y apellidos funcionan como una suerte de abscisas y coordenadas que ubican a la persona en el plano exacto de la sociedad. Sin el apellido, el prenombre sólo dejará confundido al sujeto que lo lleva, en tanto que el apellido solamente señalará un extenso número de personas que lo

---

[362] Véase decisiones de la Sala Constitucional ampliamente citadas en nuestro trabajo: *La convivencia familiar (antiguo derecho de visitas)*, Paredes, Caracas, 2012; TSJ/SConst., Sent. N° 1739 del 17-12-09, "el régimen de convivencia familiar supervisado se rige por los principios de excepcionalidad y provisionalidad".

[363] Véase nuestro trabajo: "Las tres instituciones familiares claves en materia de niñez y adolescencia", *Revista de Derecho de la Defensa Pública* N° 1, Caracas, 2015, pp. 49-67.

[364] Véanse nuestros trabajos: "El nombre civil", *Revista de la Facultad de Ciencias Jurídicas y Políticas* N° 118, Universidad Central de Venezuela, Caracas, 2000, pp. 201-269; "El nombre civil en el Derecho venezolano", *Revista de Derecho de Familia y de las Personas* Año iv, N° 9, La Ley, Buenos Aires, 2012, pp. 226- 260; *Manual de Derecho Civil I*, cit., pp. 135-195; *Ensayos sobre*, cit., pp. 535-613. Véase también: Varela Cáceres, E.L.; *La modificación*, cit., in totum; Varela Cáceres, E.L.: "El nombre civil y la Ley Orgánica de Registro Civil", *Revista de Derecho* N° 33, Caracas, Tribunal Supremo de Justicia, 2010, pp. 249-303; Spósito Contreras, E.: "Notas sobre la evolución del nombre civil", *Revista de Derecho* N° 35, Tribunal Supremo de Justicia, Caracas, 2014, T. I, pp. 21-32.

[365] Véase nuestro trabajo: "Notas sobre el derecho a la identidad en el ordenamiento jurídico venezolano", *Revista de Actualidad Jurídica Iberoamericana* N° 6-1, Valencia, 2017, pp. 41-69, http://idibe.org

llevan. Solo la unión de los datos, en paridad de jerarquía funcional, históricamente comprobada, constituye el signo personal diferenciador[366]. Se trata del atributo individualizador por excelencia que se impregna a la personalidad misma del sujeto[367]. La Sala Constitucional ha reseñado la diferencia entre el nombre civil y el seudónimo[368], siendo el primero de orden público a diferencia del segundo que puede ser escogido por el individuo para distinguirse en un medio específico. En la determinación del nombre de pila del niño, deben evitarse apelativos que choquen con la dignidad del ser humano o tan rimbombantes que sean contrarios al interés superior del menor[369] que presenta carácter constitucional (art. 78).

El citado artículo 56 constitucional[370], consagra el derecho de la persona a tener un nombre propio y además a contar con dos apellidos conformados por el del padre y de la madre, cuya conformación sigue siendo objeto de regulación legal (Código Civil, arts. 235 a 239). La propia ley resuelve el supuesto de asignación de términos como apellidos respecto de las personas cuya filiación no está establecida a los fines de que todo individuo pueda satisfacer la necesidad de dos apellidos (Convención Americana de Derechos Humanos, art. 18[371]). Vale citar también el artículo 24.2 del Pacto Internacional de Derechos Civiles y Políticos al señalar que «Todo niño será inscrito inmediatamente después de su nacimiento y deberá tener un nombre». En igual sentido se aprecia el artículo 7.1 de la Convención sobre los Derechos del Niño y el artículo 16 de la LOPNNA.

También previó la reforma del Código Civil de 1982 el caso de la filiación establecida respecto de uno solo de los progenitores utilizando ambos apellidos del reconociente o en su defecto repitiendo el único (art. 238 CC) o el supuesto de que la filiación no esté establecida respecto de ninguno de los progenitores en cuyo caso el funcionario coloca los ape-

---

[366]   Pliner, A.: *El nombre de las personas*, Abeledo Perrot, Buenos Aires, 1966, pp. 78 y 79.

[367]   Véase: *Ibíd.*, p. 94, "La gloria, la fama, la celebridad, así como la repulsa social, el oprobio y el deshonor, transitan por el mundo y por la historia en alas o a horcajadas del nombre, que es la personalidad misma en su transcendencia ética y jurídica".

[368]   Véase: TSJ/SConst, Sent. N° 1020 de 11-08-00.

[369]   Véanse nuestros trabajos: *Ensayos sobre*, cit., pp. 569 y 570; *Manual de Derecho Civil I Personas*, cit., pp. 148 y 179.

[370]   Véase: Varela Cáceres, E. L.: *La modificación*, cit., pp. 37-39.

[371]   "La Ley reglamentará la forma de asegurar este derecho para todos, mediante nombres supuestos si fuere necesario".

llidos (art. 239 CC y 91 Ley Orgánica de Registro Civil o LORC). Señalamos que la Ley de Protección a las familias, la maternidad y la paternidad (arts. 21 y ss.) y la LORC (art. 91), al pretender levantar una nueva partida dejando sin efecto la anterior (en lugar del sistema de la nota marginal) cuando se quede establecida *a posteriori* la filiación, podría si ha mediado tiempo considerable violentar el derecho a la identidad y el interés superior del niño o adolescente, y por tal tendría vicios de inconstitucionalidad. Por lo que la única forma de interpretar tal pretensión legal viene dada solo en el supuesto de que no haya transcurrido un tiempo considerable[372]. Al efecto indicamos: «Las actas del estado civil son instrumentos fundamentales y de vital importancia en la vida jurídica del ser humano. De allí el derecho constitucional de toda persona a ser inscrita inmediatamente en el Registro del estado civil. Una norma legal no puede limitar tal derecho porque sería inconstitucional, por lo que es obligación del intérprete corregir las impropiedades del legislador en beneficio del orden jurídico»[373].

Vale acotar que no ha faltado quien indique que la determinación del orden de los apellidos de conformidad con la regla primero el primer apellido del padre seguido del primer apellido de la madre (art. 235 CC) se presenta inconstitucional dada la igualdad entre hombre y mujer. Siendo que algunas legislaciones se han hecho eco de ello[374], pero la verdad es que se impone un orden en tal sentido sea cual sea, lo cual luce más sensato respecto del hijo que dejar el orden a la elección de los progenitores[375] que sería fuente de múltiples inconvenientes[376], inclusive

---

[372] Véanse nuestros comentarios en: *Manual de Derecho Civil I Personas, cit.,* pp. 155 y 156; *Ensayos sobre, cit.,* pp. 585-587; *Manual de Derecho de Familia,* Paredes, Caracas, 2014, pp. 331 y ss.; *"Breve reflexión sobre el reconocimiento de la paternidad en la Ley para protección de las familias, la maternidad y la paternidad", Ensayos sobre Derecho del Trabajo y Derecho de la Seguridad Social,* Colección Estudios Jurídicos N° 19, Tribunal Supremo de Justicia, 2008, pp. 227-249.

[373] Domínguez Guillén, M. C.: *Manual de Derecho de Familia, cit.,* p. 348.

[374] Véase: Linacero de la Fuente, M.: "Orden de los apellidos", *Notario del siglo XXI, Revista on line del Colegio Notarial de Madrid* N° 44, julio-agosto 2012, http:// www.elnotario.es En España la Ley 20/2011, de 21 de julio del Registro Civil, plantea la elección de los progenitores en el orden de los apellidos, pues para algunos la preferencia paterna luce inconstitucional, por lo que su uso debe responder a un arraigo, social y consuetudinario.

[375] Domínguez Guillén, M. C.: *Manual de Derecho Civil I, cit.,* p. 151.

[376] Véase criticando tal posible opción: Novales Alquézar, M.: "Orden de apellidos de la persona nacida. Observaciones a propósito de un proyecto de ley", *Revista Chilena de Derecho,* Vol. 30, N° 2, 2003, pp. 321-330, pues si ambos padres pueden colocar de común acuerdo en primer lugar el apellido de la madre, queda en el aire la solución de que no haya acuerdo.

ante la opción de que sea la autoridad judicial quien resuelva el desacuerdo (art. 1875 CC portugués). Cabe aquí recordar que la doctrina comentó que la Reforma del Código Civil de 1982 señaló acertadamente que se colocó la igualdad entre los progenitores por encima del interés del menor[377]. Pues modernamente de conformidad con la propia Carta Fundamental (art. 78) en caso de contradicción debe imperar el interés superior del niño o adolescente.

El citado artículo 56 constitucional se refiere igualmente al derecho de toda persona a conocer su *identidad genética*. Derecho primario que se estudia dentro del derecho a «la identidad», como una sana curiosidad que debe satisfacer todo ser humano al margen de que se deriven consecuencias legales[378]. Pero la norma constitucional consagra también el derecho a *investigar* la maternidad y la paternidad, aunque ello no necesariamente sea una consecuencia de la referida identidad genética. Esto es, el derecho a acceder a la identidad es ajeno si se quiere al ejercicio de una acción de inquisición de la paternidad o filiación. Pues lo tiene el hijo adoptado o producto de una fertilización artificial, aunque no tenga acceso a las acciones legales de establecimiento filiatorio, por cuestiones de política legislativa y paz familiar. La citada norma alude a la identidad biológica que según la Sala Constitucional: «es un derecho inherente al ser humano el cual debe ser garantizado por el Estado venezolano, disponiendo este todas las medidas administrativas, legales y judiciales para resguardar los derechos de la infancia, los cuales, según su naturaleza jurídica, son de estricto orden público»[379].

También la citada norma de seguidas prevé «el Estado garantizará el derecho a investigar la maternidad y la paternidad». La norma alude a «investigar» lo que denota la idea de «averiguar o indagar» pero jurídicamente tal indagación puede responder únicamente a la circunstancia indicada *supra* sobre conocer la identidad biológica del progenitor o más bien como la generalidad de las veces, tiene lugar con miras al «establecimiento» de la filiación, a fin de disfrutar de los derechos y deberes de-

---

[377] Véase: Reyna de Roche, C. L.: "El Ejercicio Conjunto de la Patria Potestad", *Revista de Derecho Privado* N° 1-1, Año 1, N° 1, Servicio Gráfico Editorial S. A., Caracas, enero-marzo 1983, pp. 154 y ss., en la Reforma del CC se atribuyó la patria potestad a ambos progenitores y se puso por encima del interés del menor la igualdad de hombre y mujer, lo cual ciertamente representará problemas en caso desacuerdo.

[378] Véase: Domínguez Guillén, M. C.: "Aproximación al estudio de los derechos de la personalidad", *Revista de Derecho* N° 7, Tribunal Supremo de Justicia, Caracas, 2002, pp. 123-126; Domínguez Guillén, M. C.: *Manual de Derecho Civil I, cit.,* pp. 289 y 290.

[379] TSJ/SConst., Sent. 901 de 27-6-12.

rivados del estado filiatorio de hijo. De allí que pensamos que el investigar por sí solo encuentra mayor sentido como derecho autónomo relacionado al conocimiento de la identidad biológica de los progenitores mientras que cuando tal investigación pretende efectos jurídicos tendrá lugar el establecimiento judicial de la filiación. Podemos decir que el *derecho a la identidad* relacionado con la identidad biológica o filiatoria incluye tanto el derecho a conocer la identidad de los progenitores biológicos o genéticos, así como la investigación o establecimiento de la filiación.

La persona humana tiene derecho al establecimiento de su filiación. En materia de filiación extramatrimonial a falta de reconocimiento voluntario el presunto hijo se ve precisado a acudir al reconocimiento forzoso o establecimiento judicial de la filiación, a través de las acciones de inquisición de la paternidad o la maternidad. La reforma del Código Civil de 1982 en aras de la verdad de la filiación[380] incorporó normas que tendieron a facilitar notablemente el ejercicio de las acciones filiatorias por parte del hijo y consagró la libertad probatoria incluyendo pruebas científicas, específicamente a través de la acción de inquisición de la paternidad consagrada en el artículo 210[381] del Texto sustantivo. De conformidad con dicha norma el juez debe extraer, si fuera necesario, un indicio grave de la conducta del demandado cuando injustificadamente no quiera colaborar en la práctica de la referida prueba científica[382]. Cabe recordar que la Ley para la Protección a las familias, la maternidad y la paternidad intenta propiciar el reconocimiento de la filiación paterna en sede administrativa (arts. 21 y ss.) y la doctrina ha criticado el mismo[383], y también ha analizado su proyección constitucional[384].

---

[380]   Véase: Varela Cáceres, E. L., "El principio", *cit.*, pp. 173-269; Ramos Sojo, C.: "Unidad y verdad de la filiación", *Revista de Derecho Privado*, Servicio Gráfico Editorial, Caracas, enero-marzo 1983, N° 1-1, pp. 113-143; Rodríguez, L. E.: "La filiación y el sistema de Derecho Internacional Privado", *Temas de Derecho Internacional Privado. Libro Homenaje a José María Rouvier*, Colección Libros Homenaje N° 12, Tribunal Supremo de Justicia, Caracas, 2003, pp. 779-817.

[381]   Véase nuestros trabajos: "Notas sobre el artículo 210 del Código Civil: Reconocimiento forzoso de la filiación", *Revista de Derecho*, N° 25, Tribunal Supremo de Justicia, Caracas, 2007, pp. 147-193; *Manual de Derecho de Familia, cit.*, pp. 349-391.

[382]   TSJ/SCC, Sent. N° 00966 de 27-8-04.

[383]   Véanse: Domínguez Guillén, M. C.: "Breve reflexión", *cit.*, pp. 227-249.

[384]   Véase: Aguilar Camero, R.A.: *La filiación paterna. Consideraciones sobre el nuevo régimen legal y su fundamento constitucional*, Universidad Central de Venezuela, Facultad de Ciencias Jurídicas y Políticas, Caracas, 2013.

Finalmente, el citado artículo 56 de la Carta Fundamental alude al *registro del estado civil*. La norma indicada requiere varios comentarios: en primer término, vale observar que la disposición se refiere a «*registro civil*» siendo el término correcto «*registro del estado civil*», por denotar está última expresión un ámbito más limitado del registro, a saber, el relativo a los actos del estado civil (aunque el primero fue el término adoptado por la citada ley especial de 2009). La expresión «registro civil» se presenta más amplia pues el mismo incluye una cantidad de actos civiles[385] que requieren de la publicidad registral y que son completamente ajenos a los actos del estado civil de la persona natural. De allí que indique acertadamente LA ROCHE que se ha hecho una utilización indiscriminada de los términos Registro Civil y Registro del Estado Civil. Este último precisa la materia que constituye el objeto de los actos a los que nos estamos refiriendo[386].

En segundo lugar, la norma constitucional se refiere a la *gratuidad*[387] del registro de nacimiento. La gratuidad es una de las características que configuran el registro del Estado Civil, la inscripción como tal del hecho o acto en cuestión es completamente gratuita. El artículo 94 de la LORC, alude a la gratuidad en general de las certificaciones del acta de nacimiento (y que no tendrán fecha de vencimiento)[388]. La gratuidad ha sido considerada como uno de los principios registrales[389]. La inscripción gratuita del acto particular del nacimiento también se encuentra consagrada en el artículo 18[390] de la LOPNNA.

En tercer lugar, la norma agrega que toda persona tiene derecho a obtener los *documentos públicos* que comprueben su identidad biológica, de conformidad con la ley. Vale observar, que en efecto, las actas del

---

[385]   Tales como compraventa, hipoteca, constitución de personas jurídicas, etc.

[386]   La Roche, A. J.: *Derecho Civil I*, Metas C. A., 2ᵈᵃ· ed., Maracaibo, 1984, p. 277.

[387]   Véase a propósito de la gratuidad como principio del Registro del Estado Civil: Varela Cáceres, E. L.: *Los principios sectoriales del Registro del Estado Civil*, Trabajo presentado para optar al escalafón de profesor "asistente". Universidad Central de Venezuela, Facultad de Ciencias Jurídicas y Políticas, Escuela de Derecho, 2017, tutora: (M. C. Domínguez Guillén, defendido el 14-12-17), La gratuidad de la inscripción de nacimiento en el Registro del Estado Civil es un principio elevado a carácter supremo por el artículo 56 de la Carta Magna, en concordancia con los artículos 18 y 21 de la Ley Orgánica para la Protección de Niños, Niñas y Adolescentes. Ratificada en la LORC.

[388]   Véase también previamente: artículo 21 de la LOPNNA.

[389]   Arribas Atienza, P. y F. Carceller Fabregat: *Curso Práctico de Registro Civil*, Civitas, Madrid, 1999, pp. 24 y 28.

[390]   Véase multa respecto a la violación del derecho a ser inscrito en el Registro: LOPNNA, art. 224.

estado civil configuran documentos públicos y auténticos[391]. Es lógico que las actas del estado civil reflejen el estado filiatorio cuando se trata básicamente del acta de nacimiento, es decir, indiquen la identidad biológica de la persona, en los términos entendidos por la Constitución. Sin embargo, debemos observar que no siempre el Registro del Estado Civil refleja la identidad biológica, por ejemplo, en los casos de adopción.

Finalmente, cabe indicar que la Constitución señala que los documentos «*no contendrán mención alguna que califique la filiación*». Esta idea ya había sido desarrollada en la Reforma del CC de 1982 donde se tuvo por norte la igualdad de la filiación y las normas relativas a filiación, apellido y registro pretendieron eliminar toda mención despectiva o peyorativa a los efectos de la indicación filiatoria. A partir de tal fecha ha desaparecido la terminología discriminatoria que actualmente resulta impropia, tales como la distinción entre hijo «*ilegítimo o natural*», y debiéndose aludir cuando sea necesario simplemente a hijo «*matrimonial y extramatrimonial*»[392]. Igualmente, las normas relativas a la determinación del apellido (arts. 235 a 239 del CC) también pretendieron en la Reforma de 1982 eliminar toda referencia despectiva al momento de levantar la partida. La Ley Orgánica de Registro Civil (LORC, art. 93[393]), impone la omisión al estado civil[394] de los progenitores (primer aparte) en la partida de nacimiento; sin embargo la utilización del apellido de la mujer casada –aunque potestativa de conformidad con el artículo 137 del Código Civil– y reproducida formalmente en el instrumento de identidad bien podría quedar reflejada en la partida, pues lo contrario sería pretender derogar dicho artículo del Código sustantivo.

Ahora bien, apreciamos en la Carta Fundamental principios o normas que igualmente permiten amparar aspectos relacionados con el derecho de la persona. Por ejemplo, el principio relativo al *interés superior del niño y adolescente* consagrado en el artículo 78[395], a la par de la *prioridad*

---

[391]   Véase: arts. 71 y 77 de la LORC.

[392]   En materia de Registro del Estado Civil la Reforma del Código Civil de 1982 alteró la redacción de los arts. 467, 468, 469, 472 y 477 del CC a fin de adecuarlos a las ideas inspiradoras de la Reforma, y eliminar términos como *"ilegítimo"* o *"expósito"* de la redacción de las nuevas disposiciones.

[393]   Toda acta de nacimiento expresará los datos de identidad de los progenitores biológicos, omitiendo el estado civil de los mismos.

[394]   La referencia es al estado civil *"matrimonial"*, incluido en la noción *restringidísima* del estado familiar. Véase nuestro: *Manual de Derecho Civil I, cit.*, p. 201.

[395]   Los niños, niñas y adolescentes son sujetos plenos de derecho y estarán protegidos por la legislación, órganos y tribunales especializados, los cuales respetarán, garantizarán y desarrollarán los contenidos de esta Constitución, la Convención sobre los Derechos del Niño y demás tratados internacionales que en esta mate-

absoluta y la *protección integral*. Dicho principio reiteradamente considerado por la Sala Constitucional del Tribunal Supremo de Justicia[396] que
prevalece en caso de conflicto con otro, permite orientación en conflictos
relativos a patria potestad, responsabilidad de crianza, determinación del
nombre civil o colocación entre otros. Amén que dicho principio que
supone el análisis del caso concreto, también deberá ser considerado
para la resolución de problemas derivados de la fertilización artificial,
que no siempre podrá resolver la verdad genética[397].

Entre otras normas constitucionales asociadas a la temática o programa del Derecho Civil de la persona, se puede citar a propósito de la
personalidad incorporal el artículo 118[398] relativo a la promoción y protección de entes incorporales asociativos que tiendan a favorecer la actividad económica. Norma que a pesar del cambio de redacción con la
Carta Fundamental previa no presenta un retroceso[399]. Toda vez que la

---

ria haya suscrito y ratificado la República. El Estado, las familias y la sociedad
asegurarán, con prioridad absoluta, protección integral, para lo cual se tomará
en cuenta su interés superior en las decisiones y acciones que les conciernan. El
Estado promoverá su incorporación progresiva a la ciudadanía activa, y un ente
rector nacional dirigirá las políticas para la protección integral de los niños, niñas y adolescentes.

[396] Véase: Sira, G.: "El interés superior del niño en las decisiones de la Sala Constitucional del TSJ (2013-2017)", *Revista Venezolana de Legislación y Jurisprudencia N°
10 edición homenaje a María Candelaria Domínguez Guillén*, 2018, (en prensa); Sira,
G.: "El interés superior del niño como limitante a la libertad de expresión, a
propósito de la sentencia N° 359/2014 de la Sala Constitucional del Tribunal
Supremo de Justicia, *Revista Venezolana de Legislación y Jurisprudencia N° 5 edición
homenaje a Fernando Ignacio Parra Aranguren*, 2015, pp. 569-599.

[397] Véase nuestro trabajo: "Gestación subrogada", *Revista Venezolana de Legislación y
Jurisprudencia N° 1*, Caracas, 2013, pp. 210-213.

[398] El Estado promoverá y protegerá las asociaciones solidarias, corporaciones y
cooperativas, en todas sus formas, incluyendo las de carácter financiero, las ca-
jas de ahorro, microempresas, empresas comunitarias y demás formas asociativas destinadas a mejorar la economía popular.

[399] Véase nuestro trabajo: *Ensayos sobre, cit.*, pp. 653 y 654, La Constitución de 1961
indicaba en su art. 72: "El Estado protegerá las asociaciones, corporaciones, sociedades y comunidades que tengan por objeto el mejor cumplimiento de los fines de la persona humana y de la convivencia social y fomentará la organización de cooperativas y demás instituciones destinadas a mejorar la economía
popular". El artículo 118 de la vigente Constitución se muestra aparentemente
un tanto más restringido que el equivalente a la Constitución anterior, el cual se
refería a "asociaciones, corporaciones, sociedades y comunidades" en tanto que
el nuevo texto enfoca su protección a las *asociaciones* de carácter social como las
cooperativas. Sin embargo, pensamos que en modo alguno ello configura un
desmejoramiento en torno a la situación del resto de las personas jurídicas no citadas expresamente por el nuevo artículo. Las asociaciones en sentido amplio
incluyen las asociaciones en sentido estricto y las sociedades. La referencia a las

protección constitucional de la personalidad incorporal también puede ser considerada[400]. En el derecho venezolano, la concesión de personalidad jurídica a las asociaciones a fin de que estas puedan contar con una forma y unidad jurídica conveniente para el logro de sus fines, es reconocida constitucionalmente a cierta categoría de asociaciones en el citado artículo 118 de la Constitución de 1999. De manera que, aun cuando podemos admitir que la atribución de la personalidad jurídica a ciertos entes no es un problema de orden constitucional, dada la necesaria correspondencia entre «derecho de asociación» y «personalidad jurídica asociativa», nuestra Constitución pareciera ubicarse dentro de la línea que considera una vinculación entre uno y otro. Ese sentido parece ser confirmado por la Carta Magna cuando alude al reconocimiento de un derecho de asociación, que será ejercido de conformidad con la ley. Tal conformidad supone el desarrollo del procedimiento que establece el legislador para la constitución de la personalidad jurídica en estricto sentido, lo cual ciertamente escapa de la regulación constitucional[401].

Así pues, la atribución de la personalidad incorporal es asunto enteramente distinto al derecho de asociación consagrado en art. 52[402] constitucional. El derecho de asociación propiamente dicho (al margen de la atribución de personalidad incorporal) es la facultad que tiene el hombre de aunar sus fuerzas con las de sus semejantes para la consecución de un fin común, lícito y honesto. Todas las naciones civilizadas del orbe reconocen este derecho, por ser consustancial a la naturaleza humana, incorporándolo a sus legislaciones. El origen del derecho de asociación se pierde en la prehistoria. Las consecuencias de su aplicación son tan numerosas como lo son los fines de la vida humana[403]. Las Constituciones consagran en líneas generales el derecho de asociación[404]. Los instrumen-

---

corporaciones entendidas como colegios profesionales no era correcto incluirlas porque las mismas constituyen personas jurídicas de derecho público en razón de su naturaleza.

[400]   Véase: Cieza Mora, J.: "La renuncia a la persona jurídica y la invalidez de acuerdos en clave constitucional", *El Derecho Civil patrimonial en la Constitución*, T. C. Guía 2, Gaceta Jurídica, Perú, 2009, pp. 125-161.

[401]   Véase nuestro trabajo: *Ensayos sobre, cit.*, p. 654.

[402]   Toda persona tiene derecho de asociarse con fines lícitos, de conformidad con la ley. El Estado estará obligado a facilitar el ejercicio de este derecho.

[403]   Véase nuestro trabajo: *Ensayos sobre, cit.*, pp. 654 y 655.

[404]   Véase sobre su consagración en distintas Constituciones: Itriago M., M. A. y A. L. Itriago: *Las Asociaciones Civiles en el Derecho Venezolano: Qué son y cómo funcionan*, Escritorio Dr. Pedro L. Itriago P. y Sinergia, Venezuela, 1998, pp. 26-31.

tos internacionales también se refieren a este importante derecho[405]. Es un hecho que el hombre necesita en la vida humana asociarse con sus semejantes para la consecución de sus fines[406].

TAFUR GALVIS comenta que el derecho de asociación consagrado constitucionalmente en Colombia, es según precisión de la Corte del vecino país (Sala Plena, sent. 4-5-89), –aunque bajo la vigencia de la Constitución de 1886-, una parte del régimen constitucional de las libertades fundamentales de los individuos, que tiene como supuesto básico que si el hombre tiene derecho a desarrollar libremente y dentro del orden legal su existencia y demás actividades con fines privados o públicos[407]. La libertad negativa de asociación supone que se admita el derecho a no asociarse o a no permanecer por más tiempo que el uno quiera en el seno de una asociación[408]. Esta libertad negativa se encuentra consagrada en el artículo 20.2 de la Declaración Universal de Derechos Humanos[409]. Es precisamente en base a esa libertad negativa de asociación que ha sido criticada la figura de la colegiación obligatoria en el caso de algunas profesiones, porque se hace necesario pertenecer al correspondiente colegio profesional[410] para poder ejercer la profesión. Sin embargo, la misma está consagrada en el art. 105[411] de la Constitución de la República Bolivariana de Venezuela. Pensamos que ello se da simplemente ante la consideración del

---

[405]   Véase: art. 16 Convención Americana de Derechos Humanos o Pacto de San José, art. 22 del Pacto Internacional de Derechos Civiles y Políticos, art. 20 Declaración Universal de Derecho Humanos.

[406]   Claret Marti, P.: *Las asociaciones. Su régimen jurídico*, Bosch, Barcelona, 1941, p. 7.

[407]   Tafur Galvis, A.: *Personas Jurídicas Privadas sin ánimo de lucro*, Temis, 3ª ed., Bogotá, 1990, p. 34, el contenido del derecho de asociación supone, de una parte, la libertad de todos los asociados para crear y participar en asociaciones eligiendo libremente lo fines asociativos y determinando la propia organización sin otros límites que los que surjan del ordenamiento jurídico (libertad positiva de asociación) y de otra que nadie puede ser obligado a asociarse o permanecer en la asociación (libertad negativa de asociación). El derecho de asociación no solo consiste en la posibilidad de organizar personas morales o de afiliarse a ellas, sino también en la libertad de abstenerse de hacerlo, por lo tanto son contrarios a dicho texto todos los sistemas, procedimientos o formas de compeler a la gente para que ingrese o se retiren como componentes de aquellas entidades o que obliguen a prestarles servicios, a apoyarlas económicamente o a favorecerlas en sus intereses institucionales particulares a personas que no hagan parte o no estén afiliadas a dichos entes.

[408]   Murillo de la Cueva, E. L.: *El Derecho de Asociación*, Tecnos, Madrid, edit. 1996, p. 153.

[409]   La norma indica: *"nadie podrá ser obligado a pertenecer a una asociación"*.

[410]   Véase: Domínguez Guillén, M. C.: *Manual de Derecho Civil I, cit.*, pp. 57 y 58.

[411]   La ley determinará las profesiones que requieren título y las condiciones que deben cumplirse para ejercerlas, incluyendo la colegiación.

constituyente y del legislador al considerar el interés colectivo de ciertas profesiones[412]. Así indica CHIARELLI que en este caso la libertad de asociación cede ante el interés público[413].

La Sala Constitucional del Tribunal Supremo de Justicia presenta otras importantes decisiones que interesan al estudioso del Derecho Civil de la Persona, tales como, la función registral[414], derecho al honor[415], edad mínima para contraer matrimonio[416], tutela[417], intervención testimonial del menor[418], incapacitación de personas con discapacidad desde la minoridad[419], interdicción legal[420], protección al concebido desde la perspectiva de la paternidad[421], entre otras tantas[422]. Lo que ciertamente evidencia, el protagónico papel que ha ejercido la Sala Constitucional del Máximo Tribunal en materia de interpretación constitucional relativa al Derecho de la Persona.

Así mismo, a propósito de la interpretación a tono con la Carta Magna, podemos citar algunos supuestos de la materia en que hemos referido presentan un matiz de inconstitucionalidad. Tal es el caso, por ejemplo, del artículo 351, par. 2, de la LOPNNA de 2007 que consagra la «extinción» de la patria potestad en caso de divorcio por las causales 4 y 6

---

[412]   Sobre las limitaciones a la libertad negativa de asociación en el caso de las corporaciones de Derecho Público, o colegios profesionales, véase: Murillo de la Cueva, E. L.: *El Derecho, cit.,* pp. 159-165.

[413]   Chiarelli, G.: *La personalitá giuridica delle associazioni professionali,* Dott. Antonio Milani, Padova, 1931, p. 21.

[414]   Véase: TSJ/SConst, Sent. N° 1710 de 18-12-15; TSJ/SConst., Sent. N° 767 de 18-6-15.

[415]   TSJ/SConst., Sent. 1503 de 11-10-11; TSJ/SConst., Sent. 568 de 8-5-12.

[416]   TSJ/SConst., Sent. N° 1353 de 16-10-14.

[417]   TSJ/SConst., Sent. 359 de 23-3-12.

[418]   TSJ/SConst., Sent. 1049 de 30-7-13; TSJ/SConst. Sent. 18-12-15, Exp. 15-1198 GO 40838 de 28-1-16.

[419]   En cuyo caso la competencia le corresponde a la Jurisdicción especial de protección del niño y del adolescente. Véase: TSJ/SConst., Sent. N° 289 de 18-3-15. Véase también, aunque de Sala Plena TSJ/SPle, Sent. N° 21 de 14-3-17.

[420]   TSJ/SConst., Sent. N° 883 de 11-5-07.

[421]   Véase: TSJ/SConst., Sent. 609 de 10-6-10, considera que el artículo 8 de la Ley para la Protección de las Familias, la Maternidad y la Paternidad relativo a la inamovilidad del padre debe aplicarse a partir de la concepción porque lo que se pretende es la protección de la familia y del concebido.

[422]   Véase las citadas a lo largo de: Domínguez Guillén, M. C.: *Manual de Derecho Civil I, cit., in totum.*

del artículo 185 del Código Civil[423]. Siendo que la misma ley consagra simplemente la «privación» por las mismas circunstancias en caso de juicio autónomo de privación de la patria potestad (LOPNNA, art. 352, letras d y f). Es de observar que la "privación" es «temporal» y admite rehabilitación o restitución de la patria potestad, en tanto que la "extinción" es «definitiva, permanente e irreversible». Hemos dicho que tal distinción injustificada entre el juicio autónomo de privación de la patria potestad y el derivado de una sentencia de divorcio, solo puede entenderse como una impropiedad del Legislador, cuya interpretación textual sería «inconstitucional» por ser equivalente a una pena perpetua[424].

Por lo que se impone una interpretación correctiva a tono con la Carta Magna, en el sentido que se trata de «privación».

B.   *Especial referencia a los derechos de la personalidad*

a.   *Su referencia en la Carta Fundamental*

Los derechos de la personalidad encontraron refuerzo en el texto constitucional[425]. La noción de persona y de los derechos personalísimos tiene que ser forzosamente emplazada por la perspectiva constitucional[426].

---

[423]   "Si el divorcio o la separación de cuerpos se declara con lugar, con fundamento en alguna de las causales previstas en los ordinales 4° y 6° del artículo 185 del Código Civil, se declarará extinguida la Patria Potestad al o la cónyuge que haya incurrido en ellas, sin que por ello cese la Obligación de Manutención".

[424]   Véase nuestros trabajos: *Ensayos sobre, cit.,* pp. 154-156; *Manual de Derecho Civil I Personas, cit.,* pp. 354 y 360, señalamos que debe interpretarse que la disolución por tales causales al igual que el texto anterior solo debe dar pie a una privación. Lo contrario se presenta a todas luces inconstitucional dado el carácter irreversible que reviste la extinción. Por otra parte, interpretar que la LOPNNA consagra la extinción de la patria en el caso de dichas causales de divorcio, establecería una diferencia injustificada con la privación de la misma por vía principal (LOPNNA, art. 352, letras d y f), la cual es susceptible de rehabilitación.

[425]   Véase nuestros trabajos: "Innovaciones de la Constitución de 1999 en materia de derechos de la personalidad", *Revista de la Facultad de Ciencias Jurídicas y Políticas* N° 119, Universidad Central de Venezuela, Caracas, 2000, pp. 17-44; *Ensayos sobre, cit.,* pp. 615-641; "Sobre los derechos de la personalidad", *Díkaion. Lo Justo, Revista de Actualidad Jurídica,* Año 17, N° 12, Universidad de la Sabana, Colombia, 2003, pp. 23-37. Véase también: Ortiz Ortiz, R.: "Los derechos de la personalidad como derechos fundamentales en el nuevo orden constitucional venezolano", *Estudios de Derecho Público. Libro Homenaje a Humberto J. La Roche,* Colección Libros Homenaje N° 3, F. Parra Aranguren editor, Tribunal Supremo de Justicia, Caracas, 2001, Vol. II, pp. 39-82.

[426]   Ariza, A.: "Aspectos constitucionales", *cit.,* p. 62.

La persona como protagonista del orden jurídico, mal podía ser olvidada por el Constituyente, por lo que su protección se hizo presente en el texto de 1999, particularmente en los artículos 43 al 61 que consagran los derechos civiles[427].

La lista de derechos viene encabezado por la vida o derecho a vivir (art. 43[428]) que amén de derecho básico y fundamental es presupuesto de la personalidad. Se trata de un derecho inherente y exclusivo de la persona humana, quien tiene derecho a que nadie ya sea Estado o particular pueda agredir o atentar contra su vida. La Constitución se limita a indicar que la vida es inviolable, pero dentro de la noción de «vida», se debe incluir además de los hechos u omisiones que tiendan a violarla en forma directa, también a aquellos que pretendan afectar la calidad de vida del ser humano especialmente en su último estadio. El derecho de morir con dignidad se presenta pues como una proyección del derecho a la vida[429]. Así por ejemplo se ha considerado que el derecho a morir con dignidad, esto es, no vivir la vida más allá de lo racional, encuentra proyección en el propio derecho a la vida (art. 43), pues pretender extenderla más allá de su límite natural, constituye un dolor superior a la propia muerte. De tal suerte que el tema presenta matiz constitucional[430].

Amén del derecho a vivir, pero como proyección de éste, dado que la persona es una unidad psicofísica, por lo que cualquier agresión a su cuerpo repercute en su integridad moral, la Carta fundamental consagra

---

427 Peña Solís, J.: *Lecciones de Derecho Constitucional Venezolano. Los derechos civiles*, Paredes, Caracas, 2012, pp. 21 y ss.

428 El derecho a la vida es inviolable. Ninguna ley podrá establecer la pena de muerte, ni autoridad alguna aplicarla. El Estado será responsable de la vida de las personas que se encuentren privadas de su libertad, prestando el servicio militar o civil, o sometidas a su autoridad en cualquier otra forma.

429 Véase nuestro trabajo: "Aproximación al", *cit.*, pp. 126-153.

430 Véase: Domínguez Guillén, M.C.: *Inicio y, cit.*, pp. 204-206; Castro Urdaneta, J. O.: *El derecho a la vida en el umbral de la muerte: aproximación a partir de la jurisprudencia de la Sala Constitucional del Tribunal Supremo de Justicia*, Tribunal Supremo de Justicia, Fundación Gaceta Forense, Edición y Publicaciones, Caracas, 2012; Riquezes Contreras, O.: "*¿Quid est dignitas*? La dignidad humana como valor para la vida. Su invocación como fundamento para morir", *Revista Venezolana de Legislación y Jurisprudencia N° 8 Homenaje a juristas españoles en Venezuela*, 2017, pp. 273-297. Véase referencia a voto salvado en: TSJ/SCP, Sent. 1609 de 6-12-00, "en Holanda (…) el Parlamento aprobó 'un proyecto de ley que permite a los médicos ayudar a los pacientes a morir bajo condiciones estrictas'. Lo que es el delito de homicidio en Venezuela y en casi todos los países del mundo, desde esta semana no es delito en Holanda".

la integridad psicofísica y disposición del cuerpo (art. 46[431]). Desde el punto de vista civil en tales derechos también exclusivos de la persona física o persona por antonomasia se estudian tópicos vitales para los Derechos de la persona tales como el derecho de todo ser humano a no ser sometidos a exámenes o intervenciones en forma forzosa, el derecho a ser debidamente informado en caso de tratamientos médicos y que amén de ello el beneficio sea superior al riesgo en caso de someterse a experimentos médicos. La temática de los *trasplantes de órganos* y disposición del cadáver también se ubica en términos generales en el derecho a disponer del cuerpo[432]. A propósito de interpretar conforme a la Carta Fundamental, pensamos que la disposición de la Ley sobre donación y trasplantes de órganos, tejidos y células en seres humanos [433] que plantea la donación de órganos entre vivos de niños y adolescentes si se trata de familiares[434], luce inconstitucional porque viola el derecho a la integridad física, disposición del cuerpo y libertad del niño porque tales actos irreversibles precisan según es notorio en doctrina especializada de «discer-

---

[431]   Toda persona tiene derecho a que se respete su integridad física, psíquica y moral, en consecuencia: 1. Ninguna persona puede ser sometida a penas, torturas o tratos crueles, inhumanos o degradantes. Toda víctima de tortura o trato cruel, inhumano o degradante practicado o tolerado por parte de agentes del Estado, tiene derecho a la rehabilitación. 2. Toda persona privada de libertad será tratada con el respeto debido a la dignidad inherente al ser humano. 3. Ninguna persona será sometida sin su libre consentimiento a experimentos científicos, o a exámenes médicos o de laboratorio, excepto cuando se encontrare en peligro su vida o por otras circunstancias que determine la ley. 4. Todo funcionario público o funcionaria pública que, en razón de su cargo, infiera maltratos o sufrimientos físicos o mentales a cualquier persona, o que instigue o tolere este tipo de tratos, será sancionado o sancionada de acuerdo con la ley.

[432]   Véase nuestro trabajo: "Aproximación al", *cit.*, pp. 153-186.

[433]   G.O. Nº 39.808 de 25-11-11; Pellegrino Pacera, C. y A. J. Niño Gamboa: "Breves comentarios a la nueva Ley sobre donación y trasplante de órganos, tejidos y células en seres humanos", *Anuario de Derecho de Derecho Público* Nº IV-V, Centro de Estudios de Derecho Público de la Universidad Monteávila, Caracas, 2011-2012, pp. 202-218.

[434]   Su artículo 34 prevé: ...La donación en vida de órganos, tejidos y células de niños, niñas y adolescentes sólo puede estar dirigida a salvaguardar la vida de la madre, padre, hermanos, hermanas y descendientes directos, siempre que exista el consentimiento de la madre, padre y la autorización de un tribunal de protección de niños, niñas y adolescentes y sea escuchada la opinión del niño, niña o adolescente. Véase también por su carácter invasivo, artículo 19: "Ser mayor de edad, a menos que se trate de parientes donantes de células progenitoras hematopoyéticas, con el consentimiento escrito de sus padres o representante legal".

nimiento», lo cual no es predicable respecto del niño y mal puede suplir-lo el representante o el órgano judicial[435].

La libertad en su aspecto corporal encuentra consagración en el art. 44[436] constitucional, aunque también la norma consagra las debidas ga-

---

[435]   Véase nuestro trabajo: "Aproximación al", *cit.*, pp. 176-178. Véase también: Varela Cáceres, E. L.: *Lecciones de Derecho Civil i Personas.* (inédito), "En cuanto al consentimiento de los menores de edad, se considera que, al implicar el ejercicio de un derecho de la personalidad, debe exigirse una capacidad subjetiva de comprensión del acto médico, en el caso de los menores de 18 años de edad la denominada capacidad 'natural', 'progresiva' o 'evolutiva', la cual no sería co-rrecto suplantar por la del representante, ya que se está haciendo referencia a un derecho personalísimo. Sin embargo, la visión del legislador es claramente distinta, por cuando al regular la donación por menores de edad, exige, en el ca-so de células progenitoras hematopoyéticas, 'consentimiento escrito de sus pa-dres o representante legal' y en el caso de órganos, tejidos y células 'que exista el consentimiento de la madre, padre y la autorización de un tribunal de protec-ción de niños, niñas y adolescentes y sea escuchada la opinión del niño, niña o adolescente'", *cfr.* Varela Cáceres, E. L.: *La capacidad de ejercicio en los niños y ado-lescentes (especial referencia al Derecho español y venezolano)*, Editorial RVLJ, Cara-cas, 2018, pp. 127 y ss. Véase también: De Verda Y Beamonte, J.R: "El consenti-miento de los menores e incapacitados a las intromisiones de los derechos de la personalidad", *Actualidad Jurídica Iberoamericana IDIBE*, N° 1, Agosto 2014, p. 38, http://idibe.org los actos jurídicos que no afectan intereses patrimoniales sino que se asocian sino a la dimensión personal del ser humano, en el caso de los menores incapaces deben poder ejercitarlos si se hallan en condiciones de poder apreciar y querer sus consecuencias.

[436]   La libertad personal es inviolable, en consecuencia: 1. Ninguna persona puede ser arrestada o detenida sino en virtud de una orden judicial, a menos que sea sorprendida in fraganti. En este caso será llevada ante una autoridad judicial en un tiempo no mayor de cuarenta y ocho horas a partir del momento de la de-tención. Será juzgada en libertad, excepto por las razones determinadas por la ley y apreciadas por el juez o jueza en cada caso. La constitución de caución exigida por la ley para conceder la libertad del detenido no causará impuesto alguno. 2. Toda persona detenida tiene derecho a comunicarse de inmediato con sus familiares, abogado o abogada o persona de su confianza, y éstos o éstas, a su vez, tienen el derecho a ser informados o informadas del lugar donde se en-cuentra la persona detenida, a ser notificados o notificadas inmediatamente de los motivos de la detención y a que dejen constancia escrita en el expediente so-bre el estado físico y psíquico de la persona detenida, ya sea por sí mismos o con el auxilio de especialistas. La autoridad competente llevará un registro pú-blico de toda detención realizada, que comprenda la identidad de la persona de-tenida, lugar, hora, condiciones y funcionarios que la practicaron. Respecto a la detención de extranjeros o extranjeras se observará, además, la notificación con-sular prevista en los tratados internacionales sobre la materia. 3. La pena no puede trascender de la persona condenada. No habrá condenas a penas perpe-tuas o infamantes. Las penas privativas de la libertad no excederán de treinta años. 4. Toda autoridad que ejecute medidas privativas de la libertad estará obligada a identificarse. 5. Ninguna persona continuará en detención después

rantías procesales. Pero sin lugar a dudas la libertad entendida como autodeterminación del individuo, es el derecho de la persona con mayores matices y manifestaciones[437]. Toda vez que la propia Carta Fundamental se refiere a la libertad de tránsito (50[438]), libertad de religión y culto (59[439]), libertad de pensamiento (57[440]), libertad de reunión (art. 53[441]), liberta de empresa (art. 112[442]). Y se puede adicionar la libertad de expresión[443], la libertad de información[444], entre otras tantas. Sin embar-

---

de dictada orden de excarcelación por la autoridad competente o una vez cumplida la pena impuesta.

[437] Domínguez Guillén, M. C.: "Aproximación al", cit., pp. 186-195.

[438] Toda persona puede transitar libremente y por cualquier medio por el territorio nacional, cambiar de domicilio y residencia, ausentarse de la República y volver, trasladar sus bienes y pertenencias en el país, traer sus bienes al país o sacarlos, sin más limitaciones que las establecidas por la ley. En caso de concesión de vías, la ley establecerá los supuestos en los que debe garantizarse el uso de una vía alterna. Los venezolanos y venezolanas pueden ingresar al país sin necesidad de autorización alguna. Ningún acto del Poder Público podrá establecer la pena de extrañamiento del territorio nacional contra venezolanos o venezolanas.

[439] El Estado garantizará la libertad de religión y de culto. Toda persona tiene derecho a profesar su fe religiosa y cultos y a manifestar sus creencias en privado o en público, mediante la enseñanza u otras prácticas, siempre que no se opongan a la moral, a las buenas costumbres y al orden público. Se garantiza, así mismo, la independencia y la autonomía de las iglesias y confesiones religiosas, sin más limitaciones que las derivadas de esta Constitución y la ley. El padre y la madre tienen derecho a que sus hijos o hijas reciban la educación religiosa que esté de acuerdo con sus convicciones. Nadie podrá invocar creencias o disciplinas religiosas para eludir el cumplimiento de la ley ni para impedir a otro u otra el ejercicio de sus derechos. Véase: Hirsch Batist, M.: "La tolerancia religiosa y la libertad de cultos en Venezuela", Revista de la Fundación Procuraduría General de la República N° 3, Caracas, 1988, pp. 43-80.

[440] Toda persona tiene derecho a expresar libremente sus pensamientos, sus ideas u opiniones de viva voz, por escrito o mediante cualquier otra forma de expresión, y de hacer uso para ello de cualquier medio de comunicación y difusión, sin que pueda establecerse censura. Quien haga uso de este derecho asume plena responsabilidad por todo lo expresado. No se permite el anonimato, ni la propaganda de guerra, ni los mensajes discriminatorios, ni los que promuevan la intolerancia religiosa. Se prohíbe la censura a los funcionarios públicos o funcionarias públicas para dar cuenta de los asuntos bajo sus responsabilidades.

[441] Toda persona tiene el derecho de reunirse, pública o privadamente, sin permiso previo, con fines lícitos y sin armas. Las reuniones en lugares públicos se regirán por la ley.

[442] Véase: Herrera Orellana, L. A.: "Libertad económica, control de precios y reforma constitucional de 2007", Revista de la Facultad de Ciencias Jurídica y Políticas N° 131, Universidad Central de Venezuela, 2008, pp. 303-331.

[443] Véase: Silva Aranguren, A. y J. L. Suarez: "El Alcance de la libertad de expresión en la doctrina y la jurisprudencia", Revista de la Facultad de Ciencias Jurídicas

go, se afirma que la mayor expresión de la libertad en el Derecho Civil viene dado por el principio de autonomía de la voluntad[445], manifestación máxima de la autodeterminación de la persona, que tiene su perfecta manifestación en la libertad contractual, pero que se extiende a negocios unilaterales como el acto testamentario.

El artículo 20 de la Carta Fundamental dispone: «Toda persona tiene derecho al libre desenvolvimiento de su personalidad, sin más limitaciones que las que derivan del derecho de las demás y del orden público y social». En nuestro criterio dicha norma general tiende a consagrar un principio aplicable no solo al derecho a la libertad, sino que establece las limitaciones a todos los derechos personalísimos en general[446] que tienen como pared a su ejercicio el orden público y social, las buenas costumbres y los derechos de los demás.

La Constitución de 1999 consagra en su artículo 60: «Toda persona tiene derecho a la protección de su honor, vida privada, intimidad, propia imagen, confidencialidad y reputación. La ley limitará el uso de la informática para garantizar el honor y la intimidad personal y familiar de los ciudadanos y ciudadanas y el pleno ejercicio de sus derechos»[447].

---

y *Políticas* N° 99, Universidad Central de Venezuela, Caracas, 1996, pp. 213-297; Dávila Ortega, J. A.: "El derecho de la información y la libertad de expresión en Venezuela (Un estudio de la sentencia 1.013/2001 de la Sala Constitucional del Tribunal Supremo de Justicia)", *Revista de Derecho Constitucional* N° 5, julio-diciembre 2001, pp. 305-325; Flores Giménez, F.: "Las libertades de expresión e información en la Constitución de Venezuela. Análisis de una confusión", *Revista de Derecho Constitucional* N° 7, enero-junio 2003, pp. 125-135.

[444] Véanse nuestros trabajos: "Las libertades de expresión y de información", *Revista de Derecho* N° 5, Tribunal Supremo de Justicia, Caracas, 2002, pp. 19-72; "El derecho a la identidad como límite a las libertades de expresión e información", *Revista de Derecho* N° 9, Tribunal Supremo de Justicia, Caracas, 2003, pp. 343-359.

[445] Domínguez Guillén, M. C.: "Aproximación al", *cit.*, p. 189; De Freitas De Gouveia, E., E.: "La autonomía de la voluntad en el Derecho de la Persona Natural", *Revista Venezolana de Legislación y Jurisprudencia* N° 1, Caracas, 2013, p. 150.

[446] Domínguez Guillén, M. C.: "Alcance del artículo 20 de la Constitución de la República Bolivariana de Venezuela (libre desenvolvimiento de la personalidad)", *Revista de Derecho* N° 13, Tribunal Supremo de Justicia, Caracas, 2004, pp. 13-40.

[447] Véase: Contreras de Moy, A. M.: "A propósito del artículo 60 de la Constitución de la República Bolivariana de Venezuela", *Revista de Derecho de la Defensa Pública* N° 1, Caracas, 2015, pp. 69-113; De Verda y Beamonte, J. R.: "Los derechos fundamentales de la personalidad (al honor, a la intimidad y a la propia imagen) como categoría unitaria", *Revista Boliviana de Derecho* N° 23, enero 2017, pp. 54-111, www.revistabolivianadederecho.org; Martínez, M.: "Derecho Constitucional a la privacidad e intimidad", *Libro Homenaje a Enrique Tejera París*, Uni-

Dicha norma precisa la diferenciación expresa entre el derecho a la «intimidad» que supone la idea de oculto o secreto respecto de la «privacidad» que implica el derecho a no ser molestado[448]. También la norma constitucional innovó en la consagración expresa de la «imagen»[449]. Y aunque no incluyó la «voz», igual se protege[450], por individualizar desde el punto de vista sonoro a la persona[451], por amparo de la cláusula abierta constitucional[452]. La norma también ratifica la protección del derecho al «honor» aunque al final de la frase alude a «reputación» que es el lado objetivo del mismo. Toda vez que el honor es el sentimiento de apreciación que el sujeto tiene de sí mismo (honor subjetivo o autoestima) o que los demás tienen del sujeto (honor objetivo o reputación)[453]. De allí que todos tengamos reputación, pues la persona humana podría tener pésima reputación, pero subsiste su autoestima.

La persona incorporal o persona jurídica *stricto sensu*, puede ser afectada en sus derechos personalísimos: aquellos que les sean predicables

versidad Central de Venezuela, Facultad de Ciencias Jurídicas y Políticas, Caracas, 2008, pp. 417-437.

[448] Domínguez Guillén, M.C.: "Aproximación al", *cit.*, pp. 204-225. Véase también: Pellegrino P., C.: "El derecho a la intimidad en la nueva era informática, el derecho a la autodeterminación informativa y el hábeas data a la luz de la Constitución venezolana de 1999", *Estudios de Derecho Público. Libro Homenaje a Humberto J. La Roche*, Colección Libros Homenaje N° 3, F. Parra Aranguren editor, Tribunal Supremo de Justicia, Caracas, 2001, Vol. II, pp. 143-211; Basterra, M. I.: "Nuevas reflexiones en torno a la Constitución Venezolana de 1999", *Revista de Derecho Constitucional* N° 7, enero-junio 2003, p. 31, se amplía la protección de los derechos civiles en cuanto se garantiza expresamente la intimidad, la honra y la reputación, la propia imagen y la confidencialidad.

[449] Domínguez Guillén, M. C.: "Aproximación al", *cit.*, pp. 232-247.

[450] Véase igualmente respecto del ordenamiento español: De Verda Beamonte, J. R.: "Los derechos fundamentales", *cit.*, p. 101, Ciertamente que el artículo 18 de la Constitución española no consagra un derecho fundamental a la propia voz, pero, desde mi punto de vista, ello no impide que dicho bien pueda ser considerado como el objeto de un derecho de la personalidad autónomo desde la óptica del Derecho civil.

[451] Véase: *Ibíd.*, p. 103, La voz merece ser protegida por un específico derecho de la personalidad, en tanto que constituye un elemento de identificación de la persona, distinto de la imagen. Así como a aquellas imitaciones que induzcan a confusión a quienes las escuchan, de modo que asocien la voz del imitador con la de una persona perfectamente identificable. Véase contrariamente señalando que la imitación no constituye una violación del derecho a la voz, sin perjuicio de otros derechos: Domínguez Guillén, M. C.: "Aproximación al", *cit.*, pp. 249 y 250; Domínguez Guillén, M. C.: *Manual de Derecho Civil I, cit.*, p. 311.

[452] Domínguez Guillén, M. C.: "Aproximación al", *cit.*, pp. 247-256.

[453] *Ibíd.*, pp. 195-203.

según su naturaleza. Entre los que se puede citar precisamente su «reputación», pero igualmente una suerte de privacidad o intimidad asociativa. Con apoyo en la citada norma constitucional que consagra la «confidencialidad» y el secreto profesional como derivaciones o consecuencias de la intimidad y privacidad[454], la doctrina ha señalado que respecto de la persona incorporal tiene lugar con base al citado artículo 60 constitucional el «*secreto empresarial*»[455]. Esto aunado a la norma constitucional de libertad económica o libre empresa (art. 112[456]), la propiedad intelectual (art. 98[457]) y la libre competencia (art. 299[458]). Comenta FONT que también

---

[454]   Véase: Domínguez Guillén, M. C.: *Manual de Derecho Civil I, cit.*, p. 306, señalamos que la confidencialidad, el secreto profesional y la inviolabilidad de la correspondencia o comunicaciones son derivaciones de los derechos de la intimidad y privacidad a tenor del citado artículo 60 de la Constitución. Sobre el secreto profesional, véase: Domínguez Guillén, M. C.: "El Secreto profesional y el deber de testimoniar", *Estudios de Derecho Procesal Civil. Libro homenaje a Humberto Cuenca*, F. Parra Aranguren editor, Tribunal Supremo de Justicia, Caracas, 2002, pp. 243-291.

[455]   Véase: Font, T.: "Fundamento constitucional del secreto empresarial en Venezuela", *Revista Venezolana de Legislación y Jurisprudencia N° 10 edición homenaje a María Candelaria Domínguez Guillén*, 2018, (en prensa), La CRBV no protege el secreto empresarial de manera directa. Ahora bien, ello no es óbice para que, de ciertos principios constitucionales, se desprenda esa intención. En este orden, se consideran cuatro normas que cumplen con ese fin: El derecho a la confidencialidad (artículo 60), la propiedad intelectual (artículo 98), el principio de libre comercio y libre empresa (artículo 112) y la libre competencia (artículo 299). Agrega la autora: Con ocasión del paso del Estado liberal al Estado social de economía mixta se produce el cambio de la protección del secreto empresarial del ámbito de la propiedad (como derecho subjetivo del empresario) al ámbito de la competencia (como instrumento competitivo del mismo). Ante esta nueva realidad, cuando la ventaja competitiva de las informaciones reservadas es arrebatada de forma desleal. ello afecta –conforme a la competencia económica como principio político– tres intereses básicos: Los del competidor, los del consumidor y el interés público en el mantenimiento de un orden concurrencial seguro.

[456]   Todas las personas pueden dedicarse libremente a la actividad económica de su preferencia, sin más limitaciones que las previstas en esta Constitución y las que establezcan las leyes, por razones de desarrollo humano, seguridad, sanidad, protección del ambiente u otras de interés social. El Estado promoverá la iniciativa privada, garantizando la creación y justa distribución de la riqueza, así como la producción de bienes y servicios que satisfagan las necesidades de la población, la libertad de trabajo, empresa, comercio, industria, sin perjuicio de su facultad para dictar medidas para planificar, racionalizar y regular la economía e impulsar el desarrollo integral del país.

[457]   La creación cultural es libre. Esta libertad comprende el derecho a la inversión, producción y divulgación de la obra creativa, científica, tecnológica y humanística, incluyendo la protección legal de los derechos del autor o de la autora sobre sus obras. El Estado reconocerá y protegerá la propiedad intelectual sobre las obras científicas, literarias y artísticas, invenciones, innovaciones, denomina-

se fundamenta en el principio de Estado social y de derecho, proclamado en el artículo 2 con lo cual abandona la concepción individualista que dominó el siglo XIX respecto a la noción de hombre en su condición de tal dando lugar a una visión más amplia. Todo ello nos permite afirmar que el valor de la confidencialidad abarca a todas las personas en general en razón a que su contenido no es exclusivo del ser humano[459].

La Constitución de 1999 consagró la *autodeterminación informativa* (art. 28[460]), que consiste en el derecho de toda persona a dar de sí la información que a bien tenga, amén de la posibilidad de acceder a cualquier registro público o privado de datos a los fines de verificar su propia información, corregirla o actualizarla. Para lo que se prevé el recurso de *habeas data*[461].

La riqueza del derecho a la *identidad* o derecho a ser único e irrepetible conformado por una parte estática o inmutable y por otra parte dinámica o cambiante, presenta tópicos como el derecho a conocer a los

---

ciones, patentes, marcas y lemas de acuerdo con las condiciones y excepciones que establezcan la ley y los tratados internacionales suscritos y ratificados por la República en esta materia.

[458] El régimen socioeconómico de la República Bolivariana de Venezuela se fundamenta en los principios de justicia social, democratización, eficiencia, libre competencia, protección del ambiente, productividad y solidaridad, a los fines de asegurar el desarrollo humano integral y una existencia digna y provechosa para la colectividad. El Estado conjuntamente con la iniciativa privada promoverá el desarrollo armónico de la economía nacional con el fin de generar fuentes de trabajo, alto valor agregado nacional, elevar el nivel de vida de la población y fortalecer la soberanía económica del país, garantizando la seguridad jurídica, solidez, dinamismo, sustentabilidad, permanencia y equidad del crecimiento de la economía, para garantizar una justa distribución de la riqueza mediante una planificación estratégica democrática participativa y de consulta abierta.

[459] Font, T.: "Fundamento constitucional", *cit.*; Vidal Marín, T.: "Derecho al honor, personas jurídicas y tribunal constitucional", *Revista InDRET Revista para el Análisis del Derecho*, N° 397, Barcelona, 2007.

[460] Toda persona tiene derecho de acceder a la información y a los datos que sobre sí misma o sobre sus bienes consten en registros oficiales o privados, con las excepciones que establezca la ley, así como de conocer el uso que se haga de los mismos y su finalidad, y a solicitar ante el tribunal competente la actualización, la rectificación o la destrucción de aquellos, si fuesen erróneos o afectasen ilegítimamente sus derechos. Igualmente, podrá acceder a documentos de cualquier naturaleza que contengan información cuyo conocimiento sea de interés para comunidades o grupos de personas. Queda a salvo el secreto de las fuentes de información periodística y de otras profesiones que determine la ley.

[461] Véase: Domínguez Guillén, M. C., "Aproximación al", *cit.*, pp. 225-232; Pellegrino P., C.: "El derecho", *cit.*, pp. 143-211.

progenitores genéticos, la transexualidad[462], la clonación, entre otros[463]. Pues tal derecho no obstante no tener consagración expresa, claramente encuentra protección constitucional por aplicación de la cláusula abierta del citado artículo 22.

De tal suerte, que Carta Fundamental de 1999 no podía dejar de lado los derechos de la personalidad también denominados en feliz expresión de Cifuentes «*derechos personalísimos*»[464]. La doctrina patria en materia de Derecho Constitucional ha considerado igualmente la interesante referencia a los Derechos Civiles en el marco de la Carta Constitucional[465]. Por lo que el tema de los derechos de la personalidad y su perspectiva constitucional es ampliamente extenso, amén de sus interesantes consecuencias prácticas.

Existe una diferencia conceptual entre derechos de la «personalidad» y «derechos humanos»: los últimos aluden a la protección de la persona «frente» al Estado, esto es, a una posición de superioridad del agresor; en tanto que los derechos de la personalidad se orientan a la protección civil de la persona en un plano de igualdad[466]. Otros distinguen los «derechos

---

462 Véase nuestro trabajo: Domínguez Guillén, M. C.: "Algunas sentencias que declaran el cambio de sexo", *Revista de la Facultad de Ciencias Jurídicas y Políticas* N° 130, Universidad Central de Venezuela, Caracas, 2007, pp. 53-100.

463 Véase: Domínguez Guillén, M. C., "Notas sobre el derecho a la identidad", *cit.*, pp. 41-69; Pellegrino P., C.: "El empleo del cine en el estudio del Derecho Civil a través de la obra de María C. Domínguez Guillén", *Revista Venezolana de Legislación y Jurisprudencia N° 10 edición homenaje a María Candelaria Domínguez Guillén*, 2018, (en prensa).

464 Véase: Cifuentes, S.: *Derechos Personalísimos*, Astrea, 2ª ed., Buenos Aires, 1995. Véase criticando la denominación tradicional: Pérez Vargas, V.: "Los Valores de la Personalidad y el derecho civil latinoamericano", *La Persona en el Sistema Jurídico Latinoamericano*, Universidad Externado de Colombia, Colombia, 1995, pp. 98 y 99, la expresión "derechos de la personalidad" es equívoca y estrecha pues no revela el verdadero ámbito de la materia regulada; cuando hablamos de libertad, integridad, honor, no estamos hablando de simples derechos, sino se *valores* fundamentales de la persona, de los atributos de que ésta goza para el desarrollo de su existencia. Por lo que propone la utilización de la expresión "*Valores de la Personalidad*" como el título de su estudio.

465 Véase: Peña Solís, J.: *Lecciones de Derecho Constitucional Venezolano. Los Derechos Civiles*, Paredes, Caracas, 2012, T. I, pp. 21-41. Véase: *Ibíd.*, p. 41, el autor es del criterio que la calificación "derechos civiles" es técnicamente más correcta que "derechos individuales"; Brewer-Carías, A., *La Constitución de 1999, cit.*, p. 168, los "derechos civiles" son en realidad y en castellano conforme a la tradición constitucional venezolana los "derechos individuales"; Arismendi A., A.: *Derecho Constitucional, cit.*, pp. 549-562.

466 Véase: Cifuentes, S.: *Derechos Personalísimos, cit.*, p. 277; Domínguez Guillén, M.C.: "Aproximación al", *cit.*, pp. 73 y 74; Martínez Gómez, J. A.: "Diferencia

fundamentales», como «*la positivización interna con rango constitucional de los derechos humanos*», esto es, *se puede extender la calificación de fundamentales a todos los derechos de rango constitucional*[467]. Se afirma que son derechos constitucionales o derechos inherentes a la persona reconocidos, explícita o implícitamente por la Constitución[468]. Otros pretenden asociarlo a su importancia[469]. Sin embargo, considerar los derechos fundamentales como derechos con expresa consagración constitucional constituye una categoría ajena a la tradición jurídica venezolana[470], a diferencia del ordenamiento español[471]. En tal ordenamiento DE VERDA Y BEAMON-

---

de", *cit.*; Moisset de Espanés, L. y M. Hiruela de Fernández, *Derechos de la personalidad,* http://www.revistapersona.com.ar/Persona46/46Moisset.htm

[467] Véase: Antela Garrido, R.: "La idea de los derechos fundamentales en la Constitución venezolana de 1999", *Revista de Derecho Público* N° 116, 2008, pp. 41 y 44. Véase también: Carpizo, J.: "Los derechos", *cit.*, p. 14, "los derechos fundamentales, en el criterio de diversos autores, son aquellos que están recogidos en el texto constitucional y en los tratados internacionales, son los derechos humanos constitucionalizados; que su propia denominación indica la prioridad axiológica y su esencialidad en relación con la persona humana; que son los derechos humanos que se plasman en derecho positivo vigente, son las normas que protegen cualquier aspecto fundamental que afecte el desarrollo integral de la persona".

[468] Casal H., J. M.: "Condiciones para la limitación o restricción de derechos fundamentales", *El Derecho Público a comienzos del siglo XXI Estudios en homenaje al profesor Allan R. Brewer Carías*, Civitas/Instituto de Derecho Público-Universidad Central de Venezuela, Madrid, 2003, Tomo III, p. 2517, se trata de una noción constitucional abierta y flexible; Casal H., J. M.: *Los derechos fundamentales y sus restricciones*, Legis, Venezuela, 2010, p. 11, derechos garantizados constitucionalmente. Véase también: Calcaño de Temeltas, J.: "Notas sobre la constitucionalización de los derechos fundamentales en Venezuela", *El Derecho Público a comienzos del siglo XXI Estudios en homenaje al profesor Allan R. Brewer Carías*, Civitas-Instituto de Derecho Público-Universidad Central de Venezuela, Madrid, 2003, T. III, p. 2489, siendo por tal sinónimo de los derechos humanos o derechos de la persona.

[469] Véase: Faúndez Ledesma, H.: *El sistema interamericano de Protección de Derechos Humanos: aspectos institucionales y procesales*, Instituto Interamericano de Derechos Humanos, San José Costa Rica, 1996, p. 21, nota al pie N° 6, omite el autor el calificativo de "derechos fundamentales" que también tiene una connotación diferente referida a que existen derechos que se consideran más importantes que otros de naturaleza meramente accesoria, y que por su naturaleza tienen carácter absoluto y no se pueden suspender bajo ninguna circunstancia.

[470] Véase: Torrealba Sánchez, M.A: *El ámbito de competencias de la jurisdicción contencioso-administrativa en la Constitución de 1999. Análisis de la Jurisprudencia de la Sala Electoral*, Colección Nuevos Autores, N° 4, Tribunal Supremo de Justicia, Caracas, 2004, p. 92, nota al pie 18.

[471] Véase: De Verda y Beamonte, J. R.: "Los derechos fundamentales", *cit.*, pp. 56 y 57, "Una de los problemas dogmáticos recurrentes en el ámbito del Derecho de la Persona es explicar de modo adecuado la relación entre la categoría de los

TE propone una categoría única y transversal, la de los «*derechos funda-mentales de la personalidad*», en la que confluyan las dos visiones clásicas del fenómeno, porque en esencia, ambas hacen referencia a la misma realidad, evidenciado técnicas de protección distintas; aunque los consti-tucionalistas aludan a derechos fundamentales y los civilistas a los dere-chos de la personalidad[472]. Lo que permitiría desdibujar la citada distin-ción entre Derecho Público y Derecho Privado respecto de algunos dere-chos de la persona[473]. Visión interesante considerando que hemos reite-rado que distintas materias o ramas ofrecen protección simultánea a la persona, por ser el centro del sistema jurídico. Aunque en el ordenamien-to venezolano nos referimos mayormente a derechos constitucionales civiles y a derechos de la personalidad, para denotar su consagración constitucional o su protección civil, respectivamente. Y no tenemos duda de que los derechos civiles citados en la Carta Fundamental son oponi-bles tanto frente al Estado como frente a los particulares. De allí que ci-tamos regularmente la Carta Fundamental cuando mencionamos las fuentes normativas de los derechos de la personalidad.

"derechos fundamentales" y la de los "derechos de la personalidad". Las difi-cultades nacen por el diverso origen de ambas: los derechos fundamentales se conciben inicialmente como reductos de inmunidad frente a las injerencias de los poderes públicos; los derechos de la personalidad como una técnica del De-recho Civil para hacer frente a las intromisiones ilegítimas de sujetos de Dere-cho Privado en ámbitos de la propia esfera personal (física o psíquica) de los se-res humanos, justificando la puesta en marcha de la tutela inhibitoria (para ha-cer cesar la intromisión) y resarcitoria (para obtener la reparación del subsi-guiente daño moral)".

[472]   *Ibíd.*, p. 59, Este diverso origen de las categorías y las distintas finalidades con las que surgieron ambas explica la dificultad del "dialogo" entre ellas, haciendo que los constitucionalistas hablen usualmente de derechos fundamentales "a se-cas", considerado innecesaria la arraigada terminología, cara a los civilistas, de derechos de la personalidad; y, por su parte, que los privatistas, a veces, se afe-rren a la categoría dogmática de los derechos de la personalidad, refiriéndose a la protección constitucional de los mismos, como una especie de forma de tutela de los mismos, que resulta un simple "añadido molesto" , al que no hay más remedio que integrar en el marco de las enseñanzas tradicionales.

[473]   *Ibíd.*, p. 60, es evidente que la dicotomía entre derechos fundamentales-derechos de la personalidad no puede ya mantenerse como un trasunto de la distinción entre Derecho Público-Derecho Privado, entendidos estos como categorías ais-ladas o compartimentos estancos, pues, a mi parecer, no cabe la menor duda de que los derechos fundamentales (o, al menos, algunos de ellos, entre los que se encuentran el honor, la intimidad y la imagen), tienen eficacia entre los particu-lares, pues no sólo contienen mandatos de protección y límites de actuación di-rigidos a los poderes públicos, sino que también tienen como destinatarios a los ciudadanos.

b. *Su carácter enunciativo o no taxativo*

Dado el carácter meramente enunciativo de los derechos de la persona por propia disposición constitucional (art. 22[474]) que data del texto de 1858[475] al margen de su denominación; poco importa su consagración expresa en el Texto Fundamental si igualmente cuentan con protección jurídica. Es por esto que para nosotros los derechos personalísimos son inherentes a la persona en su perspectiva civil al margen de su consagración expresa o no en el texto constitucional, la cual no afecta en modo alguno su existencia jurídica, pues ésta no puede quedar en manos o voluntad del Legislador, aunque se trate del Constituyente. Aunque se pudiera alegar que su inclusión expresa propiciaría mayor seguridad jurídica.

El Constituyente no tiene el poder de limitar infundadamente o suprimir derechos personalísimos. Si ello tuviere lugar habría que acudir a una suerte de interpretación correctiva del texto constitucional porque es bien sabido que existe diferencia entre el texto de la Carta Fundamental y los principios constitucionales que transcienden la letra de dicho texto. De allí que acertadamente, la doctrina distinga entre «interpretación constitucional e interpretación de la Constitución»; la primera no puede ceñirse a los límites estrictos de la interpretación del texto[476]. A su vez, la interpretación constitucional supone que no se violente derechos naturales de las personas[477], amén del carácter progresivo e irreversible[478] de los derechos de la persona, por el cual las innovaciones son para mejorar y nunca para retroceder o limitar.

---

[474] La enunciación de los derechos y garantías contenidos en esta Constitución y en los instrumentos internacionales sobre derechos humanos no debe entenderse como negación de otros que, siendo inherentes a la persona, no figuren expresamente en ellos. La falta de ley reglamentaria de estos derechos no menoscaba el ejercicio de los mismos.

[475] Véase nuestro trabajo: "Panorama de los Derechos de la persona en las distintas Constituciones de Venezuela", *Revista de Derecho de la Defensa Pública* N° 2, Caracas, 2016, pp. 55-88, www.ulpiano.org.ve; Domínguez Guillén, M.C.: "Primacía de", *cit.*, pp. 309 y 310.

[476] Ballaguer Callejón, M. L.: *Interpretación de, cit.*, p. 24.

[477] Sagües, N. P.: "Reflexiones sobre la Constitución Vigente", *Díkaion. Lo Justo*, Revista de Actualidad Jurídica, Año 17, N° 12, Universidad de la Sabana, Colombia, 2003, p. 123.

[478] Véase: Nikken, P.: *Código de Derechos Humanos*, Colección Textos Legislativos N° 12, Editorial Jurídica Venezolana, Caracas, 1991, pp. 43-48, los derechos humanos presentan los caracteres de supremacía jerárquica, *irreversibilidad y progresividad.*

La Constitución en su artículo 22 consagra el carácter enunciativo de los derechos humanos o inherentes de la persona[479], a través de la cláusula abierta[480], que consideramos perfectamente aplicable al ámbito de los derechos de la personalidad. La aplicación directa e inmediata de los derechos al margen del desarrollo legislativo para su efectividad, impone el deber de los órganos para su protección inmediata[481]. En acertada opinión de la doctrina[482] la inexistencia de dicha cláusula constitucional llevaría a la misma consecuencia[483]; interpretación que permite la más amplia y mejor protección de los derechos. Por lo que un derecho no contenido expresamente en la Constitución o en Instrumentos internacionales que sea inherente a la persona humana, ha de ser incorporado al catálogo de derechos constitucionales implícitos[484]. De seguidas, la Carta Magna de 1999 como innovación[485], en su artículo 23[486] consagra el carác-

---

[479]   Véase: Juzgado Cuarto de Primera Instancia en lo Civil, Mercantil, Agrario, del Tránsito y del Trabajo de la Circunscripción Judicial del Estado Falcón, Sent. 14-5-03, Exp. 5226, http://falcon.tsj.gov.ve/decisiones/2003/mayo/167-14-5226-.html, "Sobre el artículo 22 citado, debe aceptarse que es una norma que contiene un principio universal de protección de los derechos y garantías inherentes al ser humano, los cuales son progresivos y no limitados a una enunciación..."; Nikken, P.: *Código de, cit.*, pp. 43-48, la enumeración de los derechos constitucionales es enunciativa y no taxativa, inherente a la persona humana.

[480]   Véase: Martínez, A. Y. e I. Faría Villareal; "La cláusula enunciativa de los derechos humanos en la Constitución venezolana", *Revista de Derecho* N° 3, Tribunal Supremo de Justicia, Caracas, 2001, pp. 133-151; Brewer-Carías, A. R.: *Principios Fundamentales de Derecho Público*, Editorial Jurídica Venezolana, Cuadernos de la Cátedras Allan Brewer-Carías N° 17, Universidad Católica Andrés Bello, Caracas, 2005, pp. 129-132; Brewer-Carías, A. R.: *La Constitución, cit.*, p. 160.

[481]   Bernad Mainar, R.: "La Constitución", *cit.*, p. 28.

[482]   Véase señalando que dicha cláusula abierta de derechos debe entenderse implícitamente contenida en aquellas Constituciones que no la consagren expresamente, para la máxima protección de los derechos: Bidart Campos, G. J.: "Los derechos no enumerados en la Constitución", *Estudios de Derecho Público. Libro Homenaje a Humberto J. La Roche*, Colección Libros Homenaje N° 3, F. Parra Aranguren editor, Tribunal Supremo de Justicia, Caracas, 2001, Vol. I, pp. 225-233.

[483]   *Ibíd.*, pp. 225-233. Concluye el autor: "Un escollo que se nos interpone aparece con las constituciones que no contienen una cláusula sobre derechos implícitos... Que la cláusula ausente sobre derechos implícitos pueda considerarse como existente en forma implícita es una buena maniobra interpretativa para dar acrecimiento y holgura al sistema de derechos en el constitucionalismo democrático", (*Ibíd.*, pp. 232 y 233).

[484]   Martínez, A. Y. e I. Faría Villareal; "La cláusula", p. 145.

[485]   Brewer-Carías, A. R.: *La Constitución, cit.*, p. 161.

[486]   Los tratados, pactos y convenciones relativos a derechos humanos, suscritos y ratificados por Venezuela, tienen jerarquía constitucional y prevalecen en el orden interno, en la medida en que contengan normas sobre su goce y ejercicio más favorables a las establecidas por esta Constitución y la ley de la República,

ter constitucional de los instrumentos internacionales en materia de derechos humanos, los cuales tienen prevalencia sobre las normas de Derecho interno inclusive de rango constitucional siempre que resulten más favorables[487], dando lugar –a propósito de la materia que nos ocupa– a la denominada «*convencionalidad*» del sistema jurídico[488]. No obstante, la diferencia conceptual entre derechos de la personalidad y derechos humanos, la esencia de algunas de su regulación o principios como es el caso del carácter enunciativo de los derechos resulta igualmente aplicable.

---

y son de aplicación inmediata y directa por los tribunales y demás órganos del Poder Público.

[487] Brewer-Carías, A. R.: *Principios de, cit.*, pp. 132 y 133. Véase también: Rincón Eizaga, L.: "La incorporación de los tratados sobre derechos humanos en el derecho interno de Venezuela en la Constitución de 1999", *Revista de la Facultad de Ciencias Jurídicas y Políticas* N° 120, Universidad Central de Venezuela, Caracas, 2001, pp. 87-108; Hernández Villalobos, L.: "Rango o jerarquía de los tratados internacionales en el ordenamiento jurídico venezolano (1999)", *Revista de Derecho* N° 3, Tribunal Supremo de Justicia, Caracas, 2001, pp. 111-131.

[488] Véase: Múñoz, R.: *Implicancias del, cit.*, En este contexto, la "convencionalización" del sistema jurídico mediante la incorporación de los tratados internacionales de derechos humanos con jerarquía constitucional, y la magnífica ampliación de derechos que ello supone, evidentemente también tiene su impacto sobre el tema. El denominado "control de convencionalidad" se diferencia del clásico control de constitucionalidad, básicamente por dos razones: primero porque aquel a diferencia de este, aparece como más amplio y expansivo, toda vez que el primero exige el estudio de compatibilidad del derecho interno, no solo en relación con el tratado internacional, sino también en conexión con las pautas interpretativas que de ellos han hecho los tribunales internacionales; y segundo, porque –como lo ha dicho la Corte IDH tan claramente en los casos "Gelman c/ Uruguay" de fecha 24/2/2011 y 20/3/2013– tienen el deber de realizarlo, a los fines de "garantizar los efectos útiles del Pacto", no solamente los jueces, sino además –dentro de sus competencias y atribuciones– todos los órganos del Estado, inclusive los Ejecutivos; Garzón Buenaventura, E. F.: "De la supremacía", *cit.*, pp. 189-204; García Jaramillo, L.: "De la "constitucionalización" a la "convencionalización" del ordenamiento jurídico. La contribución del *ius constitutionale commune*", *Revista de Derecho del Estado* N° 36, Universidad de Externado, Colombia, enero-junio 2016, p. 144, El control de convencionalidad se ejerce entre las normas del derecho interno y la Convención, toda vez que el control vincula al juez y a los demás funcionarios de los países suscriptores de la Convención en la tarea de limitar el poder político y defender los derechos humanos. Los países suscriptores se obligan a interpretar toda norma nacional de conformidad con la Convención. En caso de incompatibilidad, los organismos locales deberán abstenerse de aplicar la norma nacional para evitar la violación de los derechos protegidos; Hernández-Mendible, V. R.: "La Convencionalización del Derecho Público en América", *Hacia un Derecho Administrativo para retornar a la Democracia. Liber Amicorum al Profesor José R. Araujo-Juárez*, Editorial Jurídica Venezolana y CIDEP, Dirs. V. R. Hernández-Mendible y J. L. Villegas Moreno, Caracas, 2018 (en prensa).

Y al efecto, acertadamente se indica: «Los derechos humanos garantizados y protegidos conforme a la Constitución, no sólo son los enumerados en su texto, sino todos los que sean inherentes a la persona humana entre los que se destacan los denominados *derechos de la personalidad*»[489].

Si bien tal interpretación presenta matiz *ius naturalista*, es la que permite mejor protección de los derechos[490]. Tal fue la intención del Constituyente según reporta la doctrina: las regulaciones contenidas en los artículos 22, 23 y 31 *eiusdem*, indican, por una parte, la orientación *iusnaturalista* que predominó en la Comisión constituyente que elaboró el referido Título −o «una marcada influencia *jus naturalista*»−[491]. Efectivamente con base en la dignidad de la persona la doctrina refiere entre su fundamento una concepción *iusnaturalista* de los derechos humanos, que al margen de discusiones técnicas suponen una «exigencia ideal», fundado en normas o principios estimativos o de valor[492]. Y así como bien se ha referido, la incorporación constitucional de un sistema de derechos muestra intersecciones[493] de iusnaturalismo, pues en definitiva «*hay derechos con normas y sin normas, porque los derechos no están en las normas*»[494].

La doctrina ha elogiado el tratamiento de la Carta Magna en materia de Derechos humanos: «La Constitución de 1999 contiene una categórica reafirmación de derechos humanos, los cuales desarrolla o amplía adecuadamente o bien fija los criterios para hacerlo»[495]. Por ende también

---

[489] Brewer-Carías, A.R.: *Principios de, cit.*, p. 129.

[490] Véase: Duque Corredor, R.: *Temario de, cit.*, p. 10, a través de la consagración en las Constituciones del respeto a la vida, la libertad, la igualdad, como valores supremos del ordenamiento jurídico, el Derecho natural ha influido en el estudio del Derecho Constitucional. Agrega el autor que hoy en día, el constitucionalismo es en verdad más *ius* naturalista y menos positivista.

[491] Antela Garrido, R.: "La idea", *cit.*, p. 44.

[492] Véase: Monroy Cabra, M. G.: *Los derechos humanos*, Temis, Colombia, 1980, pp. 17-20, la mayoría de los ordenamientos "reconocen" los derechos humanos. Véase también: Vergés Ramírez, S.: *Derechos Humanos: Fundamentación*, Tecnos, Madrid, 1997, pp. 22-45.

[493] Bidart Campos, G.: "¿La incorporación constitucional de un sistema de derechos?", *El Derecho Público a comienzos del siglo XXI Estudios en homenaje al profesor Allan R. Brewer Carías*, Civitas/Instituto de Derecho Público-Universidad Central de Venezuela, Madrid, 2003, Tomo III, p. 2487.

[494] *Ibíd.*, p. 2484.

[495] Amengual Sola, V.: "Los cinco años de la Constitución de 1999: Herramientas constitucionales novedosas para la defensa de algunos derechos fundamentales de los ciudadanos", *Revista de Derecho Público* N° 109, 2007, p. 64; Hernández Villalobos, L.: "Rango o jerarquía", *cit.*, pp. 127 y 128, la Constitución presenta innovaciones en materia de derechos humanos.

indicamos que el tratamiento de la Constitución en materia de derechos de la personalidad presenta un balance positivo[496]. Por lo que los derechos personalísimos encuentran en su mayoría protección expresa en el texto constitucional venezolano. En tanto que los derechos de la personalidad que no cuenten con una expresa consagración constitucional como es el caso de la «voz», que a diferencia de la imagen no está referida en la norma del artículo 60, pero cuya protección es similar a la imagen, igualmente serán objeto de protección constitucional por aplicación de la cláusula abierta consagrada en el artículo 22. No existe excusa para negar la protección constitucional de los derechos personalísimos. El texto fundamental debe ser interpretado también desde la óptica de su protección civil, porque el poder expansivo de la Constitución ciertamente se extiende al Derecho Civil de la persona.

Finalmente, a propósito de los citados artículos 22 y 23 constitucionales, especialmente éste último que confiere rango constitucional a los instrumentos internacionales ratificados por Venezuela, se afirma que esto afectaría el tema de la *capacidad de obrar* de la persona. Ello pues la *Convención sobre los derechos de las personas con discapacidad*[497] cuyo artículo 12[498] contiene una norma a propósito de la igualdad que supone una

---

[496] Domínguez Guillén, M. C.: "Innovaciones de la Constitución", *cit.*, p. 38; Domínguez Guillén, M. C.: *Ensayos sobre, cit.*, p. 641; Garrido Vargas, V.: "Los derechos económicos, sociales y culturales (DESC) en la Constitución de 1999 y en el Derecho Internacional", *Libro Homenaje al profesor Alfredo Arismendi A.*, Paredes-Universidad Central de Venezuela, Caracas, 2008, pp. 391-450.

[497] Véase: *Ley aprobatoria de la Convención sobre los derechos de las personas con discapacidad y su protocolo facultativo* (G.O. 39.236 del 6-8-09).

[498] 1. Los Estados Partes reafirman que las personas con discapacidad tienen derecho en todas partes al reconocimiento de su personalidad jurídica. 2. Los Estados Partes reconocerán que las personas con discapacidad tienen capacidad jurídica en igualdad de condiciones con las demás en todos los aspectos de la vida. 3. Los Estados Partes adoptarán las medidas pertinentes para proporcionar acceso a las personas con discapacidad al apoyo que puedan necesitar en el ejercicio de su capacidad jurídica. 4. Los Estados Partes asegurarán que en todas las medidas relativas al ejercicio de la capacidad jurídica se proporcionen salvaguardias adecuadas y efectivas para impedir los abusos de conformidad con el derecho internacional en materia de derechos humanos. Esas salvaguardias asegurarán que las medidas relativas al ejercicio de la capacidad jurídica respeten los derechos, la voluntad y las preferencias de la persona, que no haya conflicto de intereses ni influencia indebida, que sean proporcionales y adaptadas a las circunstancias de la persona, que se apliquen en el plazo más corto posible y que estén sujetas a exámenes periódicos por parte de una autoridad o un órgano judicial competente, independiente e imparcial. Las salvaguardias serán proporcionales al grado en que dichas medidas afecten a los derechos e intereses de las personas. 5. Sin perjuicio de lo dispuesto en el presente artículo, los Estados Partes tomarán todas las medidas que sean pertinentes y efectivas para

óptica distinta en torno a la participación del incapaz de obrar. Se afirma que dicha Convención introduce un cambio de paradigma que obligaría a reinterpretar la legislación interna a favor de integrar al incapaz en la toma de decisiones sustitutivas de voluntad[499]. El artículo 12 de dicho instrumento a propósito de la igualdad introduce diversas medidas que deben tomar los Estados a los fines del ejercicio de la capacidad[500]. No obstante, la incapacitación (absoluta o relativa), está limitada a dos opciones en el Derecho Venezolano[501], lo que sin embargo, imposibilita un punto intermedio o una posible graduación del Juez. Pues se ha dicho con razón que la capacidad admite matices[502]. Mas si admitimos el carác-

---

garantizar el derecho de las personas con discapacidad, en igualdad de condiciones con las demás, a ser propietarias y heredar bienes, controlar sus propios asuntos económicos y tener acceso en igualdad de condiciones a préstamos bancarios, hipotecas y otras modalidades de crédito financiero, y velarán por que las personas con discapacidad no sean privadas de sus bienes de manera arbitraria.

[499]   Olmo, J. P: *Salud Mental y discapacidad*, Buenos Aires, Dunken, 2014, p. 27.

[500]   Véase: Pérez Gallardo, L.: "Presentación", *Personas con discapacidad: miradas jurídicas en clave convencional*, L. Pérez Gallardo (Direct.); C. A. Agurto Gonzáles; S. L. Quequejan Mamani y B. Choque Cuenca, (Coord), Biblioteca de Derecho Privado en América Latina, Ediciones Olejnik, Argentina, 2018, pp. 9-11: Pérez Gallardo, L.: La aplicación de la Convención de los derechos de las personas con discapacidad (CDPD) por la Sala de lo Civil y de lo Administrativo del Tribunal Supremo cubano", *Revista Venezolana de Legislación y Jurisprudencia N° 10 edición homenaje a María Candelaria Domínguez Guillén*, 2018, (en prensa).

[501]   Véanse nuestros trabajos: "El procedimiento de incapacitación", *Revista de la Facultad de Ciencias Jurídicas y Políticas* N° 122, Universidad Central de Venezuela, Caracas, 2001, pp. 259-401; "La incapacitación en el Derecho venezolano", *Revista de Derecho de Familia y de las Personas*, Año vii, N° 2, La Ley, Buenos Aires, 2015, pp. 143-168.

[502]   Véase: Pérez Gallardo, L.: *Conferencia Internacional Capacidad, discapacidad e incapacidad: en clave convencional, retos para el desarrollo Iberoamericano*. Poder Judicial Corte Suprema del Perú (*Disertación del experto cubano en Palacio de Justicia Perú*), 3-5-16,   https://www.youtube.com/watch?v=iMekJdLYuKM   incapacitación alude a la privación de la capacidad en sede judicial. Pero, así como la vida está llena de grises, existen pues "tonalidades", no todo es "blanco" o "negro", lo mismo acontece en materia de incapacitación y el Juzgador puede graduar o modular la incapacidad de acuerdo a las potencialidades del sujeto. No será el mismo tratamiento jurídico para la prodigalidad que para una esquizofrenia o síndrome de Down. El juez se convierte así en una suerte de sastre del Derecho que dicta una decisión que gradúa la capacidad de obrar. Sin embargo, refiere que el artículo 12 de la *Convención sobre los Derechos de las Personas con Discapacidad*, consagra el ejercicio de la capacidad jurídica de las personas con discapacidad. Ello podría replantear la noción de incapacitación pues la Convención utiliza el término "medidas de apoyo"; Pérez Garrardo, L.: "Diez interrogantes sobre el juicio notarial de capacidad: un intento de posibles respuestas. Especial referencia a las personas con discapacidad", *Discapacidad y Derecho Civil.*

ter no programático de tales instrumentos estaremos obligados a interpretar las normas relativas a la capacidad, bajo los lineamientos de la citada Convención. Situación semejante se ha planteado en la doctrina patria en materia de la capacidad de menores[503] respecto a su interpretación a tono con la Convención de los derechos del niño[504]. De allí que se alude modernamente según indicamos no solo a «constitucionalización» sino también a «convencionalización» del ordenamiento jurídico.

3. La familia

La familia recibe también dimensión constitucional en su estructura fundamental en instituciones como el matrimonio, la filiación y la patria potestad[505]. «Las relaciones familiares se han convertido en parte sustancial de las preocupaciones constitucionales»[506], por lo que la Constitución venezolana, mal podía ser la excepción dentro de tal tendencia[507]. Pues la

(Coord. L. Pérez Gallardo). Dykinson, Madrid, 2014, p. 60, "tenemos una visión bicolor de la capacidad, no hay matices en la manera en que se han venido aplicando los escasos preceptos reguladores de la materia".

503 Véase: Varela Cáceres, E. L.: La capacidad de ejercicio de en los niños y adolescentes. Especial referencia al Derecho español y Venezolano, Universitat de Barcelona, Facultad de Derecho, Trabajo Final de Máster de Derecho de Familia e Infancia, España, septiembre 2017.

504 Gaceta Oficial de la República de Venezuela N° 34541, de 29-08-90.

505 Arce y Flórez-Valdés, J.: El Derecho, cit., p. 72.

506 Véase: Tapia Rodríguez, M.: "Constitucionalización del Derecho de Familia (s) El caso chileno: las retóricas declaraciones constitucionales frente a la lenta evolución social", Revista Chilena de Derecho Privado N° 8, julio 2007, 155-199; Lathro, F.: "Constitucionalización y", cit.: Criollo, J.E.: "Constitucionalización de la normativa familiar. Efectos personales y patrimoniales entre los cónyuges", Memoria del VIII Congreso Mundial sobre Derecho de Familia Caracas, 1994, Publicidad Gráfica León S. R. L., Caracas, 1996, T. II, pp. 675-696; Burt, R. A.: "La constitución de la familia", Derecho, infancia y familia, Colección Biblioteca Yale de Estudios Jurídicos, M. Belfo (compiladora), Gedisa, Barcelona 2000, Trad. G. Pinto, p. 37. Véase también: Roca Trías, E.: "Familia y Constitución", Derecho, Sociedad y Familia: cambio y continuidad. Anuario de la Facultad de Derecho de la Universidad Autónoma de Madrid 10 (2006), Edición a cargo de A. M. Morales y J. M. Miquel, Madrid, 2007, pp. 207-227; Martínez López-Muñiz, J. L.: "La familia en la Constitución española", Revista Española de Derecho Constitucional N° 58, CEPC, Madrid, 2000, pp. 11-42.

507 Véase: Raffalli A., J. M.: "La protección de la familia en la Constitución Venezolana de 1.999", Temas de Derecho Civil. Libro Homenaje a Andrés Aguilar Mawdsley, Colección Libros Homenaje N° 14, Tribunal Supremo de Justicia, F. Parra Aranguren editor, Caracas, 2004, Vol. II, pp. 357-384; Varela Cáceres, E. L.: "El derecho", cit., pp. 48-78; Hernández, J. I: "Breves comentarios sobre las bases constitucionales de la Familia y el divorcio en Venezuela", Revista Venezolana de Legislación y Jurisprudencia N° 6 Edición Homenaje a Arturo Luis Torres-Rivero, Caracas, 2016, pp. 107-143; Wills Rivera, L.: "Protección de los derechos constitucionales

familia es una institución preexistente al Estado que la reconoce como una asociación natural[508]. El enfoque constitucional ha sido relevante para la materia del Derecho Privado especialmente familiar, en la doctrina patria y extranjera[509]. En Chile sin embargo se ha considerado que las declaraciones constitucionales en materia de Derecho de Familia presentan un contenido mayormente retórico a diferencia del Derecho Civil patrimonial[510].

Una parte creciente de la dogmática contemporánea del Derecho de Familia en Latinoamérica ha analizado las formas en que nuestras Constituciones definen y regulan la vida familiar, así como en las implicancias de los derechos constitucionales de los miembros de la familia. Inspirados en el proceso de constitucionalización del Derecho, especialistas en Derecho de Familia y de Derecho de la Infancia han comenzado a efectuar un análisis dogmático que se relaciona directamente con los principios, normas y precedentes constitucionales, llegando a afirmar que la constitucionalización del Derecho de Familia ha «transformado» esta rama del Derecho. Así, sobre la base de este enfoque, han comenzado a cuestionar las bases de una dogmática que justifica la regulación de la vida familiar en términos de una concepción orgánica e ideal de la familia y un reconocimiento desigual de los derechos individuales de todos los miembros de la familia (en particular, las mujeres y niños)[511].

La familia como célula fundamental de la sociedad presenta expresa consagración en el texto constitucional venezolano en su artículo 75 que data de 1947[512] y que dispone:

El Estado protegerá a las familias como asociación natural de la sociedad y como el espacio fundamental para el desarrollo integral de las personas. Las relaciones familiares se basan en la igualdad de derechos y deberes, la solidaridad, el esfuerzo común, la comprensión mutua y el respeto recíproco entre sus integrantes. El Estado garantizará protección a la madre, al padre o a quienes ejerzan la jefatura de la familia. Los niños, niñas y adolescentes tienen derecho a vivir, ser criados o criadas y a

---

de la familia", *Revista de la Fundación Procuraduría General de la República* N° 20, Caracas, 1998, pp. 107-133; Andueza, J. G.: "Aspectos Constitucionales en relación con la Reforma del Código Civil", *Revista de la Facultad de Derecho* N° 32, Universidad Católica Andrés Bello, 1981, pp. 115-127.

508   Spósito Contreras, E.: *Nuestras primeras, cit.*, p. 159.

509   Domínguez Guillén, M. C.: "Panorama de", *cit.*, p. 58.

510   Tapia Rodríguez, M.: "Constitucionalización del", *cit.*, pp. 155, 159 y 160, 194.

511   Lathro, F.: "Constitucionalización y", *cit.*

512   Su protección data de la Constitución de 1947, así como la protección del niño a partir de la concepción. Véase nuestro trabajo: "Panorama de", *cit.*, pp. 78 y 79.

desarrollarse en el seno de su familia de origen. Excepcionalmente, cuando ello no sea posible o contrario a su interés superior, tendrán derecho a una familia sustituta, de conformidad con la ley. La adopción tiene efectos similares a la filiación y se establece siempre en beneficio del adoptado o la adoptada, de conformidad con la ley. La adopción internacional es subsidiaria de la nacional[513].

La maternidad, que incluye la protección al concebido y la paternidad encuentra consagración expresa en el artículo 76[514], así como la referencia a la obligación de alimentos[515]. La consagración constitucional de la obligación de alimentaria proyecta la «reciprocidad» de tal figura, toda vez que incluye expresamente «el deber de los hijos de asistir a sus progenitores»[516], así como la expresa alusión a la obligación alimentaria, que constituye una expresión patrimonial del deber de solidaridad familiar, y que la LOPNNA de 2007 denomina en caso de niños y adolescentes «obligación de manutención»[517].

Conviene mencionar que los derechos de las familias indicados en la Constitución, y que se pasan a comentar de seguida, son catalogados como derechos humanos o fundamentales, con dichos epítetos se quiere hacer alusión a que las facultades en referencia, gozan de una naturaleza especial, las cuales se pueden resumir indicando que gravitan en valores superiores como la dignidad, libertad e igualdad; así también detentan mecanismos privativos de reconocimiento no únicamente en el orden interno sino en el internacional, por tanto privan estos últimos cuando contengan normas más favorables a su desarrollo, según los extremos del artículo 23 del Constitución de la República Bolivariana de Venezuela. Igualmente exigen una interpretación progresiva y una protección «interdependientes» e «indivisibles», lo que en palabras precisas implica

---

[513]   Véase comentando dicha norma: Varela Cáceres, E. L.: "El derecho", *cit.*, pp. 27-115; Barrios, H.: "Nuevas Tendencias en el Derecho de Familia", *Primer año de vigencia de la LOPNA. Segundas Jornadas sobre la Ley Orgánica para la Protección del Niño y del Adolescente,* Universidad Católica Andrés Bello, Facultad de Derecho, Centro de Investigaciones Jurídicas, Caracas, 2001, pp. 233-253; Bernad Mainar, R.: "Nuevas tendencias del Derecho de Familia: Estudio comparativo de los Derechos venezolano y español", *Estudios sobre Derecho de la Niñez y Ensayos penales. Libro Homenaje a María Gracia Morais,* Universidad Católica Andrés Bello, Caracas, 2011, pp. 35-70.

[514]   Véase nuestro trabajo: "Acerca del", *cit.*, pp. 319-324; Spósito Contreras, E.: *Nuestras primeras, cit.*, pp. 159-167.

[515]   Véase sobre esta nuestro *Manual de Derecho de Familia, cit.*, pp. 39-72.

[516]   Domínguez Guillén, M. C.: "Acerca del", *cit.*, p. 333.

[517]   *Ibíd.*, pp. 334-337.

que deben cumplirse integralmente para que efectivamente desempeñen su finalidad que es proteger a la persona[518].

En tanto que el matrimonio entre un hombre y una mujer así como la unión estable de hecho o concubinato también entre un hombre y una mujer presenta protección constitucional en el artículo 77[519] de la Constitución venezolana. Sobre los efectos de la unión de hecho estable equiparable al matrimonio, la Sala Constitucional dictó la decisión 1682/2005, siendo la sentencia líder sobre la materia[520], no obstante las consideraciones previas de la doctrina[521]. Posteriormente la propia Sala Constitucio-

---

[518]   Varela Cáceres, E. L.: "El derecho", cit., pp. 55 y 56; Chavero Gazdik, R.: "Modificaciones no formales de la Constitución", Revista de Derecho Constitucional N° 2, enero-junio 2000, p. 251, con la ratificación de tratados, pactos y convenciones internacionales referentes a derechos humanos o en casos en que Venezuela celebre tratados internacionales y se adopten acuerdos de integración se podrá estar modificando la Constitución, sin que sea necesario acudir a los mecanismos formales.

[519]   Se protege el matrimonio, el cual se funda en el libre consentimiento y en la igualdad absoluta de los derechos y obligaciones de los cónyuges. Las uniones estables de hecho entre un hombre y una mujer que cumplan los requisitos establecidos en la ley producirán los mismos efectos que el matrimonio.

[520]   Véase sentencia 1682 de 15-7-05, entre otras consideraciones relativas a la convivencia y al apellido de la mujer, indica la sentencia que la unión estable se regirá por las normas del régimen patrimonial-matrimonial, aun cuando la Sala descarta la posibilidad de una suerte de capitulaciones; se reconoce la vocación hereditaria (incluyendo el respeto a la legítima) y una suerte de obligación de alimentos. Admite la posibilidad del "concubinato putativo" "que nace cuando uno de ellos, de buena fe, desconoce la condición de casado del otro" y pudiera proyectarse económicamente, considera nula la venta entre concubinos por aplicación del artículo 1481 del Código Civil y señala que la sentencia que declare el concubinato surte los efectos del artículo 507 ord. 2 del Código Civil. Véase sobre la sentencia: Domínguez Guillén, M.C.: "Más sobre las uniones estables de hecho según la Sala Constitucional del Tribunal Supremo de Justicia", Revista de Derecho N° 27, Tribunal Supremo de Justicia, Caracas, 2008, pp.133-167; Wills Rivera, L.: "Efectos de la unión estable de hecho en la Constitución venezolana", Libro homenaje al profesor Alfredo Arismendi A., Paredes-Universidad Central de Venezuela, Caracas, 2008, pp. 831-854; Del Moral, A.: "Contenido y alcance del artículo 77 de la Constitución de la República Bolivariana de Venezuela, según sentencia de la Sala Constitucional del 15 de julio de 2005", Revista de Derecho N° 27, Tribunal Supremo de Justicia, 2008, pp. 111-131; Carrillo Artiles, C. L: "Desatinos y aciertos de la sentencia de la Sala Constitucional que interpreta el artículo 77 de la Constitución de 1999, en torno al alcance y contenido de las uniones estables de hecho", Tendencias actuales del Derecho Constitucional Homenaje a Jesús María Casal Montbrun, Universidad Central de Venezuela y Universidad Católica Andrés Bello, , T. II, Caracas, 2007, pp. 611-632.

[521]   Véase nuestro trabajo: "Las uniones concubinarias en la Constitución de 1999", Revista de Derecho N° 17, Tribunal Supremo de Justicia, Caracas, abril 2005, pp. 215-247. Véase también sobre el tema en general: González Fernández, A.: El

nal en 2008 considera que la norma constitucional del artículo 77 no es extensible a las uniones homosexuales sin perjuicio de la posibilidad de la existencia de una comunidad ordinaria[522]. En tanto que finalmente en 2016, dicha Sala asoma el concepto de «familia homoparental» a propósito de inseminación artificial respecto de una de las mujeres de la pareja[523].

A raíz de la citada sentencia 1682/2005 de la Sala Constitucional se refiere la necesidad de una decisión judicial merodeclarativa a los fines de acceder *a posteriori* a la partición, y las decisiones judiciales posteriores apuntan generalmente en esta vía[524] a pesar de la crítica de la doctrina[525].

Concubinato (Texto actualizado según Constitución de 1999), Buchivacoa, Caracas, 1999; Guerrero Quintero, G.: *El concubinato en la Constitución venezolana vigente*, Tribunal Supremo de Justicia, Colección Estudios Jurídicos N° 22, Caracas, 2008.

[522] Véase sentencia N° 190 de 28-2-08. Véanse nuestros trabajos: "Más sobre", *cit.*, pp. 133-167; "Breves consideraciones jurídicas sobre las uniones homosexuales en el marco de la Constitución venezolana", *Revista Cuestiones Jurídicas*, Vol. VII, N° 1, Universidad Rafael Urdaneta, 2013, pp. 11-40. Véase también: Peña Solís, J.: "Análisis crítico de la sentencia de la Sala Constitucional N° 0190 de 28 de febrero de 2008: interpretación de los artículos 21 y 77 constitucionales; derecho a la igualdad, uniones estables de hecho y extensión de los efectos del matrimonio a uniones concubinarias", *Revista de Derecho* N° 27, Tribunal Supremo de Justicia, 2008, pp. 287-322; Abreu Burelli, A.: "Derecho a la igualdad y no discriminación (Con referencia a la Jurisprudencia de la Sala Constitucional del Tribunal Supremo de Justicia sobre la igualdad y no discriminación en razón de la orientación sexual de la persona)", *Revista de Derecho* N° 27, Tribunal Supremo de Justicia, 2008, pp. 85-110; Padilla Alfonzo, A.: "Consideraciones respecto a las uniones de género a la luz de la sentencia de la Sala Constitucional de fecha 28 de febrero de 2008", *Revista de Derecho* N° 27, Tribunal Supremo de Justicia, 2008, pp. 263-286.

[523] Véase: TSJ/SConst., Sent. N° 1187 de 15-12-16; Varela Cáceres, E. L.: "La última sentencia de la Sala Constitucional en materia de instituciones familiares: la familia homoparental", *Revista Venezolana de Legislación y Jurisprudencia* N° 9, 2017, pp. 225-259, www.rvlj.com.ve

[524] TSJ/SConst., Sent. 1258 de 7-10-09, "De igual manera, esta Sala observa que la acción merodeclarativa de reconocimiento de unión concubinaria y la partición de bienes de la comunidad concubinaria deben ser tramitadas por procedimientos distintos". Véase señalando el cambio de jurisprudencia a raíz de la decisión de la Sala Constitucional: TSJ/SCC, Sent. 00782 de 19-11-08; TSJ/SConst., Sent. 530 de 3-6-10; TSJ/SCC, Sent. 00465 de 21-7-08; TSJ/SCC, Sent. 000651 de 30-11-11; TSJ/SCC, Sent. 000564 de 25-11-11; TSJ/SCC, Sent. 000326 de 21-7-10 "Resultó ratificado por esta Sala, como ha quedado transcrito, que para demandar la partición de una comunidad concubinaria, el libelo respectivo, indispensablemente, debe ir acompañado de la declaratoria judicial definitivamente firme, de la existencia de dicha comunidad".

[525] Véase: Varela Cáceres, E. L.: "Una lección. La unión estable de hecho (Comentario a la sentencia N° RC 000326 de la Sala de Casación Civil del Tribunal Supremo de Justicia)", *Revista Venezolana de Legislación y Jurisprudencia* N° 1, Caracas, 2013, pp. 329-380, El autor es partidario a diferencia de la decisión que co-

Vale observar que a la época de la citada decisión no existía la LORC que en sus artículos 117 y ss. prevé el registro de la unión concubinaria por lo que pareciera inoficioso pretender también una sentencia merodeclarativa en tales casos que medie un acta registrada[526] y no se impugne la misma o el tiempo de dicha unión.

La importante función de la Sala Constitucional en la interpretación de la unión estable de hecho también ha tenido lugar en la jurisprudencia colombiana[527]. Ahora bien, a propósito de la interpretación de la Carta fundamental, al margen de las diversas críticas de las que fue objeto la citada decisión 1682/2005, el aspecto relativo a que la estabilidad de la unión estable derive –a decir de la Sala– del transcurso de dos (2) años con base analógica de una norma de rango *infra* constitucional[528], es a nuestro juicio contrario al propio artículo 77 constitucional. Pues la norma es clara en asimilar dicho status a la unión matrimonial. Por lo que mal puede la Sala Constitucional pretender interpretar la norma reduciendo el propio alcance que le dio el Constituyente. Impropiedad que rectificó posteriormente la Ley Orgánica de Registro al no imponer tiempo mínimo para el registro de la unión de hecho estable. La «estabilidad» en el concubinato responde simplemente a que no se trata de una unión esporádica o pasajera. Pretender imponer un tiempo mínimo amén de

---

menta de "la opción de acumular las pretensiones de declaración de unión estable de hecho y la de partición, para ser tramitadas a través del procedimiento especial de partición es una solución que encuentra un sustento: en los principios que nutren la actividad jurisdiccional…"; Guerrero Quintero, G.: *Declarativa concubinaria y partición de bienes comunes. Doctrina-Jurisprudencia-Legislación*, Álvaro Nora, Caracas, 2013, pp. 277-298, el autor se pronuncia por la posibilidad de acumulación bajo el título del capítulo *"acumulación y justicia material"*; Guerrero Quintero, G.: "Acumulación de pretensiones merodeclarativa concubinaria y partición de bienes", *Estudios de Derecho Procesal. Libro Homenaje al doctor Adán Febres Cordero*, Universidad Católica Andrés Bello, S. Yannuzzi Coord., Caracas, 2013, pp. 267-299.

[526] Véase: Domínguez Guillén, M. C.: *Manual de Derecho de Familia, cit.*, p. 424; Garcías Calles, I.: "Aportes de la Ley Orgánica de Registro Civil a la unión estable de hecho", *Revista Venezolana de Legislación y Jurisprudencia N° 6 Edición Homenaje a Arturo Luis Torres-Rivero*, 2016, pp. 95 y 96.

[527] Véase: Hernández-Mendible, V. R.: "La constitucionalización de la unión marital de hecho a través de la jurisprudencia", *Revista Venezolana de Legislación y Jurisprudencia N° 10 edición homenaje a María Candelaria Domínguez Guillén*, 2018, (en prensa).

[528] Indica la Sala: "Siguiendo indicadores que nacen de las propias leyes, el tiempo de duración de la unión, al menos de dos años mínimo, podrá ayudar al juez para la calificación de la permanencia, ya que ese fue el término contemplado por el artículo 33 de la Ley del Seguro Social, al regular el derecho de la concubina a la pensión de sobrevivencia".

prestarse a fraude contraría el espíritu de la norma constitucional[529]. La citada Ley sobre donación y trasplantes de órganos, tejidos y células en seres humanos (art. 18[530]) pretende tomar dicho lapso a los fines de la procedencia de la donación entre concubinos. Ello se presenta ilógico no solo porque la indicación temporal de la Sala no es obligatoria, sino porque la tendencia en doctrina extranjera apunta a facilitar la donación gratuita entre no parientes siempre que medie la «gratuidad», lo cual se ha resuelto a todo evento con autorización judicial[531]. Bien puede concluirse que el citado artículo 18 de la citada ley especial, luce inconstitucional por contrario al artículo 77 de la Carta Fundamental, al margen del análisis de la constitucionalidad de la prohibición de donación entre no parientes.

---

[529] Véase: Domínguez Guillén, M. C.: *Manual de Derecho de Familia, cit.*, pp. 466 y 467, vale indicar que *no* nos parece que se pretenda establecer un *tiempo límite* mínimo que sea indicativo de la estabilidad la relación concubinaria porque según indicamos tal estabilidad no depende de un número determinado de años ya que el ordenamiento no impone un tiempo mínimo –a pesar de las referencias legislativas para casos particulares–, pues lo que simplemente se descartan son las relaciones que aunque duraderas no supongan una comunidad de vida. De allí que no se debería establecer limitaciones que la norma constitucional no impone; en el matrimonio cualquiera que sea el tiempo de vigencia de éste, los bienes habidos forman parte de la comunidad y lo mismo debe acontecer respecto de la relación concubinaria. El tiempo indicativo de los dos (2) años referidos en función de una ley especial, ha de servir simplemente como criterio orientador que en modo alguno constituye óbice para considerar uniones estables con un tiempo de duración inferior a tal lapso. Al efecto se ha indicado acertadamente la improcedencia rígida de tal criterio en especial de después de la LORC que prevé su registro sin limitación temporal: "la estabilidad no depende de un número determinado de años, lo que se precisa es que la unión no responda a relacionamientos fugaces, sino que persiga el acompañamiento mutuo en la vida diaria, que responda a un compromiso de vida juntos, de colaboración afectiva y material" (TSJ/SCS, Sent. 0582 del 13-6-12). Por otra parte, lo contrario se prestaría a sustraerse voluntariamente del instituto por cuestiones temporales o matemáticas

[530] Serán admitidos como donantes de órganos, tejidos y células con fines terapéuticos, los parientes hasta el quinto grado de consanguinidad, el o la cónyuge, el concubino o concubina en unión estable de hecho <u>durante los dos últimos años como mínimo</u>, entre quienes se hubiere comprobado el nexo por una autoridad civil y además la compatibilidad entre donante y receptor mediante las pruebas médicas correspondientes. La misma regla se aplicará para los casos de filiación por adopción. La realización de trasplantes cruzados debe contar con autorización previa del órgano rector en materia de salud en el país. (Destacado nuestro).

[531] Véase nuestro trabajo: "Aproximación al", *cit.*, pp. 174 y 175, se cita sentencia argentina de 6-6-95 que la ex cónyuge logró autorización para ser donante de riñón del padre de su hijo.

En cuanto a la filiación, la Constitución privilegia la filiación biológica o genética[532] que ha de coincidir con la legal (art. 56), existiendo sobre la materia importantes decisiones de la Sala Constitucional del Tribunal Supremo de Justicia que podemos citar al margen de estar de acuerdo con el fondo, tales como la criticada posibilidad de reconocimiento del hijo de la mujer casada por un tercero distinto al cónyuge[533], la impugnación de la paternidad por un sujeto distinto al cónyuge de la madre[534], la presunción en contra del demandado en caso de negativa a practicarse la experticia filiatoria[535], la imprescriptibilidad de la acción de inquisición de paternidad o maternidad[536], el carácter «absolutamente potestativo» de la regularización de la filiación ante el registro civil[537], reproducción asistida *post mortem*[538] y autorización para alejarse del hogar común[539], el carácter de orden público de la filiación[540], entre otras[541].

---

[532]   Véase sobre el tema y su proyección constitucional: Aguilar Camero, R. A.: *La filiación, cit.*, 2013, *in totum*.

[533]   Véase: TSJ/SConst., Sent. 1443 de 14-8-08 incluyendo voto salvado; Varela Cáceres, E. L.: "La identidad biológica y la filiación: Comentario a la sentencia del Tribunal Supremo de Justicia, en Sala Constitucional N° 1443 de fecha 14 de agosto de 2008", *Revista de la Facultad de Ciencias jurídicas y Políticas* N° 134, Universidad Central de Venezuela, Caracas, 2009, pp. 219-269.

[534]   TSJ/SConst., Sent. 868 de 8-7-13, "En este mismo sentido, debe esta Sala ratificar el criterio expuesto, en cuanto a que no se trata de una colisión del artículo 201 del Código Civil con el artículo 56 de la Constitución de la República Bolivariana de Venezuela, que dé lugar a la desaplicación del referido dispositivo legal, pues el mismo no excluye ni prohíbe la investigación y determinación de la paternidad por una persona distinta del marido, sino que no regula expresamente una situación distinta. De allí pues que conforme a una *interpretación constitucionalizante* de la norma, vista la preconstitucionalidad de la misma y del reconocimiento que actualmente existe del derecho que poseen tanto el hijo nacido en esas condiciones como el padre biológico de éste, de que se establezca la filiación exacta o biológica de una persona, se tiene que prima la aplicación directa y preferente del artículo 56 de la Constitución de la República Bolivariana de Venezuela". (Destacado nuestro).

[535]   Véase: TSJ/SConst., Sent. 1235 de 14-8-12.

[536]   TSJ/SConst., Sent. N° 806 de 8-7-14.

[537]   TSJ/SConst., Sent. 1757 de 22-12-15, "Se autoriza al solicitante, ciudadano (…) el ejercicio de los derechos que le corresponden como consecuencia del reconocimiento de dicha filiación, siendo absolutamente potestativo para dicho ciudadano regularizar su registro civil con todas las consecuencias legales que ello comporta, sin perjuicio del ejercicio de las acciones por daño moral que le correspondan".

[538]   Véase: TSJ/SConst., Sent. 1456 de 27-7-06 (permitiendo la fertilización *post mortem* con semen del difunto marido, lo que afecta el derecho del niño a tener un padre). Véase sobre tal problemática: Domínguez Guillén, M. C.: "Breve referencia a la filiación *post mortem*", *Revista de la Facultad de Ciencias jurídicas y Polí-*

Vale igualmente comentar que el reconocimiento del hijo de la mujer casada sin la realización de la respectiva prueba de ADN que acredite la filiación biológica, luce igualmente inconstitucional, no obstante la previsión de la citada sentencia 1443/2008 y del Reglamento N° 1 de la LORC dictado por el CNE[542]. Ello pues es bien sabido que las relaciones sexuales con un tercero distinto al cónyuge de la madre, no excluyen la paternidad de éste (CC, art. 205) y de allí que se precise algún tipo de control judicial a fin de garantizar la verdad de la filiación genética o biológica (art 56), que no viene dada por la simple concurrencia de manifestación o voluntad de los interesados (en expresión de la citada sentencia[543]) por

<hr>

ticas N° 134, Universidad Central de Venezuela, Caracas, 2009, pp. 195-217; TSJ/SConst., Sent. N° 1187 de 15-12-16 (citada *supra* a propósito de la familia homoparental).

[539] Sent. N° 1039 de 23-7-09, G.O. 39.238 de 10-8-09 (sobre la autorización para alejarse del hogar común art. 138 Código Civil). "…acerca de las solicitudes de autorización por parte de uno de los cónyuges para separarse de la residencia común, desde el referido fallo N° 5135/2005, la Sala ha señalado-….exigir que se amplíe la prueba sobre los puntos en que la encontrare deficiente, y aún requerir otras pruebas que juzgaren indispensables…No obstante, ello es un criterio que con ocasión de esta *interpretación constitucionalizante* del artículo 138 del Código Civil debe ser abandonada…". (Destacado nuestro).

[540] Véase: TSJ/SConst., Sent. N° 2240 de 12-12-06, "en los supuestos de filiación prevalece el interés social y de orden público que subyace en las declaraciones de paternidad".

[541] Véase: Sent. N° 953 de 16-7-13 (anula el impedimento de *turbatio sanguinis* al que alude art 75 del Código Civil).

[542] Véase: Resolución N° 121220-0656, mediante la cual se resuelve dictar el Reglamento N° 1 de la Ley Orgánica de Registro Civil (G.O. N° 40093 de 18-1-13), art. 34: "Cuando la declaración de nacimiento de niño, niña o adolescente, se realizada por el padre y la madre se encuentra unida con vínculo matrimonial con persona distinta a quien está haciendo la presentación, el Registrador o Registradora Civil hará la inscripción con los datos indicados por los presentantes, quienes se atribuyen la cualidad de progenitores. En ese caso las personas que tengan interés legítimo podrán intentar las acciones filiatorias antes los tribunales competentes".

[543] TSJ/SConst., Sent. 1443 de 14-8-08, "Es por estas razones, que no pueden los órganos administrativos abstenerse de registrar un acta de nacimiento solicitada por la madre de una filiación extramatrimonial, fundamentando la negativa en la presunción establecida en el artículo 201 del Código Civil, *cuando exista concurrencias de voluntades de las partes involucradas*, ya que la resolución de la controversia en virtud del conflicto surgido entre la paternidad biológica y la legal, dada la preeminencia que debe tener la identidad biológica sobre la identidad legal, todo ello de conformidad con lo expuesto en el artículo 56 de la Constitución de la República Bolivariana de Venezuela". (Destacado nuestro). Véase voto salvado: TSJ/SConst., Sent. 1443 de 14-8-08, que indica que la interpretación de la mayoría: "… introduce un elemento de desconcierto social que puede influir negativamente en el pacífico discurrir de las relaciones interfamiliares,

tratarse de un asunto de estricto orden público y estar en juego el interés superior del niño (art. 78) con primacía constitucional[544].

Igualmente el instituto del «divorcio» ha sido sustancialmente afectado por las decisiones de la Sala Constitucional en lo atinente al procedimiento inicialmente no contencioso del artículo 185ª del Código Civil,[545] la no taxatividad de las causales de divorcio del artículo 185 del Código Civil[546] y la que atribuye competencia en materia de divorcio sin procedimiento previo a los jueces de Municipio en aquellos casos asignados originalmente a los jueces de paz comunal[547] por la Ley Orgánica

---

creando innecesariamente conflictividad en el ámbito civil privado porque ninguna madre en su sano juicio se arriesgaría a estigmatizar socialmente a su hijo".

[544]   Véase: Domínguez Guillén, M. C.: *Manual de Derecho de Familia*, *cit.*, pp. 231 y 232, La citada normativa de rango sublegal pretende subvertir una regla imperativa de orden público, pero mal podría tener valor jurídico, amén de que escapa del carácter reglamentario que reviste. De tal suerte, que seguimos pensando que la presunción de paternidad matrimonial puede ceder y permitir el reconocimiento de un tercero distinto al cónyuge de la madre, pero con un mínimo de control judicial previo que efectivamente garantice la verdad biológica y por tal vaya más allá de la simple declaración de voluntades de los interesados, toda vez que la filiación excede la simple voluntad de los particulares. Y el propio interés superior del menor impone rigurosidad en la búsqueda de la verdad o identidad biológica; Varela Cáceres, E. L.: "La identidad", *cit.*, pp. 219-269.

[545]   TSJ/SConst. Sent. 446 de 15-5-14, "Se fija con carácter vinculante el criterio contenido en el presente fallo respecto al artículo 185-A del Código Civil y, en consecuencia, se **ORDENA** la publicación íntegra del presente fallo en la página web de este Tribunal Supremo de Justicia, así como en la Gaceta Judicial y la Gaceta Oficial de la República Bolivariana de Venezuela, en cuyo sumario deberá indicarse lo siguiente: *"Si el otro cónyuge no compareciere o si al comparecer negare el hecho, o si el Fiscal del Ministerio Público lo objetare, el juez abrirá una articulación probatoria, de conformidad con lo establecido en el artículo 607 del Código de Procedimiento Civil, y si de la misma no resultare negado el hecho de la separación se decretará el divorcio; en caso contrario, se declarará terminado el procedimiento y se ordenará el archivo del expediente"*; Espinoza Melet, M. A.: "La transformación del artículo 185-A del Código Civil", *Revista Venezolana de Legislación y Jurisprudencia* N° 4, Caracas, 2014, pp. 233-250; Hernández, J. I: "Breves comentarios", *cit.*, pp. 117-133.

[546]   TSJ/SConst., Sent. N° 693 de 2-6-15; Varela Cáceres, E. L.: "La última sentencia de divorcio de la Sala Constitucional (comentarios a la sentencia N° 693 de fecha 2 de junio de 2015)", *Revista Venezolana de Legislación y Jurisprudencia* N° 6 *Edición Homenaje a Arturo Luis Torres-Rivero*, 2016, pp. 145-190; Hernández, J. I: "Breves comentarios", *cit.*, pp. 134-142.

[547]   TSJ/SConst., Sent. 1710 del 18-12-15, Ordena la publicación del fallo en Gaceta Judicial, bajo el título: "Sentencia de la Sala Constitucional que reconoce la competencia de los Tribunales de Municipio, en aquellas Circunscripciones Judiciales donde no existan Jueces y Juezas de Paz Comunal, para conocer y deci-

de la Jurisdicción Especial de la Justicia de Paz Comunal[548] (artículo 8, ord. 8[549]). Disposición que la doctrina ha calificado de "inconstitucional" por tratarse de un asunto de orden público[550].

Se evidencia así que las principales instituciones de Derecho de Familia, a saber, filiación, matrimonio y unión de hecho estable, amén de encontrar expresa referencia constitucional, han sido notablemente afectadas por las decisiones de Sala Constitucional bajo el argumento de la interpretación o revisión constitucional.

4. *Las relaciones patrimoniales*

El patrimonio y más ampliamente las relaciones patrimoniales que conforman el Derecho Civil Patrimonial, que incluyen en el *pensum* de estudios tradicional de nuestras Universidades las materias relativas a Bienes y Derechos reales (Derecho Civil II[551]), Obligaciones (Derecho Civil III) y Contratos y Garantías[552] pueden encontrar una referencia constitucional. Esta última materia a través de la figura del «contrato» que se estudia en su teoría general detalladamente en la asignatura de «Obligaciones» por ser su fuente por antonomasia[553]. De allí que no nos vamos a referir detalladamente a cada uno de los contratos que se estudian en la asignatura «Contratos y Garantías» porque no parecieran pre-

---

dir solicitudes de divorcio por mutuo consentimiento, conforme a lo dispuesto en el artículo 8 de la Ley Orgánica de la Jurisdicción Especial de la Justicia de Paz Comunal".

548   G.O. Nº 39.913 de 2-5-12.

549   "Declarar sin procedimiento previo y en presencia de la pareja, el divorcio o la disolución de las uniones estables de hecho cuando sea por mutuo consentimiento; los solicitantes se encuentren domiciliados en el ámbito territorial del juez o jueza de paz comunal; y no se hayan procreado hijos o de haberlos, no sean menores de 18 años a la fecha de la solicitud". (Destacado nuestro).

550   Véase: Pellegrino Pacera, C. G.: "Algunos comentarios sobre la (in)constitucionalidad de la Ley Orgánica de la Jurisdicción Especial de Paz Comunal", *Revista Venezolana de Legislación y Jurisprudencia* Nº 2, Caracas, 2013, p. 318, las competencias relativas a matrimonio, divorcio y concubinato son instituciones familiares de orden público y por ende ajenas a la autonomía de la voluntad y la justicia de paz que persigue solucionar conflicto vecinales y comunitarios.

551   Véase: Pérez Fernández, C. y M. C. Domínguez Guillén: "El Derecho de Bienes en Venezuela", *Jurisprudencia Argentina* 2017-I, Nº 8, Abeledo Perrot, Buenos Aires, 2017, pp. 15-23.

552   Recordemos que el Derecho Civil extrapatrimonial está conformado por "Personas" (Derecho Civil I) y Derecho de Familia. La materia de "Sucesiones" se ubica en un punto intermedio entre el Derecho civil patrimonial y extrapatrimonial porque está marcadamente afectada por el Derecho de Familia. Véase nuestro trabajo; "Sobre la noción", *cit.*, pp. 81-97.

553   Véase sobre el mismo, nuestro trabajo: *Curso de*, *cit.*, pp. 468-610.

sentar referencia expresa o detallada en la Carta Fundamental, sino que su influjo acontece por vía de la autonomía de la voluntad que se estudia en el Derecho de Obligaciones o por vía indirecta de la regulación de la propiedad en su función social en el sentido interpretado por la Sala Constitucional.

A. *Bienes y Derechos Reales*

Los derechos económicos están consagrados en la Carta Fundamental venezolana en los artículos 112 al 118[554]. El patrimonio[555] resulta contemplado en la Constitución española con notoria generalidad. No está exento sin embargo del reconocimiento a la propiedad privada delimitado por las coordenadas de la función social y utilidad pública e incluso la Constitución colombiana le reconoce una función ecológica[556]. En lo que se puede encuadrar igualmente, la libre circulación de los bienes[557].

Por su parte, Venezuela presenta normas constitucionales relativas a la propiedad[558].

Este derecho real por excelencia es consagrado en la Constitución en su artículo 115:

---

[554]   Se aprecia la libertad de empresa (art. 112), prohibición de monopolios (art. 113), delitos económicos como la usura y el acaparamiento (art. 114), el derecho de propiedad y referencia a la expropiación por causa de utilidad pública previa indemnización (art. 115), prohibición de confiscación salvo casos excepcionales (art. 116), protección al consumidor (art. 117) y derechos de los trabajadores a formar asociaciones como cooperativas (art. 118).

[555]   Véase: Pérez Fernández, C. y M. C. Domínguez Guillén: "Notas sobre el patrimonio en el Derecho venezolano", *Revista Boliviana de Derecho* N° 25, Fundación Iuris Tantum, Santa Cruz, 2018, pp. 272-305, www.revistabolivianade derecho.org

[556]   Véase: Art. 58.

[557]   Arce y Flórez-Valdés, J.: *El Derecho, cit.*, p. 75.

[558]   Véase: Rondón García, A.: "El derecho de propiedad en el ordenamiento jurídico venezolano", *Revista de la Facultad de Ciencias Jurídicas y Políticas* N° 133, Universidad Central de Venezuela, 2009, pp. 223-231; Rondón, A.: *Propiedad privada y Estado de Derecho: garantías fundamentales de la actividad económica del empresario*, Tesis Doctoral presentada para optar al Título de Doctor en Ciencias, mención Derecho, Universidad Central de Venezuela, Facultad de Ciencias Jurídicas y Políticas Centro de Estudios de Postgrado, Julio 2013, Tutor: E. Hernández-Bretón, http://saber.ucv.ve/bitstream/123456789/9618/1/T026800011035-0-AndreaRondon_finalpublicacion-000.pdf; García Soto, C.; *La garantía del contenido esencial del derecho de propiedad en los ordenamientos jurídicos de España y Venezuela*, Universidad Complutense de Madrid, Facultad de Derecho, Memoria para optar al título de doctor, Madrid, 2015, L. Martín-Retortillo Baquer (direct). http:// eprints.ucm.es/28130/1/T35656.pdf.

Se garantiza el derecho de propiedad. Toda persona tiene derecho al uso, goce, disfrute y disposición de sus bienes. La propiedad estará sometida a las contribuciones, restricciones y obligaciones que establezca la ley con fines de utilidad pública o de interés general. Sólo por causa de utilidad pública o interés social, mediante sentencia firme y pago oportuno de justa indemnización, podrá ser declarada la expropiación de cualquier clase de bienes.

La propiedad se presenta como el derecho real por antonomasia; el más amplio y perfecto[559]. Configura en acertada expresión de KUMMEROW «el centro de irradiación de todas las categorías» de los derechos reales y ocupa una posición nuclear dentro de éstos. De allí que haya sido calificada como un derecho real pleno de disposición y goce, definitivo y principal[560].

Se afirma que la función social de la propiedad fue inspirada por las Constituciones modernas[561]. La doctrina venezolana cita antecedentes de su función social en las discusiones parlamentarias relativas al Código Civil de 1942 que fueron reconocidos en la Constitución de 1961[562]. Nuestra Constitución de 1999 a diferencia del texto de 1961, refiere expresamente las facultades del derecho de propiedad (uso, goce y disposición).

---

[559]   Lacruz Berdejo, J. L.: *Nociones de Derecho Civil Patrimonial e introducción al Derecho*, Dykinson, 5ª ed., Madrid, 2006, Revisión por: J. Delgado Echeverría y M. A. Parra Lucán, p. 133, la propiedad es el derecho más pleno que se puede tener sobre una cosa, comprendiendo en principio todas las posibilidades de actuación autorizadas por la ley.

[560]   Kummerow, G.: *Bienes y Derechos Reales*, Mac Graw Hill, 5ª ed., Colombia, 2001, Revisión técnica: L. Sánchez, p. 228.

[561]   Ariza, A.: "Aspectos constitucionales", *cit.*, p. 59, el comienzo de la etapa actual en el que se advierte una mayor conexión entre Derecho Constitucional y Derecho Privado probablemente hay que buscarlo con el surgimiento del constitucionalismo social que asignó a la propiedad una función más comunitaria. Véase: Perlingieri, P.: "Por un", *cit.*, p. 4, en la Constitución española no hay un reconocimiento de la propiedad en cuanto tal, sino de la propiedad privada en cuanto tiene función social.

[562]   Véase: Ochoa G., O. E.: *Bienes y Derechos Reales: Derecho Civil II*, Universidad Católica Andrés Bello, Caracas, 2008, p. 318 (nota al pie), En ocasión de las discusiones en la Cámara de Diputados de la reforma del Código Civil de 1942 en la sesión de fecha 3 de julio de 1942, los Diputados Alfonso Espinosa y Rafael Caldera, aluden a la función social de la propiedad al establecerse en el artículo del Código Civil que define la propiedad el que ésta pueda ser sometida a "obligaciones establecidas por la Ley". La Constitución Nacional de 1961, reconociendo que la propiedad tiene una función social, disponía que "estará sometida a las contribuciones, restricciones, y obligaciones que establezca la ley con fines de utilidad pública o de interés general". La Constitución Nacional eliminó el carácter de la "función social" de la propiedad, es decir, su capacidad de acción por lo social, dejándole un carácter propenso al individualismo.

Aunque la norma actual cambia la expresión «función social» del texto de 1961 por «utilidad pública e interés general», se admite que ciertamente subyace en el texto actual la «función social»[563]. La referencia expresa a las facultades del derecho de propiedad se perfila ciertamente como un caso típico de constitucionalización propiamente dicha. El cambio de la expresión «función social» no pareciera quitarle tal carácter que la doctrina y la jurisprudencia le reconocen al derecho más amplio de los derechos reales, pues ello se deriva directamente del supraconcepto Es-

---

[563] Véase: Villegas Moreno, J. L: "El derecho de propiedad en la Constitución de 1999", *Estudios de Derecho Administrativo, Libro Homenaje a la Universidad Central de Venezuela*, Facultad de Ciencias Jurídicas y Políticas, 20 años Especialización en Derecho Administrativo, Tribunal Supremo de Justicia, Caracas, 2001, Vol. II, pp. 569-573, en relación con la consagración del derecho de propiedad en la Constitución de 1999, respecto a la de 1961, hemos de observar que no se establece que la propiedad privada tiene una función social. Se enumeran los atributos del derecho de propiedad (uso, goce, disposición), que era materia de rango legal. En cuanto a la expropiación se exige que el pago de la justa indemnización sea oportuno. La mayoría de las constituciones latinoamericanas tienen un contenido similar en cuanto a este sometimiento a la propiedad a esta función social. El artículo 115 de la Constitución de 1999 con referencia a la propiedad privada dice que la misma estará sometida a las contribuciones, restricciones y obligaciones que determine la ley "con fines de utilidad pública o de interés general". A diferencia de la Constitución de 1961 que utilizaba la terminología "función social de la propiedad" encontramos que el Constituyente acude a dos conceptos jurídicos indeterminados para establecer las limitaciones a la propiedad privada: utilidad pública e interés general. Pero de cualquier forma creemos que subyace en la norma constitucional la cláusula de la función social de la propiedad. Creemos que las Constituciones modernas han seguido, en relación a la cláusula de la función social de la propiedad, la fórmula contenida en la Ley Fundamental de la República Federal de Alemania de 1949, artículo 14, apartado 2, que dice: "La propiedad obliga, y su uso debe servir al mismo tiempo al bienestar general". Esto significa el reconocimiento de que el derecho de propiedad no está puesto exclusivamente al servicio del interés de su titular, sino que entraña el reconocimiento de que en la situación de propiedad se concitan o pueden reconocerse otros intereses distintos y un interés público general. A esta óptica, que entiende la función social como un límite externo, se contrapone, según Rodríguez-Arias, otra dirección doctrinal, que al autor le parece más acorde con la disciplina surgida del constitucionalismo social, que considera la función social como interiorizada en el derecho, que, a partir de este momento, no es sólo un conjunto de facultades suficiente o convenientemente delimitadas, sino también una fuente de especiales deberes de conducta que recaen sobre el propietario. Se encuentra en esta línea, sobre todo, la limitación que puede imponerse al goce de la propiedad en atención al destino económico asignable a los bienes. En el sistema absolutista de la propiedad, propio de la tradición liberal, determinar el destino económico del bien era obra de la acción individual del propietario.

tado social y democrático de Derecho. De allí que se afirme que se trata de un «derecho individual con proyección social»[564].

Modernamente se afirma que la propiedad tiende a constituir un derecho individual que tiene una función social, lo cual resulta aplicable a todos los demás derechos[565]. La función social de la propiedad se erige luego de una decantación en su evolución en algunas de las Constituciones modernas[566] y sigue constituyendo aspecto vital que justifica en el derecho venezolano figuras como la incapacitación por prodigalidad, toda vez que el derecho de propiedad «debe cumplir también un fin social»[567]. El concepto moderno de propiedad reconoce a tal derecho una función colectiva y económico-social, pues el ordenamiento tiende a la creación de condiciones vitales que permitan el desarrollo. Esto es, el fin individual repercute en un beneficio colectivo. De allí que la moderna propiedad se concibe como una protección de la relación entre una persona y una cosa en vista a su utilidad de carácter social[568].

Ello es diferente a la discusión relativa a la socialización del derecho de propiedad que para algunos incluye una doble perspectiva, el ataque contra el absolutismo de la propiedad individual y el retorno a la propiedad colectiva. A lo que indican los autores que «como la historia es un perpetuo comienzo» se admite que si bien la propiedad ha dejado de ser un derecho excluyente y absoluto, la libertad individual está basada en la

---

[564]   Véase: Gonzáles Barrón, G.: "La propiedad en la Constitución de 1993: Derecho individual con proyección social", *El Derecho Civil patrimonial en la Constitución*, T. C. Guía 2, Gaceta Jurídica, Perú, 2009, pp. 11-42.

[565]   Aguilar Gorrondona, J. L: *Derecho Civil II, Cosas, Bienes y Derechos Reales*, Universidad Católica Andrés Bello, 12 edic., Caracas, 2011, p. 223.

[566]   Véase: Lasarte, C.: *Curso de Derecho Civil Patrimonial. Introducción al Derecho*, Tecnos, 15ª ed., Madrid, 2009, p. 200, el abandono de la concepción absolutista de la propiedad, históricamente se ha producido en forma paulatina, como no podía dejar de ser. Así la Constitución española en su artículo 33.2 recoge la función social de la propiedad. La expresión fue acuñada a comienzos del siglo XX por Duguit como vía transaccional entre las ideas producto de los códigos derivados de la Revolución francesa y el socialismo. Su formulación inicial fue notoriamente confusa pero muy pronto se convirtió en una forma mágica que satisfizo a todos (desde Mussolini y Franco hasta los países occidentales) convirtiéndose poco a poco en un giro utilizado por las Cartas constitucionales como la chilena, la italiana y la española.

[567]   Véase: Domínguez Guillén, M.C.: *Ensayos sobre, cit.*, p. 423, se cita a Aramburo, para denotar que la propiedad tiene una función social, siendo ilógico que el pródigo rompa con ese equilibrio y función en perjuicio de sí, de sus familiares y del propio Estado.

[568]   Egaña, M.S: *Bienes y Derechos Reales*, Talleres Gráficos Escelicer S.A., Madrid, 1964, p. 201.

independencia y libertad del hombre[569]. El Código de Napoleón entendió la propiedad privada como un derecho a usar, gozar y disponer de la cosa, con las limitaciones que establezcan las leyes, inspirando a la mayoría de las legislaciones[570], incluyendo nuestro Código Civil que se ubica entre los textos que definen el derecho de propiedad en su art. 545. Se indica que la norma del Código Civil no pone énfasis en la exclusividad del dominio y lo somete a las restricciones de ley[571], lo que permite apuntar a su función no enteramente individual inclusive a nivel del texto sustantivo.

Cabe referir en consonancia con la norma constitucional de la propiedad el artículo 21 de la Convención Americana de Derechos Humanos que dispone:

> 1.- Toda persona tiene derecho al uso y goce de sus bienes. La ley puede subordinar tal uso y goce al interés social. 2.- Ninguna persona puede ser privada de sus bienes, excepto mediante el pago de indemnización justa, por razones de utilidad pública o de interés social y en los casos y según las formas establecidas por la ley. 3.- Tanto lo usura como cualquier otra forma de explotación del hombre por el hombre, deben ser prohibidas por la ley.

En sentido semejante la Declaración Universal de Derechos Humanos dispone en su artículo 17: «1. Toda persona tiene derecho a la propiedad, individual y colectivamente. 2. Nadie será privado arbitrariamente de su propiedad».

Las citadas normas contenidas en instrumentos internacionales de protección de derechos humanos dan idea de la importancia del derecho de propiedad. Esta no se ubica entre los derechos de la personalidad porque estos protegen la esencia física y psíquica de la persona, pero su inclusión, aunque discutida apunta al ámbito de los derechos humanos. Conectándose no al derecho de propiedad en concreto (que no podrá ser objeto de privación arbitraria del Estado), sino al derecho de propiedad en abstracto, vinculado con la «capacidad jurídica o de goce». Si esta es la

---

[569] Mazeaud, Henri y otros (Léon y Jean): *Lecciones de Derecho Civil*, Ediciones Jurídicas Europa-América, Buenos Aires, 1976, Parte Primera, Vol. I, Introducción al estudio del Derecho Privado. Derecho Objetivo. Derecho Subjetivo. Trad. L. Alcalá-Zamora y Castillo, pp. 18-21. Véase reseñando como tendencia del Derecho Civil su socialización: Llamas Pombo, ob. *cit.*, pp. 114-116.

[570] Egaña, M.S: *Bienes y Derechos, cit.*, p. 200.

[571] Véase: *Ibíd.*, p. 204, ubica la norma en los Códigos Civiles que no ponen acento en el señorío o dominio sino en el contenido o conjunto de facultades; Aguilar Gorrondona, J.L: *Derecho Civil, cit.*, p. 223, señala que la norma en lugar de poner énfasis en el carácter "absoluto e ilimitado" señala que está sometido a las restricciones de ley.

medida de la personalidad o de la aptitud para ser titular de derechos y deberes; sería contrario a la naturaleza humana privarle a la persona de esa potencialidad para ser titular del derecho de propiedad, esto es para acceder a éste[572]. Se admite que el ser humano desde el comienzo de su existencia tiene plena conciencia de la importancia del derecho de propiedad; el niño pequeño se aferra a su juguete diciendo «es mío» y ese sentimiento de apego a lo material subsiste por el resto de la existencia. De allí que se asocie la propiedad al ámbito de los derechos humanos[573]; aquellos que puede violentar el Estado como sujeto activo. Diversos instrumentos internacionales de derechos humanos la incluyen en su texto[574]. Se afirma que más que un derecho a la propiedad de bienes deter-

---

[572] Esta afirmación la hicimos en el año 1999 a propósito de nuestro concurso de oposición para ingresar a dictar Derecho Civil Personas, cuyo Jurado estaba conformado por Levis Ignacio Zerpa, Haydee Barrios y Amarilis García de Astorga. El prof. Zerpa nos preguntó en la defensa del examen escrito del tema "los derechos de la personalidad", si el derecho de propiedad podría considerarse un derecho de la personalidad. A ello respondimos que no constituye un derecho de la personalidad, pero sí se perfila como un derecho humano, según lo reconoce el Pacto de San José.

[573] Véase: Herrera Orellana, L. A.: "Las tensiones entre la propiedad privada y el Derecho Administrativo", *Revista de la Facultad de Derecho* 2010-2011/ N° 65-66, Universidad Católica Andrés Bello, Caracas, 2011, p. 165, es abundante la jurisprudencia que en forma obsesiva insiste que la propiedad no es un derecho absoluto (cuando ningún derecho lo es), la supuesta "función social", su subordinación al interés público, al punto que aún hoy, académicos venezolanos, al parecer dudan de su status de derecho humano; Perrone, N.: "Artículo 21: Derecho a la propiedad privada", *La Convención americana de Derecho humanos y su proyección en el Derecho argentino*, E. Alonso Regueira direct. La Ley, Argentina, 2012, p. 356, el derecho de propiedad debe ser considerado dentro de los derechos humanos en la medida que constituye un medio para realizar un proyecto de vida asociado a la dignidad. Más allá del fin en sí mismo. El Derecho no debe garantizar que los sujetos cumplan su plan de vida, sino simplemente permitir su realización; Prat, P.: *El derecho a la propiedad privada ¿un derecho humano?* Universidad de San Andrés, Victoria, julio 2012, mentor J. S. Elías, Legajo N° 17.148, pp. 49 y 50, debe ser considerado como derecho humano indispensable para que las personas logren una vida plena. El Estado es responsable de proveer el ambiente propicio para que las personas puedan acceder a ella; Levenzon, F.: *La propiedad privada en perspectiva de derechos humanos: de las teorías de la justicia con base en derechos a la protección internacional*, Universidad de Palermo, Facultad de Derecho, Maestría en Derechos Humanos y Derecho Constitucional, Buenos Aires, noviembre 2011, Legajo N° 41766, p. 67, la propiedad solamente detentará la protección especial relativa a los derechos humanos o del principio de la igual libertad en los casos en que se vincule a la garantía de las condiciones mínimas de vida. Restaría definir con precisión cuáles son esos casos.

[574] Véase además de los citados: Perrone, N.: "Artículo 21", *cit.*, p. 358, señala entre otros: Declaración Americana de Derechos del Hombre (art. 23), Convenio Europeo para la Protección de los Derechos Humanos y las libertades fundamenta-

minados constituye «un derecho de acceso a la propiedad y de manteni-miento de la misma»[575], como parte del proyecto de vida. Sería contrario a la naturaleza del ser humano privarlo de ese sentido o expectativa de la propiedad, al margen de que se pueda concretar. Y por supuesto, también supone que el Estado garantice su disfrute concreto, aunque la propia normativa superior admite restricciones.

De seguidas vale citar algunas sentencias de la Sala Constitucional del Máximo Tribunal que se pronuncian respecto de la función social de la propiedad y su carácter no absoluto, ello con independencia de lo acertado o no de su pronunciamiento sobre el fondo del asunto.

Señaló la Sala Constitucional en decisión 1178/09:

La nueva imagen de la propiedad en el derecho contemporáneo viene caracterizada por una concepción renovadora de las relaciones sociales que acentúa la aptitud de los bienes y recursos para satisfacer las nece-sidades de la colectividad y no solamente las exigencias del propietario titular. Ello enfatiza el carácter «*social*» del dominio privado que deja de ser un derecho natural replanteando el modo jurídico de relacionarse el ciudadano con la sociedad; de allí surge la función social de la propie-dad que es un criterio de valoración de las situaciones subjetivas con los principios de solidaridad social, utilidad pública, bienestar colectivo y otros de interés general o social que hace ceder los poderes del propieta-rio ante las legítimas demandas de la sociedad. Este es el sentido de las normas contenidas en los artículos 115 y 116 de la Constitución de la República Bolivariana de Venezuela[576].

La sentencia de la Sala Constitucional 881/2012 se pronunció respec-to a la función social de la propiedad con base al artículo 115 de la Cons-titución de 1999 indicando que dicho derecho no tiene carácter absoluto, pudiéndose establecer limitaciones por disposición expresa de ley, como es el caso de la Ley de tierras urbanas, Ley Especial de Regularización

---

les (art. 1 protocolo adicional N° 1), Tratado de la Constitución Europea (art. II.77).

[575]   Herrera Orellana, L. A.: "Las tensiones", *cit.*, p. 125.

[576]   TSJ/SConst., Sent. N° 1178 de 13-8-09, caso acción de nulidad por inconstitucio-nalidad contra el Decreto N° 1526, con Fuerza de Ley de Reforma de la Ley Ge-neral de Bancos y otras Instituciones Financieras, publicado en la Gaceta Oficial N° 5555 Extraordinario del 13 de noviembre de 2001, (se determina la propiedad de los depósitos bancarios), agrega: Ciertamente, la noción de la propiedad pri-vada se sigue desarrollando desde una idea básica de dominio o poder exclusi-vo del titular con los atributos de uso, goce y disfrute sin que importe constatar que las restricciones, límites o delimitaciones, cada vez más numerosas para co-rregir el ejercicio egoísta del titular, ha invertido la regla *poder salvo limitacio-nes* conforme se sigue leyendo el artículo 545 del Código Civil.

Integral de la Tenencia de la Tierra de los Asentamientos Urbanos Populares o la Ley contra el Desalojo y la Desocupación Arbitraria de Viviendas [577]. Esta última materia arrendaticia según indica la doctrina ha perdido el contacto con la autonomía de la voluntad en virtud del carácter de orden público de la legislación especial[578]. Igualmente la Sala Constitucional señaló la función social de la propiedad a propósito del caso FEDENAGA contra la Ley de Tierras y Desarrollo Agrario[579].

---

[577]   Véase: TSJ/SConst., Sent. N° 881 de 26-6-12, el derecho de propiedad que aparece regulado en el artículo 115 de la Constitución, se concreta de forma particular en el ámbito urbano sobre la base de la referencia a la "función social", como elemento estructural de la definición del referido derecho y como factor determinante de la delimitación legal de su contenido. la legislación vigente pone de manifiesto que la Constitución no ha recogido una concepción abstracta y liberal de este derecho, como mero ámbito subjetivo de libre disposición o señorío sobre el bien objeto del dominio reservado a su titular, sometido únicamente en su ejercicio a las limitaciones generales que las leyes impongan para salvaguardar los legítimos derechos o intereses de terceros o del interés general. Por el contrario, la Constitución reconoce un derecho de propiedad privada que se configura y protege, ciertamente, como un haz de facultades individuales sobre las cosas, pero también, y al mismo tiempo, como un conjunto de deberes y obligaciones establecidos, de acuerdo con las leyes, en atención a valores o intereses de la colectividad, es decir, a la finalidad o utilidad social que cada categoría de bienes, objeto de dominio, esté llamada a cumplir. La propiedad privada en su doble dimensión como institución y como derecho individual, ha experimentado en nuestro siglo una transformación tan profunda que impide concebirla hoy como una figura jurídica reconducible exclusivamente al tipo abstracto descrito en el artículo 545 del Código Civil. Por el contrario, la progresiva incorporación de finalidades sociales relacionadas con el uso o aprovechamiento de los distintos bienes sobre los que el derecho de propiedad puede recaer, ha producido una diversificación de la institución dominical en una pluralidad de figuras o situaciones jurídicas reguladas con significado y alcance diversos; TSJ/SConst., Sent. N° 403 de 24-2-06, la fijación del contenido esencial de la propiedad privada no puede hacerse desde la exclusiva perspectiva subjetiva del derecho o de los intereses individuales que a éste subyacen, sino que debe incluir igualmente la necesaria referencia a la función social, entendida no como mero límite externo a su definición o a su ejercicio, sino como parte integrante del derecho mismo; TSJ/SConst., Sent. N° 1267 de 27-10-00, efectivamente la Constitución de la República garantiza el derecho a la propiedad, pero de ninguna manera como un derecho absoluto sino relativo, con las limitaciones legales, dada la función social de la propiedad que la somete a las restricciones.

[578]   Véase *infra* Capítulo II, I. Instituciones fundamentales, 6. Presencia constitucional (referencia a "Contratos").

[579]   Véase también TSJ/SConst., Sent. N° 2855 de 20-11-12, "la función social de la propiedad no es incompatible con el reconocimiento de los derechos que al superficiario (…) El derecho a la propiedad es un derecho esencialmente limitable, dado su utilidad social, pero dicha limitación no puede suponer un desconocimiento del derecho, por su rango constitucional, una absorción de las facultades del propietario al extremo que llegue a eliminarlo, pues de ese modo no se esta-

Advierte la Sala Político Administrativo del Máximo Tribunal que el derecho a la propiedad, tanto a la luz del Texto Constitucional de 1961 como del vigente, constituye uno de aquellos derechos que se entienden como no absolutos, pues se encuentra sometido a las contribuciones, restricciones y obligaciones establecidas en la Ley, por causas de utilidad pública o social. Así pues, que tales restricciones o limitaciones legales a la propiedad no generan *per se* una violación a tal derecho, dado que el propio Texto Constitucional, consciente de la función social de la propiedad, permite que legalmente tal derecho se vea limitado[580]. Se afirma que siempre ha de existir un interés social para relativizar un derecho, pero ha de ser de una entidad suficiente que justifique la decisión[581].

Dentro de los modos de adquirir la propiedad en la materia de Bienes, cuando se alude al supuesto del Estado se incluye la *expropiación*[582]

---

ría garantizando esa protección que la Constitución le otorga. De tal manera que, siendo que con la norma en referencia se desconoce de manera absoluta el derecho a la propiedad sobre las bienhechurías realizadas por los ocupantes de las tierras del Instituto Nacional de Tierras, esta Sala declara la nulidad del artículo 90 del Decreto con Fuerza de Ley de Tierras y Desarrollo Agrario".

[580] TSJ/SPA, Sent. N° 126 de 13-2-01. Véase también: TSJ/SPA N° 4517 de 22-6-05, Advierte la Sala que el derecho a la propiedad, a la luz del Texto Constitucional vigente, constituye uno de aquellos derechos que se entienden como no absolutos, pues se encuentra sometido a las contribuciones, restricciones y obligaciones establecidas en la Ley, por causas de utilidad pública o social. Así pues, que tales restricciones o limitaciones legales a la propiedad no generan *per se* una violación a tal derecho, dado que el propio Texto Constitucional, consciente de la función social de la propiedad, permite que legalmente tal derecho se vea limitado; TSJ/SPA Sent. N° 1523 de 28-10-09, nuestra Carta Fundamental está inmersa en un nuevo concepto social de la propiedad que enfatiza la decisión del soberano de constituirse en un Estado Democrático y Social de Derecho y de Justicia, en el cual la tierra está al servicio de toda la población, dentro de los valores de solidaridad e igualdad de oportunidades. Así lo ha señalado la Sala Constitucional de este Máximo Tribunal, en su sentencia N° 1178 de 13-8-09 (Caso: *Alfredo Travieso Passios*).

[581] Véase: Perrone, N.: "Artículo 21", *cit.*, p. 362, según lo ha indicado la CIDH a propósito del derecho de propiedad.

[582] Véase: Badell Madrid, R.: *Régimen jurídico de la expropiación en Venezuela*, Swit Print C.A., Caracas, 2014; Hernández G., J. I.: *La expropiación en el Derecho Administrativo venezolano*, Universidad Católica Andrés Bello, Caracas, 2014; *La expropiación en Venezuela*, A. Silva Aranguren; G. Linares Benzo; J. M. Casal, y J. L. Suárez Mejías (Coords.), Universidad Católica Andrés Bello, Caracas, 2011; Brewer-Carías, A.: *Introducción general al régimen de la expropiación, Ley de Expropiación por Causa de Utilidad Pública o Social*, Colección textos legislativos N° 26, Editorial Jurídica Venezolana, Caracas, 2002; Brewer-Carías, A.: "Adquisición de la propiedad por parte del Estado en el Derecho Venezolano", *Revista de Control Fiscal* N° 94, Contraloría General de la República, Caracas, 1979, pp. 61-84. Sobre la desnaturalización de la figura puede verse entre otros: Anzola Spadaro,

que tiene expresa referencia en el artículo 115 a propósito del derecho de propiedad, así como a la *confiscación* consagrada excepcionalmente en el artículo 116[583]. La expropiación constituye un instituto de Derecho Público que implica una doble garantía constitucional, por ser un procedimiento que supone un modo de adquisición coactivo de bienes, siendo una restricción del derecho de propiedad a favor de la Administración[584]. La expropiación es un procedimiento especial que facilita al Estado la realización de obras y servicios en cumplimiento de sus altos fines y de la específica función social de la propiedad. Solo por causa de utilidad pública o interés social, mediante sentencia firme y pago oportuno de justa indemnización, podrá ser declarada la expropiación de cualquier clase de bienes, de conformidad con el artículo 101 de la Constitución de la República de Venezuela[585].

Afirma la Sala Constitucional que la noción integral del derecho de propiedad es la que está recogida en nuestra Constitución, por lo que los actos, actuaciones u omisiones denunciados como lesivos del mismo, serían aquellos que comporten un desconocimiento de la propiedad como hecho social, a lo que se puede asimilar situaciones que anulen el derecho sin que preexista ley alguna que lo autorice[586].

K. y otros: *¿Expropiaciones o Vías de hecho? (La degradación continuada del derecho fundamental de propiedad en la Venezuela actual)*, Fundación Estudios de Derecho Administrativo-Universidad Católica Andrés Bello, Caracas, 2009; Perrone, N.: "Artículo 21", *cit.*, pp. 364-366.

[583] No se decretarán ni ejecutarán confiscaciones de bienes sino en los casos permitidos por esta Constitución. Por vía de excepción podrán ser objeto de confiscación, mediante sentencia firme, los bienes de personas naturales o jurídicas, nacionales o extranjeras, responsables de delitos cometidos contra el patrimonio público, los bienes de quienes se hayan enriquecido ilícitamente al amparo del Poder Público y los bienes provenientes de las actividades comerciales, financieras o cualesquiera otras vinculadas al tráfico ilícito de sustancias psicotrópicas y estupefacientes.

[584] Badell Madrid, R.: *Régimen jurídico, cit.*, pp. 39 y 40.

[585] TSJ/SPA, Sent. N° 1854 de 5-11-09, En este sentido, se tiene que el derecho de propiedad es aquél que tiene toda persona a usar, gozar, disfrutar y disponer de sus bienes, el cual puede ser restringido por el Estado por medio de la ley, así como por los actos que se dicten en ejecución de aquella, con fines de utilidad pública o de interés general o social. De modo pues, que la asignación de las variables urbanas fundamentales de uso: "terminal de pasajeros", así como el levantamiento de la edificación como tal no quebranta los atributos del derecho de propiedad invocado por la parte actora, puesto que aquélla puede usar, gozar y disponer de los bienes de su propiedad; razón por la cual juzga esta Sala que el acto impugnado no violentó el derecho constitucional denunciado como conculcado.

[586] TSJ/SConst., Sent. N° 462 de 6-4-01.

La Sala Constitucional ha conectado el citado derecho de propiedad con el derecho a la vivienda[587] consagrado en el artículo 82 constitucional:

Toda persona tiene derecho a una vivienda adecuada, segura, cómoda, higiénicas, con servicios básicos esenciales que incluyan un hábitat que humanice las relaciones familiares, vecinales y comunitarias. La satisfacción progresiva de este derecho es obligación compartida entre los ciudadanos y el Estado en todos sus ámbitos. El Estado dará prioridad a las familias y garantizará los medios para que éstas y especialmente las de escasos recursos, puedan acceder a las políticas sociales y al crédito para la construcción, adquisición o ampliación de viviendas.

También se aprecia una alusión a la propiedad en los artículos 55[588], 307[589], y 119[590] constitucionales, este último con relación a la propiedad

---

[587]   TSJ/SConst., Sent. N° 881 de 26-6-12. Por lo tanto, es sobre el derecho a acceder a una vivienda adecuada contenido en el artículo 82 de la Constitución, que se sustenta no sólo la obligación de material de otorgar las estructuras o unidades habitacionales adecuadas, seguras, cómodas, higiénicas, con servicios básicos esenciales que incluyan un hábitat que humanice las relaciones familiares, vecinales y comunitarias -con lo cual se garantiza igualmente el derecho a un entorno urbano adecuado y sustentable-, cuya obligación se corresponde en principio con las competencias que ejerce la Administración Pública, sino con igual rigor en la necesidad de un marco normativo y jurisprudencial que permitan las condiciones necesarias para el correcto aprovechamiento de los bienes inmuebles.

[588]   Toda persona tiene derecho a la protección por parte del Estado a través de los órganos de seguridad ciudadana regulados por ley, frente a situaciones que constituyan amenaza, vulnerabilidad o riesgo para la integridad física de las personas, sus propiedades, el disfrute de sus derechos y el cumplimiento de sus deberes. La participación de los ciudadanos y ciudadanas en los programas destinados a la prevención, seguridad ciudadana y administración de emergencias será regulada por una ley especial. Los cuerpos de seguridad del Estado respetarán la dignidad y los derechos humanos de todas las personas. El uso de armas o sustancias tóxicas por parte del funcionariado policial y de seguridad estará limitado por principios de necesidad, conveniencia, oportunidad y proporcionalidad, conforme a la ley.

[589]   El régimen latifundista es contrario al interés social. La ley dispondrá lo conducente en materia tributaria para gravar las tierras ociosas y establecerá las medidas necesarias para su transformación en unidades económicas productivas, rescatando igualmente las tierras de vocación agrícola. Los campesinos o campesinas y demás productores o productoras agropecuarios tienen derecho a la propiedad de la tierra, en los casos y formas especificados por la ley respectiva. El Estado protegerá y promoverá las formas asociativas y particulares de propiedad para garantizar la producción agrícola. El Estado velará por la ordenación sustentable de las tierras de vocación agrícola para asegurar su potencial agroalimentario. Excepcionalmente se crearán contribuciones parafiscales con el fin de facilitar fondos para financiamiento, investigación, asistencia técnica, transferencia tecnológica y otras actividades que promuevan la productividad y la competitividad del sector agrícola. La ley regulará lo conducente a esta materia.

[590]   El Estado reconocerá la existencia de los pueblos y comunidades indígenas, su organización social, política y económica, sus culturas, usos y costumbres,

de los pueblos indígenas. La doctrina ha precisado las limitaciones de la propiedad[591] que es el derecho real por antonomasia.

El artículo 156 ordinal 32 contiene una referencia a la legislación civil a propósito de la competencia del Poder Público Nacional[592]. También en materia de Bienes y Derechos reales se aprecia referencia a los *derechos intelectuales* en los artículos 98[593] y 124[594] constitucionales, éste último a propósito de los pueblos indígenas.

---

idiomas y religiones, así como su hábitat y derechos originarios sobre las tierras que ancestral y tradicionalmente ocupan y que son necesarias para desarrollar y garantizar sus formas de vida. Corresponderá al Ejecutivo Nacional, con la participación de los pueblos indígenas, demarcar y garantizar el derecho a la propiedad colectiva de sus tierras, las cuales serán inalienables, imprescriptibles, inembargables e intransferibles de acuerdo con lo establecido en esta Constitución y la ley.

[591] Véase: Badell Madrid, R.: "Limitaciones legales al derecho de propiedad", *Temas de Derecho Administrativo. Libro Homenaje a Gonzalo Pérez Luciani*, Colección Libros Homenaje N° 7, F. Parra Aranguren editor, Tribunal Supremo de Justicia, Caracas, 2002, Vol. I, pp. 89-231; Turuhpial Cariello, H.: "Las limitaciones al derecho de propiedad y su sujeción a los principios generales del derecho", *Revista de Derecho Urbanístico* N° 1 (enero-abril), Editorial Urbanitas, Caracas, 1993, pp. 71-83.

[592] La legislación en materia de derechos, deberes y garantías constitucionales; la civil, mercantil, penal, penitenciaria, de procedimientos y de derecho internacional privado; la de elecciones; la de expropiación por causa de utilidad pública o social; la de crédito público; la de propiedad intelectual, artística e industrial; la del patrimonio cultural y arqueológico; la agraria; la de inmigración y poblamiento; la de pueblos indígenas y territorios ocupados por ellos; la del trabajo, previsión y seguridad sociales; la de sanidad animal y vegetal; la de notarías y registro público; la de bancos y la de seguros; la de loterías, hipódromos y apuestas en general; la de organización y funcionamiento de los órganos del Poder Público Nacional y demás órganos e instituciones nacionales del Estado; y la relativa a todas las materias de la competencia nacional.

[593] La creación cultural es libre. Esta libertad comprende el derecho a la inversión, producción y divulgación de la obra creativa, científica, tecnológica y humanística, incluyendo la protección legal de los derechos del autor o de la autora sobre sus obras. El Estado reconocerá y protegerá la propiedad intelectual sobre las obras científicas, literarias y artísticas, invenciones, innovaciones, denominaciones, patentes, marcas y lemas de acuerdo con las condiciones y excepciones que establezcan la ley y los tratados internacionales suscritos y ratificados por la República en esta materia.

[594] Se garantiza y protege la propiedad intelectual colectiva de los conocimientos, tecnologías e innovaciones de los pueblos indígenas. Toda actividad relacionada con los recursos genéticos y los conocimientos asociados a los mismos perseguirán beneficios colectivos. Se prohíbe el registro de patentes sobre estos recursos y conocimientos ancestrales.

En materia de Bienes y Derechos Reales, a propósito de la clasificación de las cosas, cabe diferenciar entre los bienes de propiedad pública y los bienes de propiedad privada. Se distinguen varias normas constitucionales sobre los bienes del dominio público: costas marinas, yacimientos mineros y de hidrocarburos (art. 12[595]), las aguas (art. 304[596]), acciones de Petróleos de Venezuela (art. 303[597]), las armas de guerra en el artículo (art. 324[598]), los ejidos (art. 181[599]). Vale citar igualmente el 187 numeral 12 de la Constitución que establece entre las competencias de la Asamblea Nacional «Autorizar al Ejecutivo Nacional para enajenar inmuebles del dominio privado de la Nación, con las excepciones que establezca la ley».

Vemos así a través de este somero panorama que la Carta Fundamental contiene importantes referencias en su texto que interesan al estudioso de la asignatura asociada al Derecho Civil II Bienes y Derechos reales. Lo anterior bien sea por su conexión con los bienes del dominio público o con el más amplio de los derechos reales, a saber, la propiedad, el cual constituye un típico caso de constitucionalización en sentido propio, presentando el texto de 1999, ejemplo de ello en materia de la mención expresa de las facultades de dicho derecho, a pesar de las limitacio-

---

[595] Los yacimientos mineros y de hidrocarburos, cualquiera que sea su naturaleza, existentes en el territorio nacional, bajo el lecho del mar territorial, en la zona económica exclusiva y en la plataforma continental, pertenecen a la República, son bienes del dominio público y, por tanto, inalienables e imprescriptibles. Las costas marinas son bienes del dominio público.

[596] Todas las aguas son bienes de dominio público de la Nación, insustituibles para la vida y el desarrollo. La ley establecerá las disposiciones necesarias a fin de garantizar su protección, aprovechamiento y recuperación, respetando las fases del ciclo hidrológico y los criterios de ordenación del territorio.

[597] Por razones de soberanía económica, política y de estrategia nacional, el Estado conservará la totalidad de las acciones de Petróleos de Venezuela, S. A., o del ente creado para el manejo de la industria petrolera, exceptuando la de las filiales, asociaciones estratégicas, empresas y cualquier otra que se haya constituido o se constituya como consecuencia del desarrollo de negocios de Petróleos de Venezuela.

[598] Sólo el Estado puede poseer y usar armas de guerra, todas las que existan, se fabriquen o introduzcan en el país, pasarán a ser propiedad de la República sin indemnización ni proceso. La Fuerza Armada Nacional será la institución competente para reglamentar y controlar, de acuerdo con la ley respectiva la fabricación, importación, exportación, almacenamiento, tránsito, registro, control, inspección, comercio, posesión y uso de otras armas, municiones y explosivos.

[599] Los ejidos son inalienables e imprescriptibles. Sólo podrán enajenarse previo cumplimiento de las formalidades previstas en las ordenanzas municipales y en los supuestos que las mismas señalen, conforme a esta Constitución y la legislación que se dicte para desarrollar sus principios.

nes prácticas de las que ha sido objeto el mismo, también en nombre de la citada función social del propiedad, que por cierto no constituye novedad en el texto de 1999.

B. *Derecho de Obligaciones*

El Derecho de Obligaciones es aquella parte del Derecho Civil que estudia la relación jurídica obligatoria y la respectiva responsabilidad patrimonial de la persona[600]. En el ámbito de las relaciones jurídicas obligacionales, la Constitución española se muestra más parca en ofrecer elementos que directamente puedan servir para una aplicación, incluso de base para un desarrollo positivo, dado el mayor grado de tecnicismo de este sector. Sin embargo, no le resulta completamente extraño al influjo constitucional[601].

En el Derecho venezolano tuvimos ocasión de analizar el influjo de la Carta Magna en materia de Obligaciones[602]. La extensa protección del crédito, que incluye entre otros la ejecución forzosa en especie o en su defecto por equivalente constituye en esencia reflejo de la tutela judicial efectiva que tiene expresa consagración en el Texto fundamental[603]. La motivación de los criterios de procedencia del daño moral también se reseña como consecuencia de la tutela judicial efectiva y del debido proceso con consagración constitucional[604].

---

[600] Álvarez Caperochipi, J. A.: *Curso de Derecho de Obligaciones. Teoría General de la Obligación*, Civitas, Madrid, 2000, Vol. I, p. 21: Domínguez Guillén, M. C.: *Curso de, cit.*, pp. 13 y 14, Si la obligación es un vínculo jurídico que une al acreedor y al deudor, es fácil advertir que el Derecho de Obligaciones es aquél que regula ese lazo de derecho, en todo su esplendor o extensión, a saber, nacimiento, efectos, extinción, fuentes, etc.

[601] Arce y Flórez-Valdés, J.: *El Derecho, cit.*, p. 76.

[602] Véase: Domínguez Guillén, M. C.: "Proyección constitucional", *cit.*, pp. 87-123.

[603] *Ibíd.*, pp. 92-98. Sobre la tutela judicial efectiva, véase: Peña Solís, J.: *Lecciones de Derecho Constitucional, cit.*, pp. 348-352; Figueruelo B., A.: "Crisis de la justicia y tutela judicial efectiva", *Revista de Derecho Constitucional* N° 8, julio-diciembre 2003, pp. 25-34. Véase en general, entre otros: González Pérez, J.: *El derecho a la tutela jurisdiccional*, Civitas, 3ª ed., Madrid, 2001; Picó i Junoy, J.: *Las garantías constitucionales del proceso*, Bosch, Barcelona, 1997, pp. 39-86.

[604] Véase: TSJ/SCC, Sent. N° 000105 de 21-4-10, es "criterio sentado por este Máximo Tribunal, respecto a los requisitos exigidos en la motivación del fallo que analice una demanda por indemnización de daños morales, por cuanto, tal y como, se señaló *ut supra* dicho criterio jurisprudencial es de antigua data, ésto con la finalidad de dar cumplimiento a los principios consagrados en nuestra Constitución de la República Bolivariana de Venezuela, como son el debido proceso y la tutela judicial efectiva, garantizando así a los justiciables la obtención de una decisión acorde con lo establecido en nuestra ley adjetiva y a la doctrina sentada por este Alto Tribunal".

Igualmente cabe citar que figuras como la teoría de la imprevisión (dificultad de cumplimiento por onerosidad excesiva)[605] o de la corrección monetaria[606] que han sido desarrolladas por la doctrina, con bases entre sus fundamentos a la «justicia», valor que tiene expresa consagración constitucional en sus artículos 1 y 2[607]. La Constitución española –al igual que la venezolana– considera la justicia como uno de los valores superiores del Estado social y democrático de Derecho[608]. No en vano se alude a «justicia contractual»[609]. La justicia es el criterio básico de legitimación y crítica del derecho[610]. La justicia y la equidad también se citan como soporte de clásicas figuras de las Obligaciones, a saber, la compen-

---

[605] Véase reseñando entre su fundamento entre otros, la justicia y equidad, nuestro trabajo: *Curso de, cit.*, pp. 189-193. Véase también reseñando la equidad y la buena fe: Lupini Bianchi, L.: "Notas sobre la teoría de la imprevisión en el derecho civil", *Homenaje a Aníbal Dominici*, Ediciones Liber, s/l, 2008, pp. 265-322, incluye también la buena fe y la prohibición de abuso de derecho (también en: Estudios de Derecho Privado. Serie Estudios 85. Caracas, Academia de Ciencias Políticas y Sociales, 2010, pp. 303-351); Rodner, J. O.: "La teoría de la imprevisión (Dificultad de cumplimiento por excesiva onerosidad)", *El Código Civil Venezolano en los inicios del siglo XXI. En conmemoración del bicentenario del Código Civil francés de 1804*, Coord. I. de Valera, Academia de Ciencias Políticas y Sociales, 2005, Caracas, pp. 445 y 446 (también en: http://rodner.net/2014/la-teoria-de-la-imprevision-dificultad-de-cumplimiento-por-excesiva-onerosidad).

[606] Véanse nuestros trabajos con especial referencia a la justicia del instituto: "La indexación laboral", *Libro homenaje a Fernando Parra Aranguren*, Universidad Central de Venezuela, Caracas, 2001, T. i., pp. 209-243; "Consideraciones procesales sobre la indexación laboral", *Revista de la Facultad de Ciencias Jurídicas y Políticas* N° 117, Universidad Central de Venezuela, Caracas, 2000, pp. 215-286; *La indexación: su incidencia a nivel de los tribunales laborales de instancia*, Asociación de Profesores de la Universidad Central de Venezuela, Caracas, 1996; *Curso de, cit.*, pp. 131-140.

[607] Domínguez Guillén, M. C.: "Proyección constitucional", *cit.*, pp. 101-106.

[608] Lasarte, C.: *Derecho de Obligaciones. Principios de Derecho Civil II*, Marcial Pons, 16ª ed., Madrid, 2012, p. 73, a propósito de la corrección monetaria, la defensa del nominalismo no deja de ser una rémora del pasado y una cantinela doctrinal que quizá no ha sido analizada con el debido detenimiento. Por lo que debe ponerse en duda y abogar por un planteamiento más atento a la realidad económica que apareja la inflación y consiguiente pérdida del valor adquisitivo.

[609] Domínguez Guillén, M. C.: "Proyección constitucional", *cit.*, pp. 106 y 107; Pinto Oliveros, S.: "El contrato hoy en día: entre complejidad de la operación y justicia contractual", *Jornadas Franco-venezolanas de Derecho Civil, Nuevas Tendencias en el Derecho Privado y Reforma del Código Civil Francés*. Caracas, Capítulo Venezolano de la Asociación Henri Capitant Des Amis de la Culture Juridque Francaise, Coord: José J. Annicchiarico, S. Pinto y P, Saghy, Editorial Jurídica Venezolana, Caracas, 2015, p. 262, que encuentra su antecedente en la justicia correctiva o conmutativa desarrollada por Aristóteles.

[610] Pérez Luño, A. E.: *Teoría del Derecho. Una concepción de la experiencia jurídica*, Tecnos, Madrid, 1997, p. 215.

sación, la prohibición de enriquecimiento sin causa y la excepción de incumplimiento, entre otras[611]. Lo mismo se advierte respecto del deber de no dañar a los demás que encuentra su principal cause civil en el daño moral[612]. De allí que se aluda a la constitucionalización del Derecho de daños[613] y entre las tendencias en materia de daño se incluye la tutela preventiva constitucional en materia de daño al ambiente en los artículos 127 y 129[614]. Igualmente se conecta la Constitución que protege la dignidad de la persona con la contratación y la relación obligatoria[615]. Se afirma que la protección de la libertad de los contratantes y la justicia de las transacciones corresponde a un valor del ordenamiento constitucional[616].

La libertad que constituye derecho básico con expresa consagración constitucional, tiene su máxima expresión en el principio de autonomía de la voluntad[617], citado recurrentemente en materia de Obligaciones, aunque se admite que el citado principio se encuentra en franca crisis o

---

[611]   Domínguez Guillén, M. C.: "Proyección constitucional", *cit.*, pp. 108-110.

[612]   Véase: *Ibíd.*, p. 100; Martín Pérez, J. A.: "El daño patrimonial y el daño moral: criterios para su resarcimiento", *IV Jornadas Aníbal Dominici. Derecho de Daños. Responsabilidad contractual/extracontractual. Homenaje: Enrique Lagrange*, Caracas, Salaverría, Ramos, Romeros y Asociados, 2012, T. I, p. 265, refiere la doctrina española pero perfectamente aplicable a nuestro caso: "La Constitución puede actuar de soporte, pero también de límite, de los principios en los que se inspira el régimen legal de la responsabilidad civil; y también de la jurisprudencia que lo interpreta. No existe una norma constitucional que recoja el principio de "no dañar a nadie" (*neminen laedere*), ni la regla del deber de reparar el daño causado injustamente. Pero ese silencio se solventa con la idea de que las reglas y los principios rectores del Derecho Privado se entienden incluidos en la "justicia" que, en el caso español, constituye, junto con la libertad y la igualdad y el pluralismo político, uno de los valores superiores del ordenamiento jurídico.

[613]   Véase: Alferillo, P. E.: *La Constitución, cit.*, pp. 16 y ss. Véase también: Véase: Alferillo, P. E.: *La influencia de la Constitución Nacional en el Derecho de Daños*, Academia Nacional de Derecho y Ciencias Sociales de Córdoba, www.acaderc.org.ar, la protección constitucional de la persona tiene consecuencias en la interpretación del Derecho de Daños pues "las interpretaciones y nuevas normativas a dictarse, deberán efectuarse teniendo en cuenta *el pro hominis*".

[614]   Véase: Urdaneta Fontiveros, E.: "Orientaciones modernas en el Derecho de daños", *Derecho de las obligaciones en el nuevo milenio*, Academia de Ciencias Políticas y Sociales, Asociación Venezolana de Derecho Privado, Serie Eventos N° 23, Caracas, 2007, p. 637.

[615]   Morales hervia, R.: "Los contratos con deberes de protección: a propósito de la vinculación entre el Derecho Constitucional y el Derecho Civil", *Revista da Ajuris*, Vol. 42, N° 139, Porto Alegre, Dezembro 2015, pp. 285-311.

[616]   Cárdenas Mejía, J.P.: "La protección del contratante y la evolución del derecho contemporáneo", *Los contratos en el Derecho Privado,* Directores Académicos: F. Mantilla y F. Ternera, Legis/Universidad del Rosario, Colombia, 2008, p. 772.

[617]   Domínguez Guillén, M. C.: "Proyección constitucional", *cit.*, pp. 110 y 111.

declive, así como su principal manifestación, a saber, el contrato[618]. Pero la incidencia de la Constitución en el contrato es fundamental en su interpretación[619]. Ya recordaban ALTERINI y LÓPEZ CABANA que la denominada crisis de la autonomía de la voluntad -y no del contrato- en realidad concierne a reformulaciones de criterios interpretativos de sus alcances, más que un problema de libertad es un problema de sus límites, es un problema de medida[620]. La eficacia interprivada de la Constitución afecta igualmente al Derecho Civil: la norma constitucional se integra como límite del orden público en el ámbito contractual[621]. Especialmente el artículo 20 de la Carta Fundamental marca como límites perfectamente aplicables al ámbito de la relación obligatoria al orden público y social (buenas costumbres) y los derechos de los demás. Porque si bien la obligación es una restricción voluntaria a la libertad, no cabe una disponibilidad absoluta por tratarse de un derecho irrenunciable[622].

La incidencia de la constitucionalización del Contrato, no obstante ser la máxima representación de la autonomía privada, es una consecuencia de la más vasta constitucionalización del Derecho Civil[623]. Aunque para algunos lo que ha operado irónicamente es una «civilización del Derecho Constitucional», siendo el mismo fenómeno pero observado desde el ángulo inverso, aunque la diferencia de visión no parece relevante[624]. De allí que entre las tendencias modernas del Derecho de Obli-

---

618   Domínguez Guillén, M. C.: *Curso de, cit.*, pp. 26-29.

619   Véase: Garrido Cordobera, L. M. R.: *Las bases constitucionales del derecho de los contratos. Análisis crítico del alcance del principio de la autonomía de la voluntad. Límites*, www.acaderc.org.ar La libertad de contratación tiene además el respaldo constitucional en el sentido amplio cuando se dispone que los principios, derechos y garantías y derechos reconocidos no podrán ser alterados por las leyes que reglamenten su ejercicio. La libertad implica la autonomía de la voluntad consagrada en el Código Civil Argentino y en nuestra Constitución, y ello implica el derecho de querer jurídicamente, el derecho de poder por un acto de voluntad y bajo ciertas condiciones crear una situación jurídica y por ello el contrato origina una modificación jurídica de la esfera de los sujetos intervinientes. El reconocer el sustrato en las normas fundamentales implica admitir que se plantearan cuestiones álgidas cuando el Estado por ejemplo intervenga en los efectos del Contrato mediante legislaciones de emergencia y la posibilidad de discutir la constitucionalidad o no.

620   Garrido Cordobera, L. M. R.: *Las bases, cit.*

621   Tena Piazulo, I.: "El Derecho", *cit.*, p. 71.

622   Véase nuestro trabajo: Domínguez Guillén, M. C.: "La obligación negativa", *Revista Venezolana de Legislación y Jurisprudencia* N° 2, Caracas, 2013, pp. 43-123.

623   Merino Acuña, R. A.: "La tutela", *cit.*, p. 46.

624   Corral Talciani, H.: "Constitucionalización del", *cit.*, p. 14.

gaciones se ubique «la primacía de la Constitución»[625]. Se afirma que la Constitución suele ocuparse de los fundamentos del Derecho patrimonial, en lo que se ha dado en llamar la «Constitución económica» o el «orden público económico» que no ha de resultar incompatible con principios del Código Civil[626].

El tema de «los contratos y los derechos fundamentales» es un capítulo de uno mayor que solemos denominar «constitucionalización del Derecho Civil» esta vez, porque ese fenómeno también puede ser visto con respecto a las demás ramas del derecho privado y público[627].

Así por ejemplo, la usura tiene una expresa proscripción constitucional en su artículo 114[628], y a ella se refirió expresamente la importante sentencia de los créditos indexados[629]. Dicha decisión «no exenta de peligros» en elegante expresión de la doctrina[630], además se refiere entre otras cosas a «los intereses», al anatocismo[631], la vivienda y el significado del Estado

---

[625] Domínguez Guillén, M. C.: *Curso de, cit.*, pp. 31 y 32.

[626] Llamas Pombo, E.: *Orientaciones sobre, cit.*, p. 118, el autor cita a De Castro.

[627] Guzman Brito, A.: "El contrato y los derechos fundamentales", *Revista Actualidad Jurídica* N° 32, Universidad del Desarrollo, Julio 2015, p. 71.

[628] El ilícito económico, la especulación, el acaparamiento, la usura, la cartelización y otros delitos conexos, serán penados severamente de acuerdo con la ley; Perrone, N.: "Artículo 21", *cit.*, pp. 366 y 367.

[629] TSJ/SConst., Sent. 85 de 24-1-02, "De allí que, para determinar la usura, la necesidad que pesa sobre el débil jurídico, o su ignorancia, no resultan importantes, bastando el cobro excesivo de intereses o la desproporción de las prestaciones entre las partes, donde una obtiene de la otra una prestación notoriamente inequivalente a su favor… De lo anterior se colige que si la ley permite en los contratos, contraprestaciones desproporcionadas a favor de una parte, conforme a la actual Constitución tales leyes podrían ser usurarias, y por tanto inconstitucionales, aunque las conductas ajustadas a dichas leyes no necesariamente serían delictivas, y la condición usuraria nacida de esas leyes que permitían las contraprestaciones asimétricas, tendría que ser ponderada de acuerdo a cada negocio, ya que en aquéllas inicialmente legítimas, podrían existir cláusulas desproporcionadas a favor de una parte, siendo éstas las usurarias; y las que debe examinar la Sala en los contratos de préstamo sujetos a su análisis". Véase comentando la decisión: Madrid Martínez, C., "Las limitaciones", *cit.*, pp. 757-814; Rodríguez Matos, G.: "La revisión del contrato y la justicia constitucional", *Estudios de Derecho Civil. Libro Homenaje a José Luis Aguilar Gorrondona*, Colección Libros Homenaje N° 5, F. Parra Aranguren editor, Tribunal Supremo de Justicia, Caracas, 2002, Vol. II, pp. 453-523.

[630] Véase: Rodríguez Matos, G.: "La revisión", *cit.*, p. 520.

[631] Véase nuestro: *Curso de, cit.*, p. 146, que consiste en el pacto de pagar intereses sobre los intereses. Es decir, que los intereses no pagados y vencidos, se acumulen al capital. La Sala Constitucional del Máximo Tribunal se ha pronunciado expresamente sobre su improcedencia (N° 85, 24/01/2002 y N° 1419, 10/07/2007). Refería Lagrange que fuera de los supuestos de los artículos 530 y

social de Derecho[632]. Ello bajo la idea que el orden público y buenas costumbres, se convierten en el escudo protector con el que se topa la autonomía de la voluntad[633].

Son muchas las decisiones dictadas por la Sala Constitucional del Tribunal Supremo de Justicia que han impactado el área del Derecho Civil de Obligaciones[634]. Vale citar entre otras, las relativas a la prescripción[635] y su diferencia con la caducidad[636], el lugar del pago[637], oferta real[638], tarjetas de crédito[639], protección del consumidor[640], responsabilidad en transporte aéreo[641], improcedencia de resolución unilateral[642], la indexación o corrección monetaria[643], la moneda de pago de las obligaciones[644] y la «indivisibilidad» con base al *orden público e interés social*»[645].

---

524 del Código de Comercio, el anatocismo puede configurar usura. La citada sentencia 1419/2007 ratificó que el anatocismo está prohibido pues los casos expresamente autorizados en el Código de Comercio, deben ser objeto de interpretación restrictiva.

[632] Rodríguez Matos, G.: "La revisión", *cit.*, p. 455.

[633] Véase: De Freitas De Gouveia, E.: "La autonomía", *cit.* pp. 37-181; Gutiérrez Gutiérrez, I. en: Hesse, K.: *Derecho Constitucional, cit.*, p. 24, como pone de relieve De Vega, no cabe reducir la función constitucional de los derechos a la simple garantía de la autonomía de la voluntad.

[634] Véase las citadas en: Domínguez Guillén, M. C.: "Proyección constitucional", *cit.*, pp. 116-122.

[635] TSJ/SConst., Sent. 854 de 17-7-15.

[636] TSJ/SConst, Sent. N° 06 de 4-3-10.

[637] TSJ/SConst., Sent. 1641 de 2-11-11.

[638] TSJ/SConst., Sent. N° 171 de 10-3-15.

[639] TSJ/SConst., Sent. N° 1419 de 10-07-07.

[640] TSJ/SConst., Sent. N° 1049 de 23-7-09.

[641] TSJ/SConst., Sent. N° 1126 de 3-8-12.

[642] TSJ/SConst., Sent. N° 167 de 4-3-05. Véase también sobre la misma: Gorrín, G.: "Desnaturalización de la cláusula resolutoria expresa", *Derecho de las obligaciones en el nuevo milenio*, Academia de Ciencias Políticas y Sociales, Asociación Venezolana de Derecho Privado, Serie Eventos N° 23, Caracas, 2007, pp. 431-485.

[643] Véase entre otras: TSJ/SConst., Sent. N° 1494 de 16-7-07; TSJ/SConst., Sent. 438 de 28-4-09; TSJ/SConst., N° 695 del 12-6-13. Véase también: Álvarez Caperochipi, J. A.: *Curso de, cit.*, p. 79. "la aplicación pura y dura del sistema nominalista es difícilmente justificable... atenta contra principios constitucionales" tales como la igualdad, pudiendo tener carácter confiscatorio.

[644] Véase: TSJ/SConst., Sent. 1641 de 2-11-11; TSJ/SConst., Sent. N° 265 de 13-4-16; TSJ/SConst., Sent. N° 987 de 12-12-16 (Véase siguiendo criterio de la Sala Constitucional: TSJ/SCC, Sent. N° 000831 de 14-12-17).

[645] Véase: TSJ/SConst., Sent. Nª 903 de 14-5-04. Como unidades que son, existe la posibilidad de que ellos asuman también *obligaciones indivisibles* o equiparables

Siendo estos últimos conceptos abstractos respecto de los que se aconseja cautela[646]. Las anteriores constituyen decisiones relativas al ámbito del Derecho Civil Patrimonial especialmente Obligaciones que ciertamente ha de tener en cuenta el estudioso de la materia, aunque no las comparta.

También cabe citar la inconstitucionalidad de las «cláusulas abusivas»[647] lejanas a la proporcionalidad, que ciertamente encuentra soporte en la justicia[648].

Tales decisiones se compartan o no, pues no estamos analizando el fondo de las mismas, contienen una referencia constitucional. Se afirma que «no hay duda que las normas constitucionales forman parte del or-

---

a éstas, bien porque la ley así lo señale expresamente, o bien porque la ley –al reconocer la existencia del grupo y su responsabilidad como tal– acepta que se está frente a una unidad que, al obligarse, *asume obligaciones que no pueden dividirse en partes, ya que corresponde a la unidad como un todo, por lo que tampoco puede ejecutarse en partes*, si se exige a la unidad (grupo) la ejecución, así la exigencia sea a uno de sus componentes". Véase criticando acertadamente tal sentencia: Véase: Madrid Martínez, C.: "La libertad", *cit.*, pp. 132-135, indica que la sentencia crea una nueva fuente de la indivisibilidad, a saber, el orden público y el interés social; Adrián, T.: "Nuevas modalidades de responsabilidad y los vacíos del sistema", *Derecho de las Obligaciones Homenaje a José Mélich Orsini*, Academia de Ciencias Políticas y Sociales, Serie Eventos 29, Caracas, 2012, p. 439, señala que dicha sentencia "alega una cuestionable indivisibilidad –que no es tal por no tener ninguna de las características de las obligaciones indivisibles– de las obligaciones asumidas por uno de los integrantes de un grupo societario".

646   Véase: Merino Acuña, R. A., "La tutela", *cit.*, p. 100, No hay duda de que los términos "interés social", "interés general", "interés público", "interés ético", etc., son ambiguos y peligrosos; en nombre del interés social se han realizado muchas injusticias, por ello el análisis de sus límites debe ser muy cuidadoso.

647   Véase a propósito de contrato de cantante y considerándose su inconstitucionalidad: TSJ/SConst., Sent. N° 1800 de 17-12-14, "no pueden existir contratos que abiertamente chocan con la Constitución (…) y no pueden quienes ejerzan el derecho de representación, pretender a través de cláusulas, crear un desequilibrio que somete a los músicos y a los creadores culturales a contratos dañinos y desventajosos, pero que soportan en mucho de los casos, dada la necesidad de realizar el oficio que les es propio y de mantener la actividad que les sirve de sustento, pero que sin lugar a dudas, tienden al mantenimiento de prácticas abiertamente inconstitucionales". Véase sobre las cláusulas abusivas: Acedo Sucre, C. E.: "Cláusulas abusivas", *El Código Civil Venezolano en los inicios del siglo XXI. En conmemoración del bicentenario del Código Civil francés de 1804*, Coord. I. de Valera, Academia de Ciencias Políticas y Sociales, Caracas, 2005, pp. 257-341; Acedo Sucre, C. E.: *Discurso de incorporación como individuo de número en el sillón 12 de la Academia de Ciencias Políticas y Sociales y Contestación del académico James-Otis Rodner*, Paraninfo del Palacio de las Academias, Caracas, 23 de marzo de 2017.

648   Véase: Momberg Uribe, R.: "La Reforma al Derecho de Obligaciones y Contratos en Francia. Un análisis preliminar", *Revista Chilena de Derecho Privado* N° 24, Santiago, julio 2015.

den público». Pues en la Constitución se encuentran una serie de normas imperativas sobre aspectos básicos del orden de la sociedad. Las normas contenidas en ella son de rango superior y de aplicación inmediata según indicamos[649]. Y así parece entenderlo la Sala Constitucional[650].

Especial referencia merece el artículo 117[651] de la Carta Fundamental relativo a la protección al consumidor[652], lo que constituye una tendencia general moderna en materia de Obligaciones[653]. El sentimiento social de protección de los consumidores y usuarios se tradujo en la sensibilización del Constituyente venezolano, al incorporar su tutela al rango de derechos constitucionales en el artículo 117 de la Constitución de la República Bolivariana de Venezuela, consagrando un derecho a la protección del consumidor y del usuario[654]. Aun cuando curiosamente se reseña que la ley Orgánica de Precios Justos constituye un retroceso en materia de tutela de este, toda vez que entre sus disposiciones derogatorias incluye la Ley para la Defensa de las Personas en el Acceso de los Bienes y Servicios de 2010, que contenía una mayor protección o más detallada al

---

[649] Véase *supra* Capítulo I, I. Carácter imperativo de las normas constitucionales.

[650] Rodríguez Matos, G.: "La revisión", *cit.*, pp. 490 y 491.

[651] Todas las personas tendrán derecho a disponer de bienes y servicios de calidad, así como a una información adecuada y no engañosa sobre el contenido y características de los productos y servicios que consumen, a la libertad de elección y a un trato equitativo y digno. La ley establecerá los mecanismos necesarios para garantizar esos derechos, las normas de control de calidad y cantidad de bienes y servicios, los procedimientos de defensa del público consumidor, el resarcimiento de los daños ocasionados y las sanciones correspondientes por la violación de estos derechos.

[652] Véase: Quiroz Rendón, D.: "La protección del consumidor y las tarjetas de crédito. Comentarios a la sentencia N° 1.491 del 10 de julio de 1007 de la Sala Constitucional del Tribunal Supremo de Justicia", *Anuario de Derecho Público* N° 1, Venezuela, Centro de Estudios de Derecho Público de la Universidad Monteávila, Ediciones Funeda, 2007, pp. 361-380; Pinto Oliveros, S.: *El consumidor en el derecho comparado*, ARA Editores, Lima, 2011; Pinto Oliveros, S.: "La protección del consumidor en el derecho venezolano" en *Revista de Direito do Consumidor*, Brasil, Vol. 21, N° 81, jan.-mar. 2012, pp. 179-238; Pinto Oliveros, S.: "La información como instrumento de protección al consumidor en el contrato" en *Revista de la Facultad de Ciencia Jurídicas y Políticas*, Universidad Central de Venezuela, N° 126, Caracas, 2006, pp. 103-118.

[653] Véase: Domínguez Guillén, M. C.: *Curso de, cit.*, pp. 35-37, la protección al consumidor constituye una tendencia en materia de Derecho de Obligaciones y la legislación incluyendo la Carta Magna que en su artículo 117 protege al consumidor y al usuario.

[654] Corte Segunda de lo Contencioso Administrativo, Sent. 13-7-10, Exp. AP42-N-2008-000244. Véase también: TSJ/SConst., Sent. N° 1049 de 23-7-09.

consumidor[655]. Para algunos, la Ley de Precios Justos presenta vicios de inconstitucionalidad[656]. El consumidor se enfrenta a técnicas de mercadeo que le impiden discernir sobre los alcances del contrato, amén de que opera la imposición de cláusulas no negociadas[657]. No puede ser tratado el consumidor con el criterio formal de la autonomía de la voluntad, cuando no ha mediado verdadera libertad en la contratación, sino que se le impone por obvia necesidad.

La sentencia de la Sala Constitucional del Tribunal Supremo de Justicia sobre las tarjetas de crédito[658], a decir de la doctrina es importante, no solo por el campo de protección que reconoció a los tarjetahabientes, sino como referencia para el futuro Derecho de Consumo en Venezuela[659]. La escasez de jurisprudencia en materia de protección al consumidor en Venezuela se vio de alguna manera compensada con la sentencia[660]. El artículo 117 de la Constitución consagra el derecho genérico de todas las

---

[655] Véase en este sentido: Chacón Gómez, N.: "Reseña histórica de la protección al consumidor y usuario en Venezuela: mucho más que "precios justos", *Revista Venezolana de Legislación y Jurisprudencia* N° 9, 2017, pp. 141-165; Pinto Oliveros, S.: *El contrato hoy en día: Entre complejidad de la operación y justicia contractual.* Conferencia dictada en las I Jornadas Franco-venezolanas de Derecho Civil. Nuevas tendencias en el Derecho Privado y Reforma del Código Civil francés. Association Henri Capitant Des Amis de la Culture Juridique Francaise. Viernes 14 de febrero de 2014; Piscitelli, D.: "Notas sobre la reforma a la ley orgánica de precios justos del 19 de noviembre de 2014", *Revista electrónica de Derecho Administrativo* N° 5, 2015, p. 257, www.redav.com.ve

[656] Véase: Moncho Stefani, R.: "Comentarios sobre la inconstitucionalidad de la Ley de Costos y precios justos", *Anuario de Derecho de Derecho Público* N° IV-V, Centro de Estudios de Derecho Público de la Universidad Monteávila, Caracas, 2011-2012, pp. 219-242. La ley vigente es de G.O. N° 6.202 Extraordinario del 8 de noviembre de 2015.

[657] Corte Segunda de lo Contencioso Administrativo, Sent. 12-8-08, Exp. AP42-N-2005-001300, "la libertad, fundamento de la autonomía de la contratación, no existe verdaderamente en el consumidor, que ha de aceptar las cláusulas generales para obtener lo que necesita". Véase también: Rodner, J. O.: "Presentación del", *cit.*, El consumidor y el débil jurídico presentan una especie de subrama en el derecho de las obligaciones. El concepto del consumidor inicialmente ha sido expandido al débil jurídico en la relación contractual, especialmente en relación con las limitaciones y regulaciones en los contratos de adhesión y las cláusulas abusivas. Los contratos de adhesión se han multiplicado y fueron definidos en el nuevo Código Civil francés de 2016 (CC.Fra, artículo 1110, primer aparte).

[658] TSJ/SConst., Sent. N° 1419 de 10-7-07. Véase también: Jiménez Jiménez, M.: "Los principales derechos y obligaciones en el contrato de emisión de tarjetas de crédito", *Revista de Derecho* N° 19, Tribunal Supremo de Justicia, Caracas, 2006, pp. 67-169.

[659] Quiroz Rendón, D.: "La protección", *cit.*, p. 379.

[660] *Ibíd.*, p. 361.

personas a contar con una información adecuada y no engañosa sobre el contenido y características de los productos que consumen[661]. Agrega que las cláusulas ambiguas deben ser interpretadas del modo más favorable al consumidor[662] por tratarse de un contrato de adhesión[663].

Otras sentencias importantes de la Sala Constitucional que apuntan a considerar el consumidor o usuario como débil jurídico son las relativas a los créditos indexados[664] y la concerniente a la solicitud de declaración de nulidad de la antigua Ley de Protección al Consumidor y al Usuario[665]. Decisiones estas referidas por la doctrina entre los ejemplos de controles *a posteriori* ejercidos por el Juez a la libertad contractual[666]. En Europa el Tribunal de Justicia de la Unión Europea en sentencia de 21 de diciembre de 2016, dictó interesante decisión relativa a las cláusulas abusivas en los contratos de préstamo respecto de las entidades bancarias (Gran Sala, Luxemburgo).

También existe una nueva tendencia hacia la constitucionalización del Derecho de seguro, hacia el establecimiento de normas que lo regulen de estricto orden público y hacia una marcada intervención y control de la actividad aseguradora por parte del Estado[667], así como en materia bancaria[668].

Cabe reseñar también con relación al estudio de la nulidad del contrato por causa contraria al orden público, que bien pudiera presentar una referencia en el citado artículo 20 constitucional que expresamente cita dicha noción, a la par del orden social y los derechos de los demás.

---

[661]   *Ibíd.*, p. 372. Véase sobre el deber de información al consumidor: Pinto Oliveros, S., *La información como instrumento de protección al consumidor, cit.*, pp. 103-118.

[662]   Quiroz Rendón, D.: "La protección", *cit.*, p. 375.

[663]   Véase: Morles Hernández, A.: "La total desaparición del contenido dispositivo del contrato en los contratos de adhesión", *Revista de la Facultad de Ciencias Jurídicas y Políticas* N° 132, Universidad Central de Venezuela, 2008, p. 138, el Código Civil francés establece una regla de carácter interpretativo según la cual la interpretación de las cláusulas oscuras no ha de favorecer a quien haya ocasionado la oscuridad. Aunque la norma no llega a dar el paso de afirmar que favorezcan al adherente.

[664]   Véase: TJS/SConst., Sent. N° 85 de 24-01-02.

[665]   TSJ/SConst., Sent. N° 1049 de 23-7-09.

[666]   Véase: Madrid Martínez, C.: *La libertad contractual, cit.*, pp. 128-139.

[667]   Juzgado Cuarto de Primera Instancia en lo Civil, Mercantil y del Tránsito de la Circunscripción Judicial del Estado Táchira, Sent. 3-5-09, Exp. 6844.

[668]   TSJ/SConst., Sent. 0439 de 27-5-11, "Ello, denota todo un andamiaje normativo que se extiende en todos los ámbitos de la actividad bancaria, con el objeto de precaver situaciones de crisis en las instituciones financieras o de abusos por parte de éstas frente a los usuarios".

Así por ejemplo dentro de las cláusulas viciadas de nulidad por contrarias al orden público se citan las «usurarias»[669], y recordemos que la usura tiene una proscripción expresa en el artículo 114 de la Carta Magna y 58 de la Ley de Precios Justos[670]. Pero también se citan las cláusulas «abusivas» que suponen una desproporción o desequilibrio en las prestaciones contrarias a la buena fe, así como las cláusulas contrarias a los derechos personalísimos como la libertad. Otros autores igualmente a propósito de la nulidad del objeto del contrato, se refieren a clausulas o contratos «estrangulantes» y lo consideran contrarios a las «buena costumbres»[671]. Algunos enfocan el asunto más que en el "objeto" del con-

---

[669] Véase: TSJ/SConst., Sent. 85 de 24-1-02, podrían ser usurarias, y por tanto inconstitucionales"; Juzgado Superior Quinto en lo Civil, Mercantil y del Tránsito de la Circunscripción Judicial del Área Metropolitana de Caracas, Sent. 11-5-09, Exp. 9575, "Que la decisión N° 85 del 24 de enero de 2002, dictada por la Sala Constitucional (…) sirve de antecedente jurisprudencial de un pronunciamiento civil en relación a las cláusulas usurarias (…) se agrega (…) la ilegalidad e inconstitucionalidad de las cláusulas usureras, declarándose que debían no admitirse (excluirse) o negarse su procedencia en la definitiva; que posterior a la entrada en vigencia de la nueva ley, la usura devino en delito y es obligatorio para el juez civil declarar su improcedencia"; Juzgado Octavo de los Municipios Maracaibo, Jesús Enrique Lossada y San Francisco de la Circunscripción Judicial del Estado Zulia, Sent. 10-3-05, N° 00610 "La usura, atenta contra la vitalidad de la Nación y la seguridad económica de cualquier régimen político en detrimento de sus administrados o clases desposeídas, de allí, que nuestra Constitución Bolivariana en su Artículo 114, penaliza los ilícitos económicos, la especulación, el acaparamiento y la usura entre otros".

[670] Véase: Álvarez Oliveros, A.: "Notas sobre la rescisión por lesión", *Revista Venezolana de Legislación y Jurisprudencia N° 5 Edición Homenaje a Fernando Parra Aranguren*, 2015, pp. 289-310, p. 302, es de observar que la definición de usura -como el excesivo cobro en los intereses-, ha sido modificada y entrelazada con la definición propia de la lesión, eliminando la posibilidad que la parte afectada pueda demandar la terminación o reestructuración de un determinado contrato bajo el postulado de la lesión. Véase curiosamente referencia del autor a inconstitucionalidad: *Ibíd.*, pp. 303 y 304, agrega que la L.O.P.J., al utilizar una terminología sumamente genérica da pie a una interpretación amplia y en este sentido, el delito de usura contenida en la L.O.P.J., viola las garantías constitucionales al sostener de forma genérica que, la existencia desproporcional entre dos contraprestaciones será considerado delito de usura, pero en ningún momento dispone que se entiende por desproporcional y cuáles son los parámetros objetivos que deben ser evaluados por el juzgador, circunstancia que otorga una discrecionalidad casi absoluta al juzgador para aplicar la sanción.

[671] Véase: Serick, R.: "Los "estrangulantes" contratos de garantía", *Libro Homenaje a la memoria de Lorenzo Herrera Mendoza*, Universidad Central de Venezuela, Facultad de Derecho, Caracas, 1970, T. II, pp. 241 y 242, Trad. T. B. de Maekelt, "el acreedor se comporta frente al deudor en forma violatoria a las buenas costumbres. La jurisprudencia denomina claramente estos negocios jurídicos contratos estrangulantes; Juzgado Segundo de Primera Instancia en lo Civil, Mercantil, Agrario y Tránsito de la Circunscripción Judicial del Estado Vargas, Sent. 8-6-

trato, a través de su "causa" ilícita, con proyección constitucional. Y se afirma que la causa será ilícita si se opone a la Constitución. De allí que el Derecho de Obligaciones se vea afectado por el influjo constitucional[672].

De este modo, aunque la relación obligatoria se base en la libertad de obligarse no se pude llegar al extremo de por propia voluntad perder en esencia la libertad[673]. Tales cláusulas así como las abusivas son «inconstitucionales» según ha referido la Sala Constitucional[674]. La proporcionalidad de las prestaciones encuentra asidero constitucional en la justicia y la igualdad[675]. Se aprecia decisión judicial en este sentido «a juicio de esta Corte, viene a concretar la obligación de trato equitativo y digno que impone la *Constitución*, lo cual, a modo de consecuencia inmediata, lleva necesariamente también al justo equilibrio de las prestaciones, por cuanto si no existe equilibrio existe abuso o desproporción, que operaría como causa de nulidad de la cláusula o estipulación en cuestión»[676].

Y así mismo sería contraria a la Constitución por ofensiva al derecho a la «libertad», la obligación «perpetua», porque la transitoriedad es característica esencial y primaria de las obligaciones[677], por oposición a los derechos reales[678].

10, Exp. 10050. En el mismo sentido y del mismo tribunal: Sent. 29-4-10, Exp. 8733.

[672]   Véase: Perlingieri, P.: "Por un", *cit.*, p. 5, dicha materia que parecía más impermeable a la recepción de semejante influjo, sufre así una mutación fundamental.

[673]   Domínguez Guillén, M.C.: *Curso de, cit.*, pp. 512-518.

[674]   Véase: TSJ/SConst., Sent. N° 1800 de 17-12-14.

[675]   Véase: Domínguez Guillén, M.C.: *Curso de, cit.*, p. 517, la proporcionalidad de las prestaciones o justo equilibrio de las prestaciones puede propiciar la nulidad del contrato a la luz del examen del caso concreto si el juzgador la considera de tal magnitud que es contraria al orden público. Vale recordar que la justicia, libertad e igualdad presentan soporte constitucional (arts. 1 y 2), de la cual no escapa el Derecho de Obligaciones. El individuo puede obligarse contractualmente y, en este sentido, empeñar o comprometer su propia actividad, pero no podrá hacerlo si las restricciones que el contrato supone resultan desproporcionadas. Se admite la posibilidad de intervención del juez para adecuar las prestaciones.

[676]   Corte Segunda de lo Contencioso Administrativo, Sent. 12-8-08, Exp. AP42-N-2005-001300 (Destacado nuestro).

[677]   Véase nuestro trabajo: "Temporalidad y extinción de la relación obligatoria", *Revista Venezolana de Legislación y Jurisprudencia N° 8 Edición Homenaje a Jurista Españoles en Venezuela*, 2017, pp. 315-353.

[678]   Véase nuestro trabajo: "Entre los derechos reales y los derechos de crédito", *Revista Venezolana de Legislación y* Jurisprudencia N° 9, 2017, pp. 51-81.

En el mismo sentido, la doctrina ha interpretado que la obligación indefinida, esto es, aquella en que no se ha pautado fecha de culminación[679], a fin de no afectar el derecho a la libertad, con proyección constitucional, podría extinguirse excepcionalmente por voluntad de cualquiera de las partes[680].

En legislaciones como la española también se alude al «Estado social de Derecho y la trascendencia de sus principios inspiradores en la contratación moderna»[681], admitiéndose que de conformidad con la Constitución, los límites a la libertad están subordinados al bien común de la Nación[682]. La Constitución venezolana de 1999 alude a un «Estado social de Derecho y de Justicia», que ha sido referido por algunas de las citadas decisiones judiciales en materia contractual para matizar el tan mentando principio de la autonomía de la voluntad.

Podríamos seguir paseándonos por los distintos tópicos del Derecho de Obligaciones y entraremos en muchas figuras inevitablemente asociadas a la Carta Fundamental. Todo esto denota la proyección de la Constitución sobre el Derecho Civil patrimonial, con independencia de que, en el caso venezolano, esa intervención que realice el Estado, tanto en el plano normativo como en su interpretación jurisprudencial, sea objeto de cuestionamiento incluso en el plano de su constitucionalidad.

---

[679]   Juzgado Superior en lo Civil, Mercantil, Tránsito y de Protección de Niños, Niñas y Adolescentes de la Circunscripción Judicial del Estado Miranda, Sent. 9-2-11, Exp. 11-7425. En el contrato por tiempo indeterminado se conoce cuando comienza la relación jurídica pero no cuando culmina.

[680]   Véase: De Lemos Matheus, R.: "La terminación unilateral de los contratos de distribución", *V Jornadas Aníbal Dominici Homenaje Dr. José Muci-Abraham. Títulos valores, Contratos Mercantiles,* Coord. J. G. Salaverría L., 2014, p. 191, en los contratos a tiempo indeterminado las partes tienen derecho a revocar y por ende dar por terminado el contrato pues nadie puede quedar obligado indefinidamente; Annicchiarico Villagrán, J. F. y C. Madrid Martínez: "El Derecho de los Contratos en Venezuela: hacia los principios latinoamericanos de Derecho de los Contratos", *Derecho de las Obligaciones Homenaje a José Mélich Orsini,* Academia de Ciencias Políticas y Sociales, Serie Eventos 29, Caracas, 2012, p. 61, los autores consideran que los contratos de tracto sucesivo de duración indeterminada deberían poder ser terminados unilateralmente por cualquiera de los contratantes o sus causahabientes, pues los compromisos perpetuos constituyen una alienación permanente de un atributo de la libertad de las personas, lo cual es inadmisible por inconstitucional; Conte-Grand, J.: "La extinción de la relación contractual", *Contratos Civiles y Comerciales. Parte General,* Heliasta, Buenos Aires, 2010, p. 377.

[681]   Véase: Santos Briz, J.: *Los contratos civiles. Nuevas perspectivas,* Comares, Granada, 1992, p. 3.

[682]   *Ibíd.,* pp. 5 y 6.

No se trata de negar esos riesgos o de abstenerse de cuestionar los criterios judiciales, sino de verificar cómo se está en presencia –al margen de sus patologías– de una tendencia de la Constitucionalización del Derecho Civil.

5. *La sucesión*

El Derecho Sucesorio se ubica en un punto intermedio entre el Derecho Civil Patrimonial y el Derecho Civil Extrapatrimonial, esto es, entremezcla lo pecuniario con lo familiar. Ello pues aun cuando se asocie fundamentalmente al ámbito económico por enfocarse en el destino del patrimonio a la muerte del sujeto, es indiscutible que se vincula también a la esfera del Derecho de Familia. Esto toda vez que las normas relativas al orden de suceder y el respeto a la legítima están inspiradas en el orden familiar de los afectos, amén que el acto testamentario puede incluir no solo disposiciones patrimoniales sino también personales como expresamente lo reconoce el artículo 833 del Código Civil[683], como serían las relativas a la disposición del cadáver o la designación de tutor a los hijos menores de edad.

En lo que atañe al Derecho de Sucesiones, por su triple vinculación con la persona, la familia y el patrimonio, tampoco puede estimarse inmune a la influencia constitucional[684]. La conexión entre el Derecho Suce-

---

[683]   Véase: Domínguez Guillén, M. C.: *Manual de Derecho Civil I, cit.*, p. 22; Domínguez Guillén, M. C.: *Manual de Derecho Sucesorio*, Texto, Caracas, 2010, p. 24, La álgida combinación entre lo patrimonial y familiar del Derecho Sucesorio, su relación con otras ramas del ordenamiento como el Derecho Tributario, la necesidad de manejo de nociones elementales de matemática, la distinción entre normas imperativas y supletorias, son sólo algunas de las dificultades con las que se topa quien se acerca al estudio de la asignatura. La materia de Derecho Hereditario o Sucesorio si bien –para algunos– no de tanta incidencia práctica como el Derecho de Familia, según lo reseña un sector de la doctrina, y siendo calificada como una "una de las más abstrusas ramas del Derecho Civil", es de vital importancia para el estudioso del Derecho, pues, aunque la riqueza patrimonial no acompañe a todo individuo, la muerte es un hecho seguro del que no escapa ningún ser humano. Y ciertos tópicos como el acto testamentario para algunos son procedentes inclusive para disposiciones de última voluntad de contenido no patrimonial.

[684]   Arce y Flórez-Valdés, J.: *El Derecho, cit.*, p. 78, se indica que la Constitución española reconoce el Derecho a la Herencia. Véase también: Hesse, K.: *Derecho Constitucional, cit.*, p. 86, cita la herencia, la propiedad, la libertad contractual y de asociación como garantías que precisan ser más desarrolladas por el Derecho Privado.

sorio y «la familia» es elemental, porque es imposible sustraer a algunos integrantes cercanos de ésta del orden sucesorio[685].

Familia y sucesión son términos próximos en razón de su conexión; la importancia de la familia se reconoce tanto en la sucesión legal (orden de suceder) como en la sucesión forzosa o necesaria (legítima)[686].

El valor justicia con expresa consagración constitucional, según indicamos, bien permite encontrar justificación en algunas instituciones del Derecho Sucesorio, tales como la legítima y el orden legal de suceder que necesariamente incluyen a los familiares cercanos en la participación patrimonial del causante. La libertad, derecho esencial de rango constitucional, también encuentra expresión en el acto testamentario como aplicación de la libre autonomía de la voluntad, pues se afirma que dicho principio es más amplio que la libertad de contratar porque se extiende a actos jurídicos unilaterales como el testamento. Y la propiedad que tiene rango constitucional según indicamos encuentra último fundamento del Derecho Sucesorio, según ha indicado la doctrina, al punto de ver la esencia del mismo dos instituciones: la *familia* y la *propiedad*[687]. Ambas con expresa referencia constitucional según vimos *supra*.

---

[685]   Véase nuestro trabajo: Domínguez Guillén, M. C.: "La familia: su proyección en la sucesión legal y en la sucesión forzosa", *I Jornadas Franco-venezolanas de Derecho Civil: Nuevas tendencias en el Derecho Privado y reforma del Código Civil Francés*, Capítulo Venezolano de la Asociación Henri Capitant Des Amis de la Culture Juridique Francaise-Editorial Jurídica Venezolana. J. Annicchiarico, S. Pinto y P. Saghy, coords., Caracas, 2015, pp. 63-89.

[686]   *Ibíd.*, p. 89.

[687]   Véase: Domínguez Guillén, M. C.: *Manual de Derecho Sucesorio, cit.*, pp. 25 y 26, "El Derecho de Sucesión es que la propiedad tiene un carácter familiar; luego apareció como un complemento necesario de la propiedad individual asociada igualmente a la familia pues toda sociedad humana admite una cierta transmisión de los bienes a los miembros de su familia; el testamento vino a configurar igualmente una fuente de la sucesión. La necesidad de regular y proteger el derecho de herencia se impone ante cualquier barrera ideológica. Aunque algunos critiquen tal enfoque tradicional, se afirma que el Derecho Hereditario se relacíón íntimamente con dos instituciones fundamentales del Derecho: la *familia* y la *propiedad*. Comenta Farrera acertadamente que, como una emanación directa del derecho de propiedad y obligada consecuencia de éste, el hombre sintió la necesidad de la transmitir las cosas vinculadas a su persona, al dominio de aquellas otras ligadas a él por el lazo de la familia. De esa manera, realizó al mismo tiempo aquella irresistible tendencia de continuarse y perpetuarse que todos llevamos grabada en lo íntimo de la conciencia. Se fundamenta en la necesidad de perpetuar los patrimonios más allá de los límites de la vida humana, a la vez que se funda en dar estabilidad a la familia y dar fijeza a la vida social. La herencia cumple una función familiar y social. Podemos decir que es un principio de justicia que nuestros familiares disfruten de nuestro patrimonio

Con menor incidencia que en las instituciones previamente señaladas, la Sala Constitucional se ha hecho sentir en la materia de Sucesiones a través de algunas decisiones como la relativa a la nulidad parcial del artículo 845[688] del Código Civil o las que tocan aspectos de la herencia yacente[689], así como la que indica que para obtener la declaración de únicos y universales herederos es suficiente el acta respectiva del estado familiar sin precisarse trámite alguno administrativo[690].

De conformidad con el citado artículo 77 de la Carta Fundamental se sostiene la vocación hereditaria de la concubina según aclaró la citada sentencia de la Sala Constitucional 1682/2005:

> Como resultado de la equiparación reconocida en el artículo 77 constitucional, en cuanto a los efectos y alcances de la unión estable (concubinato) con el matrimonio, la Sala interpreta que entre los sujetos que la conforman, que ocupan rangos similares a los de los cónyuges, existen derechos sucesorales a tenor de lo expresado en el artículo 823 del Código Civil, siempre que el deceso de uno de ellos ocurra durante la existencia

---

hecho en vida, o que la propia voluntad o autodeterminación pueda tener también cierta incidencia en tal destino. Se trata de sentimientos naturales que son reconocidos por el orden jurídico, constituyendo el simple y básico fundamento del Derecho Sucesorio. Amén de la justicia derivada de dejar a nuestros seres queridos el patrimonio que hicimos durante nuestro paso por la vida".

[688]   Véase: Sent. N° 1342 de 9-10-12, declara parcialmente con lugar la nulidad del artículo 845 CC relativo al cónyuge del bínubo. Por lo que la norma ha de leerse así: "El cónyuge en segundas o ulteriores nupcias no puede dejar al cónyuge sobreviviente una parte mayor de la que le deje al menos favorecido de los hijos".

[689]   Véase: TSJ/SConst., Sent. N° 2538 de 8-11-04; TSJ/SConst., Sent. N° 1234 de 13-7-01.

[690]   Véase: TSJ/SConst., Sent. N° 242 de 9-4-14, "para la declaración del derecho de únicos y universales herederos, cuyos efectos jurídicos se establecen en el Libro Cuarto, Título I del Código de Procedimiento Civil, artículos 898 y 899 al disponer que, no causa cosa juzgada y deja a salvo derechos de terceros adquirentes, que a lo mejor, por no ser conocidos y que tampoco se encontraban identificados en el acta de defunción pudieran luego incorporarse como herederos universales; pareciera entonces que supeditar la declaratoria del derecho, que está siendo evidenciado con los elementos sustanciales –acta de nacimiento y acta de defunción– por el máximo órgano competente que es el judicial, al cumplimiento de una gestión administrativa que no afecta el fondo, como lo es la incorporación del nombre de la solicitante en el acta de defunción tal como lo hizo el Tribunal de la causa primigenia, no es cónsono con el principio pro accione que genera una tutela judicial efectiva y eficaz (*vid.* sentencia número 151 del 28 de febrero de 2012 caso Nabil Kachwar Pérez) y con el principio finalista establecido en el artículo 257 de la Constitución de la República Bolivariana de Venezuela según el cual no se sacrificará la justicia por la omisión de formalidades no esenciales".

de la unión. Una vez haya cesado, la situación es igual a la de los cónyuges separados de cuerpos o divorciados. Al reconocerse a cada componente de la unión derechos sucesorales con relación al otro, el sobreviviente o supérstite, al ocupar el puesto de un cónyuge, concurre con los otros herederos según el orden de suceder señalado en el Código Civil (artículo 824 y 825) en materia de sucesión *ab intestato*, conforme al artículo 807 del Código Civil, y habrá que respetársele su legítima (artículo 883 del Código Civil) si existiere testamento. Igualmente, las causales de indignidad que haya entre los concubinos, se aplicarán conforme al artículo 810 del Código Civil[691].

Reiteramos que la vocación hereditaria, así como la legítima, es imperativa o de orden público por lo que no queda excluida por las capitulaciones matrimoniales, pues no son asimilables a una separación judicial de bienes[692]. Podemos agregar que ello constituye un efecto elemental de justicia, la cual tiene carácter constitucional expreso según hemos reiterado. Amén que lo contrario, llevaría al absurdo de concluir que el cónyuge estaría en una peor posición que el concubino pues en la citada sentencia 1682/2005 la Sala señaló la improcedencia de capitulaciones respecto de la unión estable de hecho[693].

---

[691] TSJ/SC, 1682 de 15-7-05. Véase, nuestros comentamos con anterioridad a la citada sentencia: Domínguez Guillén, M. C., *"Las uniones"*, cit., p. 233, "… La especialidad del vínculo y el estrecho afecto que la ley presume une al *de cujus* con el heredero es el fundamento que inspira la vocación hereditaria; es indudable que tales elementos llevan a sostener tal vocación respecto de la concubina en la sucesión *ab intestato* o sin testamento" y especialmente nota 65, "Las interrogantes en esta materia deberán tener por norte las normas correspondientes en materia de sucesión hereditaria. Y así, por ejemplo, no podría el concubino en vida desconocer por vía testamentaria la legítima que le correspondería a su concubina en aplicación de los artículos 883 del Código Civil".

[692] Véanse nuestros trabajos: *Manual de Derecho Sucesorio*, cit., pp. 442-448; *Manual de Derecho de Familia*, cit., pp. 109-117.

[693] Aunque nos mostramos en franco desacuerdo con la improcedencia de una suerte de contrato que regule el régimen patrimonial de los convivientes, véase nuestro trabajo: "Las capitulaciones matrimoniales: expresión del principio de la autonomía de la voluntad", *Revista Venezolana de Legislación y Jurisprudencia Nº 5 Edición Homenaje a Fernando Ignacio Parra Aranguren*, 2015, pp. 335-380; *Manual de Derecho de Familia*, cit., pp. 469 y 470, la Sala descarta la posibilidad de una suerte de *capitulaciones* en el concubinato pero admite la nulidad de la venta entre concubinos. Por nuestra parte, no vemos óbice como indicáramos en su momento sobre la posibilidad de una suerte de acuerdo que tenga exclusiva validez entre las partes, dada por su naturaleza, la no obligatoriedad de registro de las uniones de hecho (aunque con posterioridad a la sentencia la LORC prevea tal posibilidad), que tengan por objeto regular el régimen patrimonial como necesaria manifestación del principio de la autonomía de la voluntad.

A propósito de la interpretación a tono con la Carta Fundamental, destaca la figura de la «*sustitución pupilar*» consagrada en el artículo 966 del Código Civil: «El padre, y en su defecto, la madre, podrán hacer testamento por el hijo incapaz de testar para el caso en que éste muere en tal incapacidad, cuando el hijo no tenga herederos forzosos, hermanos ni sobrinos». Se le objeta –con razón– que no constituye propiamente una sustitución sino una forma de testamento hecho en nombre ajeno que desvirtúa el carácter personalísimo del acto testamentario[694]. La figura bien pudiera presentar tinte de inconstitucionalidad por afectar la autonomía del incapaz de obrar, con proyección no solo constitucional en lo atinente a la libertad[695] y la protección de los impedidos sino también en el citado artículo 12 de la Convención para la protección de personas con discapacidad, cuyo valor del mismo orden lo refiere el artículo constitucional 23.

De lo anterior se infiere que el Derecho Sucesorio, que se presenta como un Derecho Civil intermedio entre lo patrimonial y lo familiar, también como es natural puede ser afectado por la norma suprema constitucional.

6. *Presencia constitucional (referencia a «Contratos»)*

Después de la enumeración de materias reflejadas en la Constitución en forma somera, no cabe albergar duda sobre la importancia del contenido jurídico-civil en la Constitución. Aun sin profundizar en dicho contenido, se obtiene la convicción de su cualificada entidad[696]. Se afirma que a la Constitución le es atribuible la condición de motor[697] y pauta en

---

[694]   Véase nuestro: *Manual de Derecho Sucesorio, cit.*, p. 487.

[695]   *Ibíd.*, pp. 489 y 490, "En el caso del adulto incapaz, la norma en comentarios bien podría entenderse derogada tácitamente por la Ley para las personas con discapacidad. Pero en todo caso, el citado artículo roza el límite de la inconstitucionalidad, por lo que, de presentarse una aplicación de la norma en comentarios, en razón de la muerte del incapaz o en general a petición de los interesados, la norma podría ser desaplicada por vía del control difuso de la constitucional, por ser contraria a la dignidad del incapaz, vulnerando derechos legítimos de terceros. Pues testar por un incapaz no solo afecta a éste sino a quienes hubiesen sucedido de darse la *sucesión ab intestato* basada en el orden natural impuesto por el Legislador. Para quien no quiere o no puede testar existe la sucesión legal. De allí que es enteramente recomendable eliminar de *lege ferenda* la disposición que da pie al presente supuesto en nuestro ordenamiento, por traducirse en una derogatoria de la sucesión legítima derivada de la vulneración del acto personalísimo de testar".

[696]   Arce y Flórez-Valdés, J.: *El Derecho, cit.*, p. 83.

[697]   Véase: Llamas Pombo, E.: *Orientaciones sobre, cit.*, pp. 117 y 118, la Constitución ha ocupado un papel de motor de cambio, de energía renovadora del Derecho Civil, determinante de la transformación de instituciones ancladas en el pasado.

la modificación de numerosas instituciones iuscivilistas, función promotora de transformaciones tan sobresalientes, aunque en modo alguno única, como las que se han producido en el Derecho de Familia. El vuelco espectacular de este sector jurídico es un clarísimo exponente del influjo constitucional que paulatinamente y de forma menos drástica avanza hacia el ámbito de la persona y el patrimonio de manera inexorable[698].

Ciertamente es indudable la presencia de instituciones fundamentales de las distintas ramas del Derecho Civil en el texto constitucional. Si el Derecho Civil es el Derecho Privado General que regula la persona, la familia y las relaciones patrimoniales, tales instituciones básicas o figuras ampliamente reguladas en el Derecho privado no podían ser olvidadas por la Carta Fundamental. Y aunque la persona y la familia tengan mayor referencia expresa como proyección del Derecho Civil extrapatrimonial, no es menos cierto que algunos valores constitucionales como la justicia, la equidad y la igualdad con expresa consagración constitucional van abriéndose paso en muchas instituciones del Derecho Civil patrimonial. Para muestra solo cabe recordar la proporcionalidad de las prestaciones en materia de Obligaciones o la libertad que rige para obligarse y contratar, al menos desde el punto de vista teórico.

No se aprecia en el texto constitucional referencia expresa específica a los contratos en particular estudiados en la materia de los «Contratos y Garantías»[699], esto es a los contratos especiales tales como compraventa, arrendamiento o hipoteca, pero según indicamos también tales se ven afectados por la Carta Fundamental en algunos aspectos que se estudian en materia de «Derecho Civil III» a propósito de la Teoría General del Contrato, como fuente primaria de las «Obligaciones». Esto es, la autonomía de la voluntad encuentra soporte en el derecho constitucional a la «libertad» y en el libre desarrollo de la personalidad (art. 20) que a su vez impone como límites el «orden púbico y social» y los derechos de los demás. Pero recordemos que la autonomía de la voluntad ha sido considerada en franco «declive»[700], aludiéndose a las *vicisitudes* de tal principio[701], pues la intangibilidad del contrato deja paso a otros principios

---

[698]   Arce y Flórez-Valdés, J.: *El Derecho, cit.*, p. 84.
[699]   Véase sobre tales: Bernad Mainar, R.: *Contratación Civil en el Derecho Venezolano*, Universidad Católica Andrés Bello, Caracas, 2012, Tomo I y Tomo II.
[700]   Véase *supra* Capítulo II, I. Instituciones fundamentales, 1. Las relaciones patrimoniales, B. Derecho de Obligaciones.
[701]   Véase: Santos Briz, J.: *Los contratos, cit.*, pp. 39-72.

que apuntan a que este sea justo y eficiente[702]. Se alude así a la *crisis del contrato*[703] o la *decadencia de la noción de contrato*[704].

En efecto, la referida decadencia de la autonomía de la voluntad conlleva al declive práctico de la noción de la fuente más importante de las Obligaciones, a saber, el contrato. MÉLICH señalaba que el poliformismo de la contratación contemporánea no prueba que la ley haya desplazado al contrato como fuente del Derecho Civil. La crisis del contrato y el socialismo real ante la proliferación de nuevos tipos contractuales podría dar lugar más bien a aludir –según indicamos– a la «publicización del contrato»[705].

Ello se proyecta en la radical intervención del Estado en protección del débil jurídico, con base en los valores constitucionales de justicia e igualdad[706], así como también según indicamos[707] bajo el alegato de la función social de la propiedad, con clara referencia constitucional, lo cual parece conformar el alegato para justificar el tratamiento enteramente de orden público que la legislación especial le concede a contratos especiales como el arrendamiento o a la garantía de hipotecaria de vivienda, está última inclusive con expresa referencia a la citada sentencia de la Sala Constitucional 85/2002.

Y así por ejemplo, la doctrina ha referido acertadamente que ha quedado anulada la autonomía de la voluntad en el contrato de arrendamiento, toda vez que la ley especial califica la materia en términos generales como de «orden público»[708]. Incluso se ha considerado tal contrato

---

702   Annicchiarico, J.: "Un nuevo sistema de sanciones ante la inejecución del contrato", *I Jornadas Franco-venezolanas de Derecho Civil "Nuevas Tendencias en el Derecho Privado y Reforma del Código Civil Francés"*, Capítulo Venezolano de la Asociación Henri Capitant Des Amis de la Culture Juridque Francaise, Coord: J. Annicchiarico, S. Pinto y P. Saghy, Editorial Jurídica Venezolana, Caracas, 2015, p. 277.

703   Martínez de Aguirre Aldaz, C. y otros: *Curso de Derecho Civil (II) Derecho de Obligaciones*, Colex, 3ª ed., Madrid, 2011, Vol. II, p. 327; Cafferata, J. M.: *¿Una nueva "crisis del contrato"?* Academia Nacional de Derecho y Ciencias Sociales de Córdoba, pp. 1-16, www.acaderc.org.ar.

704   Véase: Díez-Picazo, L. y A. Gullón: *Sistema de Derecho Civil*, Tecnos, 9ª ed., 3ª reimp., Madrid, 2003, Vol. II, pp. 30-32.

705   Véase *supra* Capítulo I, I.2. Interrelación entre público y privado.

706   Véase: Perlingieri, P.: "Por un", *cit.*, p. 3, cada uno de estos conceptos merecería reflexiones muy profundas.

707   Véase nuestro: *Curso de, cit.*, pp. 26-29; *supra* Capítulo II, I. Instituciones fundamentales, 1. Las relaciones patrimoniales, A. Bienes y Derechos Reales.

708   Véase: Sánchez, E.: *La existencia en Venezuela de autonomía y libertad para contratar*, Trabajo de ascenso presentado para optar al escalafón de "asistente", Universi-

bajo la óptica del análisis del texto constitucional[709], afirmándose que si el contrato de arrendamiento sobreviviera sería en forma extremadamente precaria porque se le ha socavado su fundamento que es la propiedad y quedará sometido al examen del funcionario de turno o a la legislación que pueda dictar el Ejecutivo en materia económica en perjuicio de la reserva legal[710]. Se agrega a propósito de la materia que nos ocupa que «en Venezuela, y a pesar de los muy claros parámetros Constitucionales en torno a la libertad, el Estado ha acudido al uso de controles de precios para muchos bienes y servicios. Y en esa lista –negra– de los rubros a los que se ha sustraído de la libertad se encuentra la contratación inquilinaria[711]. Aunque se aclara que el canon de arrendamiento de inmuebles comerciales o de oficina es una materia en la que la libertad negocial tiene plena vigencia[712].

Las ideas derivadas de un estado de Derecho y de Justicia con soporte constitucional son de tal abstracción que ciertamente podrán conducir en su interpretación a la matización de algunas instituciones típicas del Derecho Civil, especialmente en el ámbito patrimonial. Pero pensamos que difícilmente se podría pretender suprimir el estudio temático de la materia que conforma el Derecho Civil, por ser el derecho de la vida diaria[713].

---

dad Central de Venezuela, Facultad de Ciencias Jurídicas y Políticas, Escuela de Derecho, 2017, Tutora: M. C. Domínguez Guillén (defendido el 24-1-18).

[709]   Véase: Lovera de Sola, I.: "La reforma constitucional y su impacto en el Contrato de arrendamiento", *Revista de Derecho Público* N° 112, octubre-diciembre 2013, pp. 227-231.

[710]   *Ibíd.*, p. 230. Véase también de la misma autora: "Congelación de alquileres", *Revista de Derecho Público* N° 111, julio-septiembre 2007, pp. 76-91, la congelación de alquileres viola la garantía de la libertad económica consagrada en el artículo 112 constitucional; "Reforma de la Ley de Arrendamiento Inmobiliario a través del Decreto Ley del Régimen Prestacional de Vivienda y Hábitat", *Revista de Derecho Público* N° 115, Caracas, 2008, p. 339, para conocer la legislación inquilinaria hay que conocer varios textos, algunos de rango sublegal. Sin ningún beneficio que pueda vislumbrarse de esa separación normativa.

[711]   Kiriakidis, J.: "Libertad económica y actualización (ajuste) de los cánones de arrendamiento en los contratos de arrendamiento en materia comercial. Reflexiones de cara a la falta de publicación periódica de los índices a los que se refiere el ordenamiento jurídico", *Revista Electrónica de Investigación y Asesoría Jurídica de la Asamblea Nacional* N° 9, Caracas, 2017, pp. 862-893.

[712]   *Ibíd.*, p. 879.

[713]   Véase sin embargo: Frassek, F.: "La formación de los juristas en el nacionalsocialismo", *Academia, Revista sobre enseñanza del Derecho* Año 4, N° 7, 2006, traducción coordinada por L. B. Elbert, p. 90, en Alemania en 1935 desaparecieron las denominaciones de cursos tales como *"Parte General"* y *"Derecho de las Obligaciones"*, y se reemplazaron por *"Contrato e Injusticia"* o *"Mercaderías y Dinero"* y

Y la abstracción de las normas constitucionales basadas en la idea de justicia y libertad por contrapartida permitiría encontrar apoyo para la subsistencia de la mayoría de las figuras del Derecho Civil.

La presencia constitucional se impone igualmente en otras áreas del Derecho como es el caso del Derecho Mercantil[714], Derecho Internacional Privado[715], Derecho Laboral[716] y Derecho Procesal[717], así como en otras áreas en que igualmente se alude a «constitucionalización»[718], porque la Carta Fundamental está presente en cualquier área del ordenamiento. Pues se afirma que el valor normativo de la Constitución tiene una sobresaliente importancia en el Derecho. En especial, la actuación judicial en razón del principio de interpretación conforme a la Constitución de todo el ordenamiento jurídico en el instante de su aplicación[719]. La interpretación de una norma conforme a la Constitución que es «la norma suprema y el fundamento del ordenamiento jurídico» coloca al intérprete –también a cualquiera de los operadores jurídicos– en una delicada situación.

Ello, además, porque la interpretación conforme a la Constitución de cualquier norma del ordenamiento jurídico sometida a un análisis interpretativo no puede concluir en un producto que sea contradictorio con

---

se redujo considerablemente la cantidad de cursos de Derecho Civil y sus correspondientes horas de cátedra. Según dicha postura, esta "unidad conceptual del Derecho" se basaba "en ciertos conceptos generales pensados en forma abstracta que habrían sido utilizados en todos los campos del Derecho de igual forma.

[714]   Véase: Calderón Villegas, J. J.: "Constitucionalización del derecho comercial: algunas de las huellas trazadas por la jurisprudencia de la Corte Constitucional de Colombia", *Vniversitas* N° 113, Colombia, enero-junio 2007, pp. 113-137.

[715]   Véase: Madrid Martínez, C.: "Constitución y Derecho Internacional Privado", *Revista Venezolana de Legislación y Jurisprudencia N° 10 edición homenaje a María Candelaria Domínguez Guillén*, 2018, (en prensa).

[716]   Véase: Casale Valvano, P.: "Constitucionalización del Derecho Procesal Laboral y tutela procesal efectiva", *Revista Venezolana de Legislación y Jurisprudencia N° 5 edición homenaje a Fernando Ignacio Parra Aranguren*, 2015, pp. 105-136.

[717]   Véase: Colombo Campbell, J.: "Funciones del Derecho Procesal Constitucional", *Ius et Praxis* Vol. 8, N° 2, Talca 2002, https://scielo.conicyt.cl/scielo.php; Duque Corredor, R.: *Temario de, cit.*, pp. 167-188 ("constitucionalización del proceso"); Jiménez Escalona, V.: "El control constitucional en la casación civil", *Revista Venezolana de Legislación y Jurisprudencia N° 6 Edición Homenaje a Arturo Luis Torres-Rivero*, 2016, pp. 255-285.

[718]   Véase: Rodríguez García, N.: "La constitucionalización de la autonomía universitaria", *Anuario de Derecho Público* N° 1, Centro de Estudios de Derecho Público de la Universidad Monteávila, 2007, pp. 173-193.

[719]   *Ibíd.*, p. 180.

los valores superiores propugnados por el pueblo venezolano al constituir a Venezuela en un Estado democrático y social de Derecho y de Justicia[720].

No se puede desconocer el valor de la Constitución que como norma superior se extiende al ámbito del Derecho Civil y de lo cual dejan muestra no solo algunas instituciones sino las múltiples decisiones citadas de la Sala Constitucional del Tribunal Supremo de Justicia[721]. El creciente influjo de la Constitución en el Derecho Privado ha suscitado todo tipo de reflexiones[722] pero la supremacía normativa de la Constitución determina la obligación de los Jueces de considerar en el análisis de cualquier disputa contractual las cuestiones constitucionales que se vinculen a la misma[723].

IV. CRÍTICA[724]

Hemos sostenido que la «constitucionalización» del Derecho Civil no solo implica la incorporación expresa de algunas instituciones típicas del Derecho Civil al texto de la Carta Fundamental (constitucionalización en sentido propio o propiamente dicha), sino también a la necesidad de interpretar las normas del Derecho Civil a tono con la norma superior (constitucionalización en sentido impropio o interpretativa). De allí que se aluda la «eficacia normativa material de la Constitución en el ordenamiento privado»[725].

---

720   *Ibíd.*, p. 181, y en ello la mayor responsabilidad la tienen los Magistrados integrantes de la Sala Constitucional del Tribunal Supremo de Justicia, un mezquino favor a la Democracia, al Derecho y a la Justicia.

721   Vale insistir que, al margen de su posible cuestionamiento sobre el fondo, la multiplicidad de las mismas dictadas con el basamento de las normas constitucionales, dan referencia de la trascendencia de la Carta Fundamental.

722   Calderón Villegas, J. J.: "La constitucionalización de las controversias contractuales", *Los contratos en el Derecho Privado*, Directores Académicos: F. Mantilla y F. Ternera, Legis-Universidad del Rosario, Colombia, 2008, p. 751.

723   *Ibíd.*, p. 753.

724   Véase: Almanza Torres, D. J.: "Conflictos en torno a la Constitucionalización del Derecho Privado", *Legis.pe*, enero 2017, http://legis.pe, sus detractores, en principio exigen que a estos estándares denominados "principios" se les debe de atribuir un significado, lo que conlleva a que los valores morales subyacentes tengan también un significado que permitan realizar una lectura moral de estos, pues si se realiza un simple análisis. lingüístico, los principios no tendrían nada que decir.

725   Véase en este sentido: Merino Acuña, R. A.: "La tutela", *cit.*, pp. 47 y 48, la constitucionalización puede entenderse en su sentido tradicional general como la "eficacia normativa material de la Constitución en el ordenamiento privado".

Ciertamente, estamos simplificando, pues el tema podría ser mucho más complejo. Pero es natural que la figura en estudio cuente con múltiples detractores, que califican de exageradamente optimistas a los propugnadores de un pretendido Derecho Civil Constitucional. Pareciera, según indicamos, que todo extremo es negativo, lo cual se extiende al Derecho.

CORRAL TALCIANI alude que la constitucionalización conlleva el posible riesgo de una «autarquía constitucional» que para algunos acontece cuando ante la laguna legal el intérprete procede a crear sus propias normas[726]. Para CORRAL no es correcto considerar que la constitucionalización del Derecho Privado exija que el Derecho Civil abdique de su secular función de Derecho Común. La Constitución por su misma situación de estar en el vértice superior de la pirámide y por la necesaria concisión y tono declarativo y abierto de sus normas, no puede suplantar al Derecho Civil en su necesaria función capaz de alimentar y dar consistencia y unidad al ordenamiento jurídico en su conjunto[727]. Un exagerado entusiasmo por la constitucionalización del Derecho Civil puede conducir a sobrevalorar la Constitución e incurrir en un régimen de «autarquía» más que de supremacía constitucional[728].

También se ha dicho que la llamada «constitucionalización» del ordenamiento jurídico supone un proceso de transformación de un ordenamiento, al término del cual, dicho ordenamiento resulta totalmente impregnado por las normas constitucionales. Un ordenamiento jurídico constitucionalizado se caracteriza por una Constitución extremadamente «invasora» y «entrometida», capaz de condicionar tanto la legislación como la jurisprudencia y el estilo doctrinal[729]. La verdad, que como indi-

---

Una acepción distinta supone que es la incorporación al texto constitucional de temas infraconstitucionales del Derecho. Y también alude a una extensión material de la Constitución en las relaciones particulares, cuyos conflictos se resolverían conforme al razonamiento constitucional.

[726]   Corral Talciani, H.: "Constitucionalización del", *cit.*, pp. 11 y 12.

[727]   *Ibíd.*, p. 15.

[728]   *Ibíd.*, p. 16.

[729]   Arévalo Guerrero, I. H.: *Bienes Constitucionalización, cit.*, pp. 56 y 57. Véase también: García Jaramillo, L.: "De la "constitucionalización", *cit.*, p. 141, El concepto de "constitucionalización del derecho" se ha propagado con éxito en la literatura especializada y en doctrinas jurisprudenciales, en todo el ámbito ítalo-iberoamericano, para explicar el proceso de transformación de un ordenamiento jurídico al término del cual resulta totalmente impregnado por las normas constitucionales. Se caracteriza por una Constitución extremadamente invasora. Significa que las disposiciones constitucionales, otrora reglas para organizar el gobierno y regular la producción de normas de inferior jerarquía, son ahora normas que condicionan también cómo puede desarrollarse el ordenamiento jurí-

camos, todos los extremos son negativos y la importancia de la Carta Fundamental no puede ser exagerada negativamente. Pareciera que el asunto pretende asociarse a «un fenómeno de desbordamiento del protagonismo judicial»[730], o según indicaremos se tiende a rechazar la desmedida intervención del Juzgador. No obstante es natural que el Juez sea el protagonista en materia de interpretación[731], lo cual se extiende al ámbito constitucional[732].

El tema de la «constitucionalización del Derecho Civil no puede verse en términos absolutos»[733], pues en el Derecho como en la vida no todo es blanco y negro, y pretender siempre la existencia de una ley especial que desarrolle una norma constitucional, haría nugatoria la tesis de la aplicación inmediata y no programática de la ley constitucional. Ello fue evidente en la interpretación del artículo 77 de la Carta Magna[734] con relación a las uniones estables de hecho entre un hombre y una mujer, que si bien fueron previamente tratadas por la doctrina[735], logró concretar de alguna manera la citada sentencia 1682/2005 de la Sala Constitu-

---

dico. A partir de la naturaleza normativa de la Constitución y la fuerza vinculante de los derechos fundamentales, quedan configurados por la Constitución: la legislación ordinaria y las relaciones entre particulares de la acción política.

[730] Véase: Muñoz Agredo, M.F.: "Argumentación jurídica y principios constitucionales: su incidencia en el Derecho Privado", *Derecho y Realidad* N° 25, Facultad de Derecho y Ciencias Sociales, UPTC, I Semestre 2014, p. 346.

[731] Véase nuestro trabajo en torno al protagonismo del Juez: *Ensayos sobre, cit.*, pp. 771-775.

[732] *Ibíd.*, p. 771, El juez se presenta como el protagonista del sistema jurídico, porque finalmente es quien tiene a su cargo la función jurisdiccional. Es a él quien corresponde la compleja tarea de interpretar un supuesto a luz del sistema jurídico y llegar a la esencia y al fin del derecho.

[733] Véase: Tena Piazulo, I.: "El Derecho", *cit.*, pp. 68 y 69, El Derecho Civil está sometido en la actualidad a una serie de tensiones internas que conducen a un replanteamiento de sus contenidos tradicionales. Entre tales se incluye la descodificación, publificación y desintegración. Así como más recientemente a "constitucionalización", despatrimonialización y diversificación. Pero tales fenómenos incluyendo la Constitucionalización o Derecho Civil Constitucional no puede entenderse en términos absolutos. Por ello es posible la compatibilidad entre la desconstitucionalización y al no desconstitucionalización, es decir, la afirmación constitucional del Derecho Civil.

[734] Que dispone: "Se protege el matrimonio entre un hombre y una mujer, fundado en el libre consentimiento y en la igualdad absoluta de los derechos y deberes de los cónyuges. Las uniones estables de hecho entre un hombre y una mujer que cumplan los requisitos establecidos en la ley producirán los mismos efectos que el matrimonio".

[735] Véase: Domínguez Guillén, M. C.: "Las uniones", *cit.*, pp. 215-247; Domínguez Guillén, M. C.: *Manual de Derecho de Familia, cit.*, pp. 427-447.

cional, no obstante las críticas de la doctrina[736]. Con anterioridad a tal decisión, señalamos que no cabía alegar el carácter programático de las normas constitucionales para pretender desconocer el alcance de la misma en cuanto a la aplicación de sus efectos[737]. Por lo que cabe desestimar argumentos tales como la obligada espera de desarrollo legislativo[738],

---

[736] Véase entre otros: Barrios, H. y otros: "Sala Constitucional y las uniones estables de hecho. Breve análisis crítico de la sentencia dictada el 15 de julio de 2005 por la Sala Constitucional del Tribunal Supremo de Justicia, relativa a la interpretación del artículo 77 de la Constitución de la República Bolivariana de Venezuela", *VII Jornadas de la Ley Orgánica para la Protección del Niño y del Adolescente. Homenaje a Margelys Guevara Velásquez y Carmen Isolina Ford Alemán*, Universidad Católica Andrés Bello, Caracas, 2006, pp. 181-212; Carrillo Artiles, C. L: "Desatinos y aciertos", *cit.*, pp. 611-632; López Herrera, F.: "Examen crítico de la sentencia sobre uniones estables de hecho dictada el 15 de julio de 2005 por la Sala Constitucional del Tribunal Supremo de Justicia", *Homenaje a Aníbal Domínici*, Coord. I. de Valera y J.G. Salaverría, Ediciones Liber, s/l, 2008, pp. 23-42.

[737] Véase: Domínguez Guillén, M. C.: "Las uniones", *cit.*, pp. 215-247; Domínguez Guillén, M. C.: *Manual de Derecho de Familia, cit.*, pp. 428 y 429, No cabe alegar al respecto, el carácter "programático" de las normas constitucionales, idea por lo demás superada por la moderna doctrina constitucional dado el carácter autoejecutable de las normas constitucionales. La propia Carta Magna refiere en su artículo 22 que la falta de ley reglamentaria no menoscaba el ejercicio de los derechos humanos, artículo que consideramos igualmente aplicable a los derechos de la persona en general y en consecuencia al ámbito que nos ocupa. No vale sostener que se precisa de una ley que desarrolle la norma constitucional o que el Código Civil no le ha concedido los mismos efectos al concubinato que al matrimonio, porque precisamente estamos en presencia de una norma de rango constitucional y carácter posterior. De allí que inclusive cualquier norma que a futuro pretenda establecer distinciones relativas al alcance de los efectos de las uniones concubinarias, estaría viciada de inconstitucionalidad y podría ser desaplicada por vía del control difuso de la constitucionalidad . Más aún, si en todo caso fuese posible la distinción entre normas constitucionales que requieren para su aplicación de un desarrollo legislativo posterior de otras que suponen *per se* una aplicación inmediata, el citado artículo 77 de la Constitución vigente, dada su redacción y su finalidad, estaría ciertamente dentro de éstas últimas. Véase en sentido contrario, indicando que se trataba de una norma programática: López Herrera, F.: "Consideraciones sobre algunos aspectos del régimen de la comunidad concubinaria: doctrina y jurisprudencia", *Estudios de Derecho de Familia*, Universidad Católica Andrés Bello, Caracas, 2001, p. 114.

[738] Véase: Carrillo Artiles, C. L: "Desatinos y", *cit.*, pp. 612 y 613, el autor afirma que la remisión que hace el artículo 77 de la Constitución sobre las uniones de hecho que cumplan con los requisitos de ley, precisa de "una ley especial que a tal efecto dicte la Asamblea Nacional como órganos federal legislativo", y que tal ley no ha sido discutida, configurándose una tangible inercia legislativa que daría lugar a una "acción por inconstitucionalidad por omisión legislativa del órgano federal" por "silencio del legislador" de conformidad con el artículo 336, numeral 7 de la Constitución. Al efecto, vale observar que, si todas las normas constituciones precisaran de una ley especial a los efectos de su aplicación, el superado carácter meramente programático de las disposiciones de la Carta

que una asimilación entre matrimonio y concubinato contraría la voluntad de quienes no contraen matrimonio[739], o el pretexto de la fragilidad o impulso sexual transitorio[740]. Argumentos que no precisan de mayor análisis porque la interpretación del citado artículo constitucional no deja margen o espacio a los prejuicios. Lo anterior constituyó un ejemplo del rechazo a la aplicación de una institución claramente constitucionalizada en el Derecho Venezolano, a saber, la unión de hecho estable. Cuando el Constituyente constitucionaliza una institución civil, poco valor tiene al respecto el desacuerdo de los doctrinarios, a menos que las críticas apunten a una contradicción de principios o normas constitucionales.

Gutiérrez Santiago señala que la figura puede llevar a que se «inapliquen» normas a cuenta y riesgo del intérprete[741]. Por su parte, Arévalo Guerrero indica que la constitucionalización podría propiciar desigualdad pues si los jueces podrían cambiar de manera libre sus decisiones no se le estaría dando el mismo trato a todas las personas[742]. También el autor reseña otro peligro de la constitucionalización, a saber, que la interpretación constitucional de la norma privada alcance a reemplazar a esta última, con los cual puede llegarse a sustituir a los jueces e incluso al Legislador[743]. Para otros también representa un peligro en la medida que se corre el riesgo de que se pierda la imparcialidad y la independencia judicial, pues sus decisiones podrían politizarse. Y ciertamente, algunas normas constitucionales no son claras ni específicas y por

---

Magna haría nugatorio la aplicación efectiva de la Carta Fundamental. De allí, que la citada posibilidad del numeral 7 del artículo 336 podría ser necesaria en casos excepcionales y no en todas las normas constitucionales. Tal posibilidad no es óbice para la aplicación inmediata de la Constitución.

[739] Véase: Barrios, H. y otros: "Sala Constitucional", *cit.*, pp. 211 y 212.

[740] Véase no obstante ser anterior a la sentencia en comentarios: González Fuenmayor, M. E.: "Comunidad concubinaria. Invenciones y mejoras: regulación en el campo del derecho civil y en el campo del derecho del trabajo", *Studia Iuris Civilis. Homenaje a Gert F. Kummerow Aigster*, Colección Libros Homenaje N° 16, F. Parra Aranguren editor, Tribunal Supremo de Justicia, Caracas, 2004, p. 301, que indica: "El concubinato intenta reivindicarse hasta en lo idiomático y adopta hoy, con mucha frecuencia, el rótulo de <<unión libre>>, e incluso se intenta equipararla con el matrimonio legítimo, o sea, la situación de hecho con la de derecho. La seguridad y estabilidad de una institución, cual es la del matrimonio, no pueden parangonarse jurídicamente con la versatilidad y fragilidad vincular que caracterizan a la unión libre. Fundada ésta más en los impulsos sexuales transitorios".

[741] Gutiérrez Santiago, P.: "La Constitucionalización", *cit.*, p. 76.

[742] Arévalo guerrero, I. H.: *Bienes Constitucionalización, cit.*, p. 39.

[743] *Ibíd.*, p. 35.

tal difícilmente interpretables[744]. La frecuente y gran imprecisión de las disposiciones constitucionales convierte cualquiera de sus puntos en un hormiguero bajo el microscopio del intérprete[745].

Dentro de las diversas críticas a la figura, se afirma que la subordinación al texto constitucional en un Estado constitucionalizado, trae como una de sus consecuencias, la elaboración por parte de los creadores y aplicadores del derecho de justificativas teóricas y abstractas que flexibilizan la ley al buscar su compatibilización con principios de contenido hasta cierto punto indeterminado[746]. Esto propicia que, para algunos autores, teorías que defienden la sumisión del Derecho Privado a principios morales contenidos en la Constitución –como el neoconstitucionalismo– constituyan «una involución a formas legales pre-modernas que en las circunstancias actuales implica la disolución del derecho»[747].

Como la constitucionalización del derecho busca afirmar la supremacía de la Constitución y valorizar la fuerza normativa de los principios y valores que son subyacentes a todo orden jurídico, descuida otros aspectos sumamente importantes[748]. Salta a la luz la necesidad de la aplicación de una teoría que permita prever y sopesar las probables conse-

---

[744] *Ibíd.*, p. 33.

[745] Acosta Sánchez, J.: *Formación de la Constitución y Jurisdicción Constitucional. Fundamentos de la democracia constitucional*, Tecnos, Madrid, 1998, p. 376.

[746] Almanza Torres, D.J.: "Conflictos en", *cit.*

[747] Almanza Torres, D.J.: "Conflictos en", *cit.*, Neves por su parte, señala que: "La tendencia en realzar los principios en detrimento de las reglas vuelve altísimo el grado de incerteza y puede desembocar en inseguridad incontrolable relacionada a la propia quiebra de la consistencia del sistema jurídico y pues, a la destrucción de sus fronteras operativas. Por otro lado, la tendencia en realzar a las reglas en detrimento de los principios vuelve al sistema excesivamente rígido para enfrentar problemas sociales complejos, en nombre de una consistencia incompatible con la adecuación social del derecho".

[748] Almanza Torres, D. J.: "Conflictos en", *cit.*, como afirma Gico: "el neoconstitucionalismo no se preocupa suficientemente con las reales consecuencias de determinada ley o decisión judicial. Como la creación, aplicación e interpretación de una norma debe realizarse bajo parámetros constitucionales, en diversas ocasiones el legislador o juez, *neoconstitucional*, no considera las reales consecuencias de una ley o de una decisión judicial; sino prioriza la satisfacción de la parte que él considera "injusticiada" o el requerimiento de la sociedad afectada, según su criterio de justicia. Esto conlleva a que, dentro del actual Estado constitucional social democrático del derecho de corte pos-positivista, donde, según algunos autores, se dejó de lado la solución del problema por la simple deducción lógica, se deba considerar, al momento de realizar un análisis judicial, las consecuencias que de esta derivan con la intención de ponderar una mejor decisión en vista de la multiplicidad de alternativas que ofrece la apertura del sistema jurídico".

cuencias de una decisión judicial dentro del contexto legal, político, social, económico e institucional en el cual será emitida. Por lo señalado y a pesar de su relativa novedad, parte considerable de la doctrina, afirma que actualmente se vive una especie de «malestar de la Constitución», que sería el primer paso para pronosticar el fin del modelo constitucional, siendo reemplazado por un derecho sin fronteras basado en las diversas fuentes del derecho[749].

Otros autores se oponen a este proceso de constitucionalización, pues habría dado lugar a la creación de lagunas artificiales: al afirmarse que, si una materia no es propia de la ley civil, esta falta de ley debe llenarse por una norma constitucional. Se señala también que en virtud de este proceso se habrían «expropiado» materias propias de la ley civil (conceptos de persona o propiedad); se afirma que la propia Constitución se declara incompetente para regular las materias propias de leyes con estructuras de Código, como el Código Civil; y, por último, que este proceso puede contrariar el sistema de control constitucional. A su vez, en el ámbito del Derecho Constitucional se ha criticado la forma en que los privatistas estarían entendiendo y extremando el protagonismo de la Constitución en el ordenamiento jurídico. Así, se ha señalado que el Derecho Civil muestra una «cuasi patológica fijación hacia el derecho constitucional», toda vez que pretende encontrar en la Constitución un punto de origen para diversas instituciones, tales como la buena fe o el fundamento a la indemnización por daño moral en la integridad síquica, llegando a ver en las disposiciones constitucionales un sustituto de los principios o fundamentos de la disciplina civilista[750].

A esta crítica se añade que la justicia constitucional, contribuiría a su vulgarización (constitucionalización por vía judicial y no por codificación). En efecto, al no existir en un país ni la doctrina de precedentes ni una dogmática suficiente –que serían las dos condiciones para evitar que la constitucionalización por vía judicial desemboque en vulgarización–, no se cuenta con una debida acumulación de normas constitucionales a través del desarrollo de la justicia constitucional[751].

Considera BELTRÁN PACHECO que el Tribunal Constitucional debe evitar desnaturalizar instituciones civiles, cuyo manejo corresponde a la Sala de Casación Civil, por lo que para el autor resulta muy peligroso que el Tribunal Constitucional postule líneas de pensamiento en sus decisiones sobre asuntos de índole civil, dado que los aplicadores del Dere-

---

[749]   Almanza Torres, D. J.: "Conflictos en", *cit.*
[750]   Lathro, F.: "Constitucionalización y", *cit.*
[751]   Lathro, F.: "Constitucionalización y", *cit.*

cho podrían considerar que sus apreciaciones resultan primordiales, lo que desnaturalizaría los esbozos dado por la doctrina de «casación» y por la dogmática civil al respecto. De allí que el autor concluya recomendando que el Tribunal Constitucional se limite a referir los asuntos civiles cuando sea estrictamente necesario en coordinación con la interpretación casatoria[752]. Consideración «*relativamente*» válida respecto del sistema venezolano, toda vez que la Sala de Casación Civil también es susceptible de incurrir en impropiedades. Pero en efecto, en Venezuela algunos parecen considerar que el artículo 335 de la Carta Fundamental convierte en verdad imperativa todo lo que señala la Sala Constitucional del Máximo Tribunal, cuando la citada norma lo limita al «*contenido o alcance de las normas y principios constitucionales*». Es vital que la Sala Constitucional comprenda que sus interpretaciones impropias sobre asuntos civiles que no son de su estricta competencia, pueden causar un profundo descalabro en la doctrina y la jurisprudencia. De allí la necesidad de preservar las instituciones básicas del Derecho Civil a la hora de interpretar, pues la desnaturalización de la mismas o las impropiedades graves en que pueda incurrir la Máxima Sala, no entran en la esfera de la «constitucionalización» ni propia ni impropia.

Recordemos que en el ámbito venezolano SAGHY considera que la constitucionalización del Derecho Civil «aporta más problemas que ventajas»[753], pues para el autor se traduce en «una intromisión, sin límites, del juez a los asuntos reservados a la autonomía de la voluntad de las partes». Agrega que:

La constitucionalización del Derecho Civil aporta como primera consecuencia la devaluación de la ley. Con ello nos referimos a la pérdida de su valor normativo. En consecuencia, la constitucionalización del Derecho Civil merma el valor jurídico de los contratos quienes según el artículo 1132 del Código Civil tienen fuerza de ley entre las partes. Esta merma se materializa en una intromisión del Juez (…) este irrespeto entorpece la evolución natural de las instituciones. Trunca su legitimidad y obstaculiza el entendimiento de las soluciones aportadas. Puesto que las respuestas a los conflictos de constitucionalidad son generalmente categóricas y de aporte general, las consecuencias bruscas y los razonamientos jurídicos se ven violentamente modificados. Esto origina avances y retrocesos constantes de la jurisprudencia y con ello la pérdida de la seguridad jurídica anhelada. Por último, la constitucionalización del

---

[752] Beltrán Pacheco, J.A.: "Civilmente constitucional: algunas expresiones del Tribunal Constitucional en materia de responsabilidad civil", *El Derecho Civil patrimonial en la Constitución*, T. C. Guía 2, Gaceta Jurídica, Perú, 2009, pp. 123 y 124.

[753] Saghy, P.: "Reflexiones sobre", *cit.*, p. 512.

Derecho Civil nos lleva paradójicamente al establecimiento de un sistema jurídico jurisprudencial. Precisamente lo contrario a lo que se busca[754].

A propósito de la «constitucionalización» del Derecho Administrativo se afirma que la figura cuenta con algunas críticas, como la pérdida del propio perfil de la materia o la asunción de tareas legislativas, entre otras[755]. La progresiva constitucionalización del Derecho Administrativo que ha pautado las últimas décadas ha caído muchas veces en un «detallismo excesivo», que hace perder prestigio y estabilidad a las Constituciones rígidas frente a la «movilidad esencial» del Derecho Administrativo. Para evitar esa contradicción y procurar un equilibrio adecuado, el Derecho Constitucional debe limitarse a lo medular, a las nuevas fórmulas constitucionales, en sí mismas, su fundamento, sentido y conexión con el sistema orgánico de la Constitución, dejando al Derecho Administrativo la tarea de explicar el detalle del desarrollo –a partir de la base constitucional– de las normas legales y reglamentarias, las prácticas y tendencias jurisprudenciales en vigor, a través de las cuales se desenvuelve la vida y las actividades de las instituciones[756]. En todo caso, ha de insistirse en que no existe una tajante separación en la materia tratada por los cultivadores[757].

Comenta QUINCHE-RAMÍREZ que la constitucionalización del Derecho Privado es la más difícil y disputada de todas por diversas razones, entre las que podemos contar: razones de diseño, en tanto que el Derecho Privado es el derecho de la riqueza y por lo mismo entra inevitablemente en tensión con la Constitución social y la democracia social; razones de origen, pues el Derecho Privado y su instrumento (el Código Civil) operaron históricamente en América Latina como símbolos de unificación nacional interna; minimizando de este modo la teoría jurídica, la reivindicación social, la lectura de los derechos fundamentales y la función de la judicatura en sociedades con concentración de la riqueza y profunda desigualdad como las nuestras; y razones de práctica y de oficio dado que hasta el Derecho Privado, en la versión tradicional del Derecho Civil con mitos tan extendidos como aquel que decía que "quien no sabe obli-

---

[754]   *Ibíd.*, p. 513.

[755]   Véase respecto al Derecho Administrativo: Schmidt-Assmann, E.: "El concepto", *cit.*, pp. 24 y 25.

[756]   Araujo-Juárez, J.: *Derecho Administrativo Constitucional, cit.*; Araujo-Juárez, J.: "Derecho Administrativo Constitucional, Sistemas de Relaciones, Interferencias y Complementariedad", *Revista Tachirense de Derecho*, Universidad Católica del Táchira, 2017, ed. digital, p. 80.

[757]   Araujo-Juárez, J.: "Derecho Administrativo Constitucional, Sistemas...", *cit.*, p. 87.

gaciones no sabe derecho"[758]. Aunque con éste último simplemente se ha querido magnificar la obvia importancia del Derecho de Obligaciones[759].

MUÑOZ señala que a algunos les preocupa la temática de la constitucionalización alegando el cierto peligro de que la misma se convierta en el medio para lograr la amplificación de las prerrogativas de poder público al hilo del siguiente razonamiento: 1. dado que hay un cierto número -cada vez más creciente- de cuestiones en el Derecho Privado que son de gran importancia social, estas deben ser constitucionalizadas; 2. la constitucionalización de tales cuestiones exige, además, que sean reguladas y controladas por el Estado con sus prerrogativas de poder público. Por lo tanto, se concluye que «la constitucionalización no es un fin en sí misma, sino tan solo un medio para ampliar los derechos que la Constitución reconoce. Dentro de esos medios puede valerse de las prerrogativas estatales, pero tan solo en la medida en que se ordenen a ese fin». Claro está, toda la normativa deberá adaptarse a los dispositivos y principios constitucionales y convencionales que les dan origen. Por lo que en definitiva se deberá respetar la normativa supralegal vigente[760]. Obsérvese que el autor incluye no solo la «constitucionalización» del ordenamiento sino su «convencionalización», lo que en nuestro caso encontraría asidero en el artículo 23 constitucional.

Sin embargo, acertadamente concluye LATHRO que la constitucionalización enriquece el Derecho Privado, revitalizándolo, armonizándolo con concepciones jurídicas modernas; en especial, lo renueva a la luz de los derechos fundamentales, como ha sucedido en materias relativas a la persona y a las familias. En este sentido, mal podría constituir una amenaza para la ley civil; no debe temerse que la norma fundamental termine por relegar al Derecho Privado pues, éste mantiene vigentes sus propios principios e instituciones cardinales. Lo que ocurre es que algunos de ellos deben releerse o reinterpretarse[761].

---

[758]   Quinche-Ramírez, M. F.: "La constitucionalización", *cit.*, p. 50.

[759]   Véase a propósito de su importancia, nuestro: *Curso de, cit.*, pp. 15 y 16. Se cita a Sue Espinoza, C.: *Lecciones de Derecho Civil III*, T. I., Universidad de Carabobo, Valencia, 2011, p. 31, agrega citando a Giorgio "por eso nunca será eficaz la actuación del abogado que carezca del dominio pleno de los derechos personales. No será autorizado su consejo, ni útil su defensa"; Uribe-Holguín, R.: *De las Obligaciones y del Contrato en general*, Temis, Bogotá, 1982, p. 4, no puede haber buen civilista que no conozca a fondo la teoría general de la obligación y del contrato, ni hay buen jurista que no sea buen civilista.

[760]   Muñoz, R.: "Implicancias del", *cit.*

[761]   Lathro, F.: "Constitucionalización y", *cit.*

El futuro del proceso de constitucionalización puede verse desde una perspectiva optimista o escéptica, bien sea que se logre una materialización del derecho más o menos óptima, o que se abandone ante la incoherencia e inestabilidad que genere[762]. La infraconstitucionalización se refiere a demasiado poco y la supraconstitucionalización, se refiere a un «demasiado mucho» en la regulación constitucional. La Constitución regula más de lo que debería regular lo que lleva a que el legislador pierda facultades en la reglamentación jurídica. «El Legislador perdería toda autonomía. Su actividad se agotaría en la mera definición de aquello que ya está decidido por la Constitución. Como consecuencia de ello, el tránsito del Estado de legislación parlamentaria al Estado jurisdiccional –de la Jurisdicción Constitucional– sería imparable». La mediación de los dos modelos, se lleva a efecto mediante la noción de constitucionalización adecuada que lleva a que la Constitución regule aspectos importantes que debe reglamentar en la vida jurídica, pero al mismo tiempo deje ciertos márgenes de acción al legislador. Principalmente, estos márgenes de acción pueden ser epistémicos o estructurales[763]. Lo que se ha denominado como proceso de constitucionalización constructivo se presenta como un punto de vista alterno al del proceso de constitucionalización adecuado e idealista. Trata, pues, de establecerse como una forma de no caer en los excesos del idealismo, de lo irrealizable, del ultrarracionalismo, ni tampoco, de lo eminentemente analítico, estructural, falto de contenido. Además, no desea poner el acento en la labor del juez ni del legislador, sino que precisa de la Academia[764].

---

[762]   Suárez-Manrique, W. Y.: "La constitucionalización", *cit.*, p. 330.

[763]   *Ibíd.*, p. 342, Los márgenes de acción epistémicos se refieren a la capacidad cognitiva para reconocer lo que la Constitución permite, ordena o prohíbe. "Si se quiere afinar el planteamiento, puede decirse que el margen de acción epistémico deriva de los límites de la capacidad para reconocer los límites de la Constitución". Estos márgenes pueden ser normativos o empíricos. Por su parte, según los márgenes de acción estructurales, el legislador es libre de obrar en aquellos casos en los cuales la Constitución no ha ordenado ni prohibido nada o en desarrollo de estas concepciones. Estos márgenes de acción pueden ser de tres clases: fijación de fines, fijación de medios y ponderación. A esta visión normativa del proceso de constitucionalización se le pueden objetar dos cuestiones: excesivo formalismo y falta de claridad conceptual".

[764]   *Ibíd.*, p. 343. Véase también: Arévalo guerrero, I. H.: *Bienes Constitucionalización*, *cit.*, pp. 56 y 57. Véase también: García Jaramillo, L.: "De la "constitucionalización", *cit.*, pp. 141 y 142, Las disposiciones constitucionales paulatinamente irradian su fuerza normativa a todos los campos del derecho: la legislación, las políticas públicas, la doctrina y, naturalmente, la jurisprudencia. Este proceso no es uniforme y es en todo caso gradual. Depende de las disposiciones incluidas en la Constitución y, sobre todo, del compromiso con su garantía que asuman los jueces y las autoridades ejecutivas. En virtud de la constitucionaliza-

La constitucionalización del derecho en el ordenamiento jurídico colombiano ha tenido como principal actor a la Corte Constitucional[765]. Lo mismo cabe decir del caso venezolano, aunque la doctrina frecuentemente hace referencia a planteamientos o reflexiones relativas a la constitucionalidad de ciertas normas.

La mayoría de las veces, la Corte Constitucional establece el significado de los pactos jurídicos por vía de autoridad, mediante la expedición de reglas y subreglas. Pese al rol importante que ha ostentado la Corte Constitucional en el proceso de constitucionalización, y al papel que tiene el legislador en los ordenamientos jurídicos que se constitucionalizan por vía legislativa, en esta perspectiva, en principio, puede decirse que no se basa en un proceso guiado sino en una construcción colectiva. Este proceso constructivo desea que se trabaje de forma mancomunada por los diferentes actores, lo cual incluso se convierte en un punto de legitimidad del proceso. Es decir, la vía de la constitucionalización no es eminentemente judicial ni legislativa[766].

Bajo ese panorama siempre riesgoso como es común en materia de interpretación de la que no escapa la óptica constitucional, puede decirse que las críticas de la figura bajo análisis no dependen del fenómeno en sí mismo sino de la forma como puede ser utilizado. Los excesos o extremos siempre nos desvían del justo medio. La constitucionalización del Derecho Civil no constituye *per se* algo negativo, es una tendencia o una realidad que debe admitirse y reconocerse. Que algunos institutos característicos del Derecho Privado General tengan cabida o consagración expresa en la Carta Magna no representa de por si un problema y más bien, les atribuye una protección más efectiva desde el punto de vista jerárquico[767]. Obviamente que tal incorporación no podrá ser total o exa-

---

ción del ordenamiento jurídico se amplía el control al ejecutivo y se limita la soberanía del legislador. Un ordenamiento jurídico constitucionalizado condiciona y somete a los poderes públicos y privados a las normas constitucionales –en particular a los derechos fundamentales– respecto de lo que deben restringirse de hacer, pero también, y fundamentalmente, plantea mandatos respecto de lo que debe hacerse en virtud del desarrollo de la densidad normativa material de la Constitución. La expansión de los contenidos constitucionales ha comportado la constitucionalización material del ordenamiento jurídico. A partir de este *proceso* el ordenamiento se transforma de conformidad con lo constitucionalmente ordenado. Este *proceso* ha hecho que las dimensiones normativas de la Constitución sean potencialmente relevantes en todo escenario jurídico (Destacado nuestro).

765 Suárez-Manrique, W. Y.: "La constitucionalización", *cit.*, p. 331.

766 *Ibíd.*, p. 344.

767 Que el Constituyente quiera constitucionalizar, esto es, elevar al texto constitucional un instituto civil, no es negativo en sí mismo, solo le impone una jerar-

gerada porque se perdería el sentido del texto fundamental que de alguna manera es sintético. De otra parte, que a la hora de interpretar el Derecho Civil y sus normas legales o reglamentarias nos preguntemos si las mismas están a tono con la Carta Fundamental, es simplemente una regla de interpretación sistemática atendiendo a la jerarquía de fuentes que el orden jurídico impone. El intérprete del Derecho Civil debe considerar la consonancia o la presencia de la Carta Fundamental en la aplicación efectiva de las normas de Derecho Privado. Ello solo evidencia que es muy difícil por no decir imposible, pretender seguir manteniendo estancos radicales entre lo público y lo privado. Si la Constitución es Derecho Público, éste siempre estará presente en la interpretación del Derecho Privado general, esto es, en el Derecho Civil.

No creemos, que la anterior afirmación permita concluir que presentamos una «cuasi patológica fijación hacia el derecho constitucional», en expresión de la doctrina citada. Simplemente concientizamos que para nosotros la consideración o presencia de la Carta Fundamental en la interpretación del Derecho Civil ha sido una constante en el estudio de este. Que ello se denominara «constitucionalización» y que la misma es objeto de críticas, como casi todos los institutos del Derecho no es lo verdaderamente trascendente.

De allí que de nuestra parte más que «críticas», percibimos los «efectos» de la constitucionalización entre los que veremos se ubica la actualización y refrescamiento de las instituciones civiles bajo la óptica constitucional[768]. Insistimos que generalmente las típicas críticas que se le imputan a la figura suelen ser las achacables a la interpretación en general, de la cual forma parte en un sentido amplio el fenómeno bajo análisis.

V. CONDICIONES Y EFECTOS

En cuanto a las «**condiciones**» necesarias para que un ordenamiento pueda considerarse constitucionalizado, aunque según referimos depende de varios aspectos y constituye un proceso progresivo[769], la doctrina

---

quía formal que bien pudiera haberse alcanzado desde el punto de vista práctico, posiblemente por vía de "interpretación" de la propia Carta Fundamental. De tal suerte, que la discusión pudiera tornarse interminable. Nuestro objetivo ha sido simplemente mostrar un panorama de la situación.

[768] Véase *infra* Capítulo II, V. Condiciones y efectos.

[769] Véase: Quinche-Ramírez, M. F.: "La constitucionalización", *cit.*, p. 45, a constitucionalización del derecho corresponde a un proceso de transformación de un ordenamiento, al término del cual dicho ordenamiento resulta totalmente 'impregnado' por las normas constitucionales (Guastini, 2003). Vale recordar que dentro de esta dinámica la convencionalización del derecho consistiría en una

reseña: que se trate de una Constitución rígida que no pueda ser fácilmente modificada; la garantía jurisdiccional de la Constitución relativa a la rigidez[770], la fuerza vinculante de la Constitución en el sentido de contener preceptos imperativos, la sobreinterpretación de la Constitución que no deja espacios vacíos, la aplicación directa de las normas constitucionales inclusive a particulares y no solo a los poderes públicos, la interpretación conformes a las leyes y la influencia de la Constitución sobre las relaciones políticas[771].

Sin embargo, lo anterior son meras directrices doctrinales, pues la Constitución venezolana podría no presentar algunas de las características indicadas y sin duda, el Derecho Civil ha sufrido una afectación producto de las decisiones de la Sala Constitucional con base en la adecuación del Derecho sustantivo a la Carta Magna. Es difícil dar respuesta a problemas de divorcio o autonomía de la voluntad, sin tener en cuenta las sentencias líderes dictadas en la materia por la Sala Constitucional del Tribunal Supremo de Justicia. Las impropiedades de las que puedan ser objeto tales decisiones es asunto, que no atañe al proceso que nos ocupa: los riesgos inherentes a la interpretación son universales, de los que no escapa el elemento político. En efecto, a los elementos a considerar en la interpretación y argumentación (gramatical, sistemático, teleológico, etc.[772]) algunos añaden el ingrediente *político*[773], el cual es traído a cola-

---

segunda forma de transformación de ese mismo ordenamiento, al término del cual resulta 'impregnado' por normas convencionales; más precisamente, por las reglas y los estándares contenidos o derivados de los instrumentos que constituyen el derecho internacional de los derechos humanos.

[770]   Véase: Brewer-Carías, A.: "El proceso", *cit.*, pp. 48 y 49, el carácter de norma rígida y suprema de la Constitución hace que prevalezca sobre cualquier otra norma. Debiendo por tanto ser aplicada con preferencia cuando exista incompatibilidad con otra norma; Abdelkarim, Y. y N. Bosignori: "Legalidad y", *cit.*, pp. 212 y 213.

[771]   Arévalo Guerrero, I. H.: *Bienes Constitucionalización*, *cit.*, pp. 56 y 57, también cita a Guastini.

[772]   Véase: Perelman, Ch.: *La lógica jurídica y la nueva retórica*, Civitas, Madrid, 1988, Trad. L. Diez-Picazo, p. 79, los elementos *histórico, teleológico y sistemático* considerados dentro de la interpretación pueden traducirse en argumentos. Estos son citados por Perelman entre los argumentos entre otros, tales como el argumento *a contrario, fortiori, a coherentia*, los cuales podríamos considerar dentro del elemento lógico de la interpretación, la cual debe estar orientada por las reglas de la lógica jurídica. El argumento *económico* al que hace referencia el autor, podría considerarse incluido dentro del sociológico, porque dentro de las circunstancias actuales que el jurista debe considerar se encuentran las económicas. Véase también sobre los argumentos: Alexy, R.: *Teoría del Discurso y Derechos Humanos*, Serie de Teoría Jurídica y Filosofía del Derecho N° 1, Universidad de Externado de Colombia, Colombia, 2000, p. 55, indica cuatro clases de argumentos: lingüísticos, genéticos, sistemáticos y práctico-generales; Zerpa, L. I.: "La Argumenta-

ción por Wroblewski[774] pues la interpretación no escapa de la política. Esta consideración con la cita expresa al referido autor es utilizada en la fundamentación del fallo de la Sala Constitucional del Tribunal Supremo de Justicia en decisión 179/2000[775]. Pero cabe recordar que Wroblewski, concluye que la interpretación constitucional debe presentarse como una decisión interpretativa apropiada y justificada[776]. Pues como es natural el aspecto relativo al elemento político, a su vez, ciertamente no es el único ni el más importante que considera el autor a los efectos de la interpretación.

De tal suerte que el elemento o aspecto «político», expresión por lo demás amplia y poco precisa, si bien puede estar presente en la interpretación, no puede ser una excusa para adjudicar un matiz de sumisión al gobernante de turno al Juez Constitucional o a los jueces en general. Porque ello en todo caso, no sería atribuible al fenómeno de la constitucionalización.

En tal sentido Balaguer Callejón advierte sobre el peligro de pretender que lo constitucional supone una actitud interpretativa especial que lo diferenciaría del resto del Derecho, y entrañaría en su interpretación y aplicación riesgos de parcialidad política. A lo que concluye acertadamente la autora:

---

ción Jurídica", *Curso de Capacitación sobre razonamiento judicial y argumentación jurídica*, Serie Eventos N° 3, Tribunal Supremo de Justicia, Caracas, 2001, pp. 187-278; Escovar León, R.: "Interpretación y", *cit.*, p. 107, el proceso interpretativo lleva consigo el uso de métodos y varias formas de argumentación. Entre los primeros se ubica el histórico, sistemático, finalista, económico, lógico, comparado y el de unidad de la Constitución. La escogencia de cada uno dependerá de la formación profesional, cultural, valores, intereses, y motivaciones que tenga el intérprete. La interpretación de un investigador universitario será distinta a la que pueda realizar un dirigente político o la actividad argumentativa que pueda llevar a cabo un Juez.

[773] Véase: Tosta, M. L.: "Interpretación ¿Solución jurídica o política?", *Revista de la Facultad de Ciencias Jurídicas y Políticas* N° 121, Universidad Central de Venezuela, 2001, pp. 437-448.

[774] Wroblewski, J.: *Constitución y, cit.*, pp. 119-114.

[775] Véase: TSJ/SConst, Sent. N° 179 de 28-3-00 (ponencia del Magistrado José Delgado Ocando). Véase también: Escovar León, R.: "Interpretación y", *cit.*, p. 115, la definición del carácter político de la Sala Constitucional fue proclamada a los cuatro vientos por el Magistrado Delgado Ocando en el discurso de fecha 11 de enero de 2001. En tal documento el Magistrado defendió la adhesión de la jurisprudencia de la Sala al "proyecto político progresista", manera inédita de decir que la Sala tiene que estar subordinada a los intereses de la "Revolución Bolivariana".

[776] Wroblewski, J.: *Constitución y, cit.*, p. 114.

...entender la interpretación constitucional como una interpretación distinta, y sometida a cánones distintos de otros sectores del ordenamiento, puede tener como consecuencia (no siempre entendida) el aislamiento de la Constitución respecto de la aplicación de las normas no constitucionales. Pero este efecto de separación no sólo tiene un reflejo importante en el reconocimiento real de la Constitución como norma suprema, sino que debilita su incidencia en el resto de la aplicación de las normas jurídicas. Pues cuestión distinta pero paralela a la de la naturaleza de la interpretación de la Constitución, es la de la incidencia que tiene la normatividad de la Constitución sobre la interpretación del ordenamiento jurídico. No se puede desconocer el modo en que las constituciones han contribuido a la intensificación de la actividad judicial, precisamente por el carácter abierto de gran parte de las normas constitucionales y por la obligación a que sometan al juez (y al aplicador del Derecho en general), a realizar una interpretación de la ley conforme con la Constitución[777].

Pero ya se indicó que el proceso de constitucionalización precisa de la intervención de ciertos actores activos, a saber, el poder judicial, legislativo o la academia[778], por lo que puede decirse que para que la constitucionalización se materialice en la realidad trascendiendo la letra del Constituyente es imperativo que opere la figura de la «interpretación» con criterios de atención a la norma suprema. Sin lugar a dudas, en ello cumple papel vital la Sala Constitucional a tenor del artículo 335 constitucional, pero mal puede ser dicha Sala el único intérprete de la Carta Fundamental[779]. Los precedentes de la Sala Constitucional no son una verdad incontrovertible, los mismos son vinculantes si cumplen con los extremos del artículo 335 de la Constitución de la República Bolivariana de Venezuela, es decir, en la medida que interpreten directamente normas o principios constitucionales. Por tanto, aunque se nutran del principio de autoridad y de una sana presunción de adecuación al referido artículo 335, pueden ser objeto de censura por los operadores de justicia cuando a través de argumentos jurídicos se demuestre que se ha alejado del texto que supuestamente ha interpretado, no reparar en lo indicado sería admitir que la Sala Constitucional está integrada por hombres no

---

777   Balaguer Callejón, M.L.: *Interpretación de, cit.*, p. 41.

778   Suárez-Manrique, W. Y.: "La constitucionalización", *cit.*, p. 343.

779   Véase: Domínguez Guillén, M. C.: *Ensayos sobre, cit.*, p. 779, La argumentación no es monopolio exclusivo del Tribunal Supremo de Justicia pues la riqueza de la interpretación está al alcance de cualquier juzgador, independientemente del nivel de la jurisdicción. Esta idea parece haberse perdido de vista con la entrada en vigencia de la Constitución de la República Bolivariana de Venezuela de 1999, sin embargo, resulta contradictorio que una Constitución de avanzada pretende convertir en vinculante la interpretación de un ente único, desconociendo así la riqueza de la interpretación y la independencia del juzgador.

sujetos al yerro, lo cual es irracional[780]. Los jueces en general tienen el poder o más bien el deber de interpretar conforme a la Constitución. Y ciertamente, la enseñanza jurídica juega un papel determinante en el fenómeno en estudio, porque ha de incorporarse el análisis de la Carta Fundamental en las diversas asignaturas jurídicas, aunque pertenezcan al Derecho Privado.

En cuanto a los «**efectos**» de la constitucionalización refiere FAVOREU que es probablemente demasiado temprano todavía para hacer un inventario completo de sus efectos: este fenómeno es relativamente reciente y los primeros estudios sistemáticos se están progresivamente realizando. Pero para el autor *grosso modo* podrían distinguirse dos tipos de efectos – *directos e indirectos*– aun si esta distinción sea de orden más pedagógico que científico.

A. *Los **efectos directos** según los tres tipos de constitucionalización*: 1. La *constitucionalización juridicización* supone relación esencialmente con el Derecho Constitucional institucional. La normatividad de la Constitución se impone y la constitucionalización se traduce aquí por lo que uno podría llamar la «puesta en efectividad» de las disposiciones del texto constitucional. 2. *La constitucionalización elevación* caracteriza el cambio observado en cuanto al sistema de fuentes o de la producción de normas. Para parafrasear una terminología de Derecho Internacional, el legislador tenía "la competencia de su competencia". Ya no es exacto en la actualidad la repartición de las competencias entre el legislador y el poder reglamentario, por una parte, y el legislador y el constituyente por otra. 3. *La constitucionalización transformación* es la más reciente porque comienza verdaderamente en el transcurso de los años setenta.

B. Los ***efectos indirectos,*** aunque son los más difíciles de hacer aparecer. 1. *La modernización del derecho* es una de las consecuencias de la constitucionalización, en la medida en que, en general, la transformación del derecho se traduce por una modernización de éste. 2. *La unificación del orden jurídico* es incontestablemente favorecida por el proceso de constitucionalización. a) Las normas constitucionales se transforman progresivamente en fundamento común de las distintas ramas del derecho (produciéndose el fenómeno incontestablemente a velocidades diferentes según las materias). Por ello, los principios generales del derecho que tenían tendencia a desarrollarse de manera algo autónoma en cada disciplina o materia han estado perdiendo paulatinamente su importancia en beneficio de normas constitucionales, aun si las motivaciones de las decisiones y fallos no siempre son correctamente formulados. b) Obviamente,

---

[780]	Varela Cáceres, E. L.: "Una lección", *cit.*, p. 379.

ello contribuye a relativizar la distinción clásica -y, según lo creamos, inmutable- entre Derecho Público y Derecho Privado. 3. *La simplificación del orden jurídico* es igualmente inducida o producida por la constitucionalización. Queda el problema del lugar de las normas internacionales en esta jerarquía: se plantea sobre todo a nivel constitucional porque en cuanto a actos legislativos y reglamentarios, no cabe duda de que las normas internaciones les son superiores[781]. En el caso venezolano vimos que esto último encuentra apoyo en el artículo 23 constitucional y que para algunos permite aludir inclusive a «convencionalización» del sistema.

La constitucionalización entendida propiamente como la incorporación de figuras típicas de la ley al Texto Fundamental, confiere carácter enteramente imperativo al instituto de que se trate. No cabrá pues ignorar el carácter constitucional de la institución incorporada pues su inclusión en la Carta Magna permite cerrar la discusión en tal sentido o más precisamente el rechazo a tal constitucionalización se hace completamente inútil, salvo que se trata de una crítica consistente en una contradicción con normas o principios de orden constitucional.

De tal suerte que la *constitucionalización propiamente dicha* que consiste en elevar o incorporar al texto constitucional instituciones características o típicas del Derecho Civil, le confiere carácter "imperativo" a la figura de que se trate, lo que implica que su supresión no será posible por vía legislativa so pena de inconstitucionalidad. De allí que si un instituto se convierte en enteramente imperativo por vía constitucional su supresión o modificación solo podría verificarse por la misma vía constitucional (reforma o enmienda). Y si se trata de derechos concedidos a la persona su supresión una vez consagrado sería indiferente en razón del carácter progresivo e irreversible de tales. Esto es, no cabe retroceder en materia de concesión de derechos constitucionales. Principio que permitiría resolver muchas discusiones estériles en cuanto a los cambios de redacción de las normas constitucionales.

Así entre los efectos de la constitucionalización, diríamos que, si se trata de la incorporación de una institución civil a la Carta fundamental, esta se convierte en enteramente imperativa, confiriendo escasa cabida a la crítica que mayormente ha de apuntar a la implementación efectiva del instituto. Tal fue el caso, por ejemplo, de la unión de hecho estable (unión concubinaria) consagrada clara y expresamente en el art. 77 de la Constitución de 1999. Dada la incorporación constitucional, no cabe el rechazo al instituto, al menos desde la objetiva óptica académica. Por lo que por ejemplo, ya no tiene sentido útil pretender rechazar el concubi-

---

[781]   Favoreu, L. J.: "La constitucionalización", *cit.*, pp. 31-43.

nato o unión estable[782] pues la figura tiene clara y expresa consagración
constitucional. No está dado al intérprete cuestionar la elevación de tal
figura a rango constitucional[783]. El día en que nuestro ordenamiento
constitucional consagre el matrimonio homosexual, no cabra cuestionar
su juricidad sino simplemente se podrán cuestionar sus efectos con
base al propio texto de la Carta Magna, por ejemplo, en cuanto también
al derecho de orden constitucional de todo niño de tener un padre y

---

[782] Véase rechazando la institución no obstante la clara consagración constitucional
a propósito de la citada sentencia 1682/2005: Barrios, H. y otros: "Sala Constitucional", *cit.*, p. 212, "Por tanto, según el criterio de la Sala podemos afirmar; el
matrimonio –como ejemplo de compromiso formal– ha muerto; viva la unión
estable de hecho que, siendo informal, es el nuevo tipo de compromiso formal".

[783] Véase con anterioridad a la citada decisión 1682/2005 de la Sala Constitucional:
Expediente Nº 26759, Acción Merodeclarativa, (revisada en original), Juzgado
Décimo de Primera Instancia Civil, Mercantil y del Tránsito del Área Metropolitana de Caracas del 24 de junio de 2004 (Juez Ivan Enrique Harting Villegas),
Probada como ha sido la convivencia entre los ciudadanos (…) y (…) desde
1979, durante la cual sus conocidos les tuvieron pública y notoriamente como
marido y mujer y éstos establecieron un hogar común, tratándose entonces de
una unión de hecho estable, este Juzgado aprecia los elementos de convicción
antes valorados en forma positiva y encuentra plenamente probado el concubinato pretende la actora sea declarada, y por ello, en efecto se la declara en este
acto. Y así se decide. Como quiera que la parte actora también solicitó que se le
declarara como única y universal heredera de su concubino (…) el Juzgado al
respecto observa: El artículo 77 de la Constitución de la República Bolivariana
de Venezuela establece: 'Las uniones estables de hecho entre un hombre y una
mujer que cumplan los requisitos establecidos en la ley producirán los mismos
efectos que el matrimonio'. A criterio de este Juzgado, la norma transcrita no ha
limitado ni especificado los efectos del matrimonio que el concubinato produz-
ca, y por ello no le es dado a este órgano jurisdiccional interpretar restrictiva-
mente dicha norma jurídica, como tampoco es procedente ese tipo de interpretación cuando de derechos de los particulares se trata. Por esa razón, los efectos
que producirá el concubinato habrán de ser efectos personales y patrimoniales
similares a los del matrimonio, entre los cuales se encuentra la vocación hereditaria del cónyuge, y en este caso, de la concubina. No obsta, para quien suscribe
el presente fallo, que entre los concubinos herede el sobreviviente, pues si bien
para este Tribunal ninguna situación de hecho podrá generar mayor certeza y
seguridad que el matrimonio, es innegable que los concubinos –aparte del
vínculo legal que si une a los cónyuges– no tienen nexos de consaguinidad, sino
de afinidad, establecen un hogar común, procrean hijos y comparten un patrimonio. No aplica este Juzgado restricción legal alguna al respecto, pues la jerarquía de la norma constitucional, aunada a su condición de ley más reciente, de-
rogan cualquier disposición que colida con ella; Tribunal de Protección del Niño
y del Adolescente de la Circunscripción Judicial del estado Portuguesa, Sent. 21-
9-04, Exp. 2343, "De conformidad con el artículo 77 de la Constitución de la República Bolivariana de Venezuela se declara que ese concubinato produce los
mismos efectos del matrimonio, es decir, que la concubina es heredera del ciudadano…".

una madre, esto es, una figura materna y otra paterna, amén del principio –también constitucional– del interés superior del niño[784].

En cuanto a la interpretación de la ley civil «conforme» a la Constitución, aunque pequemos de simplistas, ciertamente produce un efecto positivo a tono con el respeto a la primacía jerárquica de las fuentes. Lo ideal sería que todo intérprete tuviera en cuenta la Carta Fundamental; que se puedan llegar a conclusiones o interpretaciones diversas y hasta contrarias, bajo esa misma idea, insistimos es un asunto que escapa de la constitucionalización. Es un riesgo de la interpretación, la cual debe ser realizada con mesura y criterios técnicos válidos ajustados a la lógica.

De tal suerte que, de nuestra parte, resumiríamos el efecto básico de la constitucionalización propiamente dicha en su «*imperatividad*» y el efecto de la constitucionalización indirecta o interpretativa en la *coherencia jerárquica del sistema con base en la norma suprema*. La interpretación de la ley civil a luz de la Constitución permite el respeto del orden jerárquico de fuentes a la vez que logra actualizar las instituciones civiles bajo la necesaria e imperativa óptica de la Carta Fundamental. Esto último se traduce en «*supremacía jerárquica y actualización de las instituciones*».

En todo caso, la Constitución no debe ser interpretada como si ostentara un ámbito de validez material incondicionado, es decir, como si estuviera destinada a resolver todo problema jurídico. Una concepción maximalista de la Constitución, que pretenda obtener de ésta, por vía deductiva, la solución de toda interrogante jurídica, atentaría contra el resto del ordenamiento jurídico y contra el pluralismo que la propia Carta Fundamental propugna[785]. La supremacía incondicionada de la norma fundamental impondría que todos los órganos hicieran mantener sus mandatos frente a la Ley[786]. Tal interpretación conforme supone, sin embargo, llegar al límite y el riesgo se perfila precisamente aquí. En el entendimiento abierto a debate, de los límites mismos de la hermenéutica legal según la Constitución. Más allá de la inaplicación grosera[787].

El fenómeno de la constitucionalización del derecho nos permite afirmar que las ramas civil, laboral, penal, laboral, administrativo, etc., ven desplazado como único norte de su actividad e interpretación jurídica el principio de legalidad. Hoy se está gestando un gran cambio en materias de las fuentes del derecho en general y creemos que al final

---

[784]   Véase nuestro trabajo: "Breves consideraciones", *cit.*, pp. 11-40.

[785]   Casal, J. M.: *Constitución y, cit.*, p. 34.

[786]   Jiménez Campo, J.: "Sobre la cuestión de inconstitucionalidad", *Estudios sobre jurisdicción constitucional*, McGraw Hill, Madrid, 1998, p. 93.

[787]   *Ibíd.*, pp. 93 y 94.

como sucedió en Alemania, Francia y España la constitucionalización del Derecho triunfará[788].

La constitucionalización es un proceso y puede tener como vehículos de desarrollo la legislación, las sentencias judiciales, la conducta de los juristas y los desarrollos académicos. Estas distintas formas de constitu-cionalización llevan, entre otras cosas, a que sea un proceso sectorial. Que la constitucionalización se entienda como un proceso significa el establecimiento de características muy interesantes: es dinámico, tiene puntos de partida y llegada, no es unidireccional y puede ser contradic-torio. La constitucionalización se muestra como una entidad dinámica en contraposición a una entidad estática; no puede decirse simplemente que un ordenamiento jurídico está o no constitucionalizado, un ordenamien-to jurídico puede constitucionalizarse en diferentes grados[789]. El proceso de constitucionalización en clave descriptiva ha tenido dos vehículos principales para el desarrollo: por vía legislativa y por vía judicial. Em-pero, ello no implica que sean los únicos mecanismos para constituciona-lizar el ordenamiento jurídico, pues pueden ser utilizados otros vehícu-los para constitucionalizar académica o vía práctica. Se trata de una cons-titucionalización vía académica cuando el proceso tiene como vehículo la enseñanza del derecho, la forma como se estudia, los desarrollos teóricos, los congresos, seminarios, libros y artículos publicados sobre el tema. Por su parte, la constitucionalización se da desde una perspectiva práctica cuando la constitucionalización es utilizada desde el punto de vista del abogado litigante; cuando en los litigios se plantean argumentos de orbe constitucional bien sea como fundamento de las pretensiones o por vía de excepción[790].

---

[788] Arrieta Flórez, V.; "La constitucionalización del Derecho y su incidencia en Colombia", *Revista Pensamiento Americano*, Vol. 2 N° 2, enero-junio 2009, p. 68, en la aplicación de la constitucionalización del derecho en Colombia surge un gran problema, y se refiere a la formación de los juristas ya que la mayoría de ellos han sido formados en la observancia irrestricta de la ley, siguiendo los vie-jos modelos positivistas de interpretación del derecho; el espíritu de la centrali-dad de la ley impide muchas veces a nuestros jueces y abogados litigantes que apliquen el nuevo derecho; por lo que se hace necesario apropiarnos de las con-ceptualizaciones de los nuevos filósofos del derecho como Ronald Dworkin, Robert Alexi, John Finnis, Herbert Hart, John Austin, Von Wright, Manuel Atienza, entre otros, y extractar los conceptos que más se ajusten a la realidad de que el derecho está para satisfacer el ideal de justicia. Sólo cuando se tome conciencia de que la constitucionalización del derecho es una corriente arrolla-dora que comenzó en la fría Europa y no se detendrá, y que los juristas tenemos que tener nuestras mentes abiertas a las nuevas percepciones.

[789] Suárez-Manrique, W. Y.: "La constitucionalización", *cit.*, pp. 324 y 325.

[790] *Ibíd.*, pp. 326 y 327.

El proceso de constitucionalización, especialmente el impropio, indirecto o interpretativo, apunta hacia el beneficio del orden jurídico en su supremacía jerárquica y por tal siempre será beneficioso. Pero para llegar al mismo, en feliz expresión de PERLINGIERI "es preciso adquirir una sensibilidad constitucional". Se requiere que en los cursos de derecho positivo estén siempre presentes los valores constitucionales[791].

Se impone así entender la constitucionalización desde una visión histórica y constructiva que no busca bosquejar soluciones ideales o irrealizables, sino constitucionalizar de forma paulatina y prudente. Se quiere decir: en primer lugar, que el proceso de constitucionalización del Derecho no puede consolidarse en períodos cortos, necesita de instancias de tiempo largas para que sus elementos se puedan mejorar y, en segundo lugar, debe basarse en un conocimiento ontológico de las virtudes y consecuencias del fenómeno[792].

El Derecho Civil Constitucional o la constitucionalización del Derecho Civil es una muestra evidente de la presencia que ejerce la Constitución como norma suprema en el ámbito del Derecho Privado general. Se puede estar de acuerdo o no en que una institución civil se incorpore al texto constitucional, pero una vez que ello acontece, su imperatividad no admite discusión; su peso habrá adquirido otro matiz. Pero ello, no es lo más importante del fenómeno que pretendimos mostrar someramente, porque el Constituyente no cuenta con la suficiente amplitud o espacio material en su texto para incorporar las numerosas figuras e institutos del Derecho común. Lo verdaderamente transcendente desde el punto de vista del elemento sistemático de la interpretación es tener presente a la Carta Fundamental en la determinación del sentido y alcance de las normas civiles. Los principios y normas de carácter superior o supremo deberán guiar la línea del intérprete del Derecho Civil, permitiendo concluir que no es tan lejano el punto que separa al Derecho Privado del Derecho Público, toda vez que los une indefectiblemente la «*Constitución*».

---

[791] Perlingieri, P.: "Por un", *cit.*, p. 16, debe ocupar a toda una generación de juristas, no solo de docentes universitarios sino de operadores de derecho. Esto será posible en la medida en que los estudiantes sean formados mediante una enseñanza impregnada de este espíritu y esta sensibilidad constitucional.

[792] Suárez-Manrique, W. Y.: "La constitucionalización", *cit.* p. 346.

A MANERA DE CONCLUSIÓN

Las fronteras entre lo público y lo privado siempre han sido discutidas y tenues. Es prácticamente imposible pretender mantener la esfera del Derecho Privado completamente impermeable al Derecho Público. La rama por excelencia de éste último, a saber, el Derecho Constitucional, a través de la Constitución como norma suprema ha penetrado con un peso derivado de su supremacía en todos los ámbitos del Derecho Privado General.

La supremacía de la Carta Fundamental con consagración expresa, aunque no necesaria en el artículo 7 constitucional impone su peso interpretativo como fuente suprema, por ser la *norma normarum* del sistema jurídico. Ello supone que las normas legales y reglamentarias contrarias al texto o al espíritu de la Constitución lucen inconstitucionales a la luz de una rigurosa categorización de la jerarquía de las fuentes, lo cual puede evidenciarse por vía del control difuso o excepcionalmente concentrado de la constitucionalidad. Toda vez que el intérprete debe velar por cuidar de la supremacía de la Carta Fundamental entre los que se incluye el Juez en control difuso de la constitucionalidad, así como el Máximo Tribunal en control concentrado de la misma.

La supremacía de la Constitución ha de proyectarse en la interpretación de las normas en general. El proceso complejo por medio del cual se penetra en el sentido de la disposición constitucional es semejante al de interpretación de la ley, pero no idéntico. Debemos interpretar las leyes y normas conforme a la Carta Magna pero también hemos de interpretar ésta con la coherencia que impone la argumentación en el sentido más favorable a la persona y de manera compatible con los principios, valores, normas, derecho y garantías contenidos en ella. Porque debe tenerse en cuenta que el Derecho ya sea público o privado encuentra sentido por y para la «persona», en especial la persona humana, quien creó el Derecho para resolver y prevenir conflictos, y por tanto es un *prius* respecto del orden jurídico.

Si la Constitución es norma suprema, también ha de ser «imperativa». Adherimos a la tesis del carácter imperativo y autoejecutivo de la norma constitucional. Pues consideramos que ha quedado atrás, la vieja y agria discusión sobre el carácter programático de las normas constitucionales. Su simple referencia, oscurece la sana vigencia y efectividad de la Carta Fundamental.

Surge así el Derecho Civil Constitucional o también denominado «Constitucionalización del Derecho Civil», expresión que para un sector de la doctrina acontece cuando determinadas figuras o instituciones características del Derecho Civil se incorporan expresamente al texto constitucional, confiriéndoles con ello un rango obviamente superior (*constitucionalización propiamente dicha o en sentido estricto*). Sin embargo, otra acepción menos común de la expresión, de la que nos hacemos partícipes, tiene que ver con la necesaria interpretación de las normas civiles a tono y en correspondencia con la norma suprema constitucional. En cuyo caso, no es necesario que el Constituyente eleve las instituciones civiles a tu texto, sino que la Carta Fundamental estará presente en cada interpretación que se haga para precisar el alcance del Derecho Privado General (*constitucionalización impropia o interpretativa*). La primera la podemos denominar constitucionalización propiamente dicha, directa o en sentido estricto y la última constitucionalización interpretativa, impropia o indirecta. Ambas modalidades bien pudieran considerarse en sentido amplio dentro de la "constitucionalización", dado que el efecto expansivo de la Constitución se extiende indiscutiblemente al Derecho Civil.

Entre los antecedentes de la figura de la constitucionalización, si bien para algunos es de vieja data, se suele remontar especialmente a Alemania a partir de la segunda guerra mundial, de donde se extendió a Italia y a otros países de Europa para luego hacerse presente en Colombia, Chile y más recientemente en nuestro país, donde no solo se alude a Derecho Civil Constitucional sino a Derecho Administrativo Constitucional o «constitucionalización» del Derecho Laboral y del Derecho Procesal.

Si el Derecho Civil es el Derecho Privado General que regula la persona, la familia y las relaciones patrimoniales, es fácil advertir que tales serán las derivaciones del Derecho Civil Constitucional. En el presente ensayo nos paseamos someramente por las instituciones del Derecho de la Persona, del Derecho de Familia y del Derecho Civil patrimonial que presentan una referencia constitucional, ya sea en su texto expreso, en la interpretación de la doctrina y en las decisiones más relevantes de la Sala Constitucional, que por aplicación del artículo 335 de la Carta Fundamental, funge como máximo intérprete de la Constitución. Según reiteramos, lo anterior sin entrar en consideraciones de fondo sobre cada una de tales decisiones. Pues nuestro objetivo al enunciarlas fue simplemente mostrar la presencia de las normas o principios constitucionales en las sentencias dictadas por dicha Sala.

La «constitucionalización» como es natural es objeto de críticas, tales como la inseguridad jurídica, la autarquía cuando se pretenden llenar vacíos legales con la Carta Fundamental, el riesgo de supraconstitucionalizar instituciones típicas del Derecho Civil, y el protagonismo exacerbado de las Sala Constitucional del Máximo Tribunal asumiendo típicas funciones de legislador positivo. Sin embargo, es de advertir que las impropiedades en que pueda incurrir la Sala Constitucional del Tribunal Supremo de Justicia no son consecuencia necesaria del fenómeno de la constitucionalización. Es un riesgo inherente a la interpretación en general, la cual no deja de estar infectada por el elemento político.

Entre las condiciones para que opere la figura se citan la existencia de una Constitución rígida e imperativa, la interpretación conforme de las leyes y la estrecha relación entre la Constitución y la política.

En cuanto a los efectos, cabe concluir que la constitucionalización propiamente dicha confiere «*imperatividad*» al instituto incorporado al texto fundamental, en tanto que la constitucionalización interpretativa o interpretación conforme a la Constitución tiene por efecto la «*supremacía jerárquica y actualización de las instituciones*». De allí que se afirme que la figura permite la modernización del Derecho y la unificación del orden jurídico. Es decir, la interpretación a tono con la Carta Fundamental logra refrescar las instituciones del Derecho Civil con base al respeto del principio de supremacía de la Constitución.

La constitucionalización se presenta como un «proceso», toda vez que es parte a su vez del proceso de «interpretación», lo que supone que su impacto en el tiempo dependerá de diversos aspectos según el ordenamiento de que se trate, pues se afirma que ella puede derivar del Constituyente, del Legislador, de los Jueces o de la Academia. Esta última, puede o más bien «debe» ejercer una presencia e incentivo importante en lo pedagógico y doctrinario a los fines de concientizar y «sensibilizar» sobre la relevancia de la norma suprema en la interpretación del orden jurídico. Aunque no se sea partícipe de la figura en estudio, debe admitirse que, en toda interpretación, ha de preguntarse el intérprete sobre la necesaria correspondencia con la Carta Fundamental. Poco importará referirse a «Derecho Civil Constitucional» o a «constitucionalización» del Derecho Civil; la terminología es irrelevante, lo verdaderamente trascendente será, no convertir a la esfera del Derecho a interpretar en un estanco desarticulado y lejano de la Carta Fundamental. De allí que Derecho Público y Derecho Privado según hemos reiterado, tienen en común un cuerpo normativo superior que necesariamente ha de guiar el sentido del intérprete: la Constitución.

ÍNDICE

www.ingramcontent.com/pod-product-compliance
Lightning Source LLC
Chambersburg PA
CBHW080546220326
41599CB00032B/6385